农村社会工作实务手册

NONGCUN SHEHUIGONGZUO
SHIWU SHOUCE

中国社会工作学会　编写

中国社会出版社
国家一级出版社 · 全国百佳图书出版单位

图书在版编目（CIP）数据

农村社会工作实务手册 / 中国社会工作学会编写
. -- 北京 ：中国社会出版社，2023.6
ISBN 978-7-5087-6909-7

Ⅰ．①农… Ⅱ．①中… Ⅲ．①农村－社会工作－中国－手册 Ⅳ．①D669-62

中国国家版本馆 CIP 数据核字（2023）第 085009 号

出 版 人：程　伟
终 审 人：李　浩
责任编辑：薛丽仙
责任校对：姜婷婷
封面设计：时　捷

出版发行：中国社会出版社
地　　址：北京市西城区二龙路甲 33 号
邮政编码：100032
编 辑 部：(010)58124853
网　　址：shcbs.mca.gov.cn
发 行 部：(010)58124864；58124848
经　　销：新华书店

印刷装订：中国电影出版社印刷厂
开　　本：170 mm×240 mm　1/16
印　　张：18.75
字　　数：320 千字
版　　次：2023 年 6 月第 1 版
印　　次：2023 年 6 月第 1 次印刷
定　　价：59.00 元

中国社会出版社天猫旗舰店

中国社会出版社微信公众号

农村社会工作实务手册

编 委 会

主　编： 邹学银

副主编： 万江红

成　员：（按姓氏笔画排序）

王肖静　师艺萌　刘志鹏　严云鹤　杨　慧

肖秀梅　陈司陶　周小燕　周金玲　高万红

陶　叡

前　言

2017年，党的十九大报告提出实施乡村振兴战略，要求加强农村基层基础工作，健全自治、法治、德治相结合的乡村治理体系。2021年，中共中央、国务院发布《关于全面推进乡村振兴加快农业农村现代化的意见》，指明民族要复兴，乡村必振兴。随后，中共中央办公厅、国务院办公厅印发《关于加快推进乡村人才振兴的意见》，在加快培养乡村治理人才中专门指出要加强农村社会工作人才队伍建设。随着乡村振兴战略的推进，社会工作助力乡村振兴的职责与任务日渐明确。

为探索社会工作作为专业技术和专业力量如何更好地服务于乡村振兴，推动我国基层社会建设和基层社会治理创新，建成兜底民生服务体系，我国多个省份对社会工作助力乡村振兴先行先试，积极开展农村社会工作实践探索，推动农村社会工作专业人才队伍建设，不断提升农村社会工作服务的可及性和覆盖面。如广东省由实施社会工作“双百计划”转为实施“广东兜底民生服务社会工作双百工程”，立足乡镇（街道）、深入村（社区），打通为民服务“最后一米”；湖南省实施社工“禾计划”，通过政府购买服务，建设乡镇（街道）社会工作服务站，实现市、县、乡三级全覆盖；湖北省实施“三助行动”示范项目，引导全省农村社会工作和志愿服务助力脱贫攻坚、乡村振兴和农村留守人员关爱服务等。

2020年10月17日，民政部在湖南省召开加强乡镇（街道）社会工作人才队伍建设推进会，指出要加快建立健全乡镇（街道）社会工作人才制度体系，力争“十四五”末，实现乡镇（街道）都有社会工作服务站，村（社区）都有社会工作者提供服务。自此，乡镇（街道）社会工作服务站建设在我国全面铺开，农村社会工作发展进入新阶段。

我国农村社会工作实践的深入开展，对农村社会工作者专业能力和专业水平提出了更高要求。同时，农村社会工作者在服务过程中遇到的各类困境和问题，也进一步推动了其自我提升和专业发展的需求。为帮助农村社会工作者立足民政、服务民生、创新治理、提升效能，提供更加优质的专业服务，在民政部慈善事业促进和社会工作司指导下，在联合国儿童基金会驻华办事处支持下，中国社会工作学会组建专家团队编制《农村社会工作实务手册》，以期在总结和提炼现有农村社会工作服务理念、内容、方法、技巧等基础上，对全国农村社会工作实践提供指导，使社会工作更有效地助力乡村振兴。

专家团队先后赴北京、河北、广东、湖北、湖南等省市的农村地区开展实地调研，与基层农村社会工作者进行座谈，详细、深入地了解了农村社会工作的发展状况和一线服务需求，最终编制完成这本手册。此外，为进一步提升本手册的针对性和可操作性，专家团队在江西省遂川县举办社工助力乡村振兴——农村社会工作实务培训研修班，对手册内容进行了集中宣讲，并根据百余名学员的培训反馈意见，对内容进行了修改和完善。

本手册旨在宣传和普及农村社会工作价值理念、实务理论、服务方法等内容，为农村本地社会工作专业人才培养和队伍建设提供智力支持和专业指导，为推进乡村振兴提供专业人才支撑和服务保障。同时也希冀以这本手册为基础，引导广大基层乡镇干部、村干部、儿童主任等基层工作队伍学社会工作知识、用社会工作技巧，进一步提高服务和管理水平。

编　者

目　录

导语　农村社会工作概述

一、农村社会工作

农村社会工作作为社会工作专业在我国本土化后的学科分支，由于其专业性强、价值导向明确、服务成效清晰等特点，在实践服务过程中日益进入社会公众视野。中共中央、国务院印发的《乡村振兴战略规划（2018—2022年）》进一步明晰了农村社会工作在社会建设中的地位和作用，并通过多种方式拓宽其参与农村社会保障体系、基层服务体系建设的途径，农村社会工作在乡村振兴中被赋予新的时代内涵与任务。

农村社会工作是以农村社区为基础，在社会工作专业价值观指导下，通过以人为本的综合社会工作介入，在广泛参与和村民能力提升中达成问题解决与可持续发展的助人活动。农村社会工作注重参与乡村治理以重建政府和村民的信任关系、倡导政策改变、提升农村社会整体水平与变迁能力、增强对于村民的支持，最终实现可持续发展的农村社区和村民能力建设目标。总之，农村社会工作是由农村社会工作者和村民依据农村的社会文化脉络共同建构的，蕴含了以社区特殊群体的民生问题作为社会工作关注的重点，将发展的思路引入社会保障制度，把社会政策同社会工作（社会服务）结合等含义。

结合乡村振兴战略产业兴旺、生态宜居、乡村文明、治理有效、生活富裕的总要求，农村社会工作应以乡村振兴的要求和目标为导向，以符合农村社会发展规律为逻辑理路，最终实现提升村民（包含村改居的农村居民）生活质量的主旨。本实务手册聚焦操作层面的农村社会工作，即以社会工作专业方法为依托，依据农村社区的文化与情感脉络，对社会工作通用模式进行调适，使之契合村民生活逻辑。具体而言，在个体层面，激发村民的内生动力，尊重村民的权利与选择，提升个人参与意愿与参与能力；在群体层面，促进农村社区自组织的建立与发展，培育乡村共同体意识，提升村民的群体归属感；在社会层面，进行资源协调，探索城乡融合发展新途径，健全现代乡村治理体系，凸显村民的主体地位，并在美丽乡村建设中传承发展乡村优秀传统文化，最终实现农村社会的全面振兴。

二、农村社会工作服务目标

农村社会工作以农村社区为主要场域开展工作，涉及场域内外多方主体的互动共联，并将微观与宏观层面的服务提供、乡村振兴建设的要求进行整合。农村社会工作的服务目标包含政治、经济、社会、文化和生态 5 个方面。

政治方面：助力乡村治理、健全乡村治理体系是农村社会工作的主要目标之一。农村社会工作通过社区工作、社会政策的倡导等专业方法，以平等、尊重的服务态度，充分尊重村民的主体性，以专业服务弥补乡村治理的不足，提升村民参与乡村事务的意愿和能力。

经济方面：村民的就业和收入增长是实现乡村社会治理的基础。农村社会工作通过“兜底式”服务与“建设性”措施并举，及时有效识别经济困难群众和特殊群体，并通过多种方式促进其经济能力提升。

社会与文化方面：农村社会工作的社会服务目标有 3 个维度。一是促进农村社会与外部的沟通互动，形成资源互动、成果共享的开放格局；二是在服务过程中探寻乡土文化特色，服务模式的制定因地因时而异，将农村文化作为农村社会共同体情感营造的根基，提升村民对于社区的归属感，构建村民全方位的情感支持网络；三是微观与宏观服务技巧相结合，有针对性地解决服务对象的问题，提升村民的生活满意度。

生态方面：乡村振兴进程中面临诸多生态环境保护问题，需要发挥社会工作的政策影响人角色，推动有关政策在农村的落实，促使政策深入人心，进而促使生态农村的建设进程得以加快，通过专业方法介入改善村容村貌，打造干净、整洁、宜居的农村生活空间。同时，农村社会工作还可以通过建立农村社区应对突发灾害的常规机制，提升村民对各种自然灾害和公共危机事件的应对能力。

三、农村社会工作服务对象与服务领域

农村社会工作以农村社区中的困难群体和特殊群体为服务对象，进而延伸至全体村民。服务领域不仅包括个人问题的解决，而且注重社区整体环境的营造，通过系统化和专业化的介入实现乡村内源式发展。按照服务群体划分，包括儿童、老年人、妇女等各种人群；按照服务内容可划分为生计发展、生态保护、文化传承、基层社区治理、防灾减灾等各个方面。

四、农村社会工作的发展现状与展望

2006 年 10 月召开的党的十六届六中全会提出要“建设规模宏大的社会工作人才队伍”。自 2007 年起，民政部在全国范围内逐步推动建设农村社会工作人才队伍的试点工作，开启了我国农村社会工作建设的新时代。2020 年 10 月，民政部在湖南省长沙市召开加强乡镇（街道）社会工作人才队伍建设推进会，深入学习贯彻习近平总书记对加强民政工作和基层基础工作的重要指示精神，总结乡镇（街道）社会工作人才队伍建设的经验。目前，我国已发展出一些具有地域特色的农村社会工作模式。

（一）广东省：“双百计划”

2017 年以来，在民政部有力指导和广东省委、省政府正确领导下，广东省民政厅探索专业社会工作者充实基层民政服务力量，创新实施广东社会工作“双百计划”，分两批在全省（主要是经济欠发达地区）建设 407 个乡镇（街道）社会工作服务站，每站 4～8 人；1737 名社会工作者立足乡镇（街道）、深入村（社区），聚焦民政主责主业，采取“做实做细一个村（社区），逐步向周边社区辐射”的模式，将专业服务开展到村（社区）群众家中，精准定位服务对象，全面客观把握服务需求，有效落实惠民政

策，畅通党和政府联系服务群众的“最后一米”。

“双百”社会工作者精准化识别服务对象，并开展专业化服务。“双百”社会工作者深入社区开展调查；协助乡镇（街道）对民政服务对象和边缘特殊群体进行全面核查；科学化评估服务需求。在服务过程中，“双百”社会工作者以社区为载体、以家庭为单位，通过走亲访友，增进感情交流，建立信任关系，综合评估以制订服务计划；为服务对象开展资源链接、心理疏导、人文关怀、能力提升、生计发展、关系调适、社会融入等专业服务；引导村（居）民自助互助，培育志愿者队伍，激活社区公共活动空间，推动社会力量和公众参与社区治理。

2020 年 11 月，广东省民政厅联合广东省财政厅、广东省人力资源和社会保障厅、广东省妇女联合会、广东省残疾人联合会共同印发《关于实施“广东兜底民生服务社会工作双百工程”的通知》，将“双百计划”进一步提升为“双百工程”，运用广东社会工作实践经验，全面加强乡镇（街道）社会工作服务能力建设，积极打造职业化、专业化、本土化社会工作人才队伍，开展农村社会工作专业服务。计划到 2021 年年底前全省乡镇（街道）建成社会工作服务站，到 2022 年年底前全省村（社区）建成社会工作服务点，实现全省社会工作服务站（点）100%覆盖、困难群众和特殊群体社会工作服务 100%覆盖。

（二）湖南省：“禾计划”

从 2018 年 5 月开始，湖南省启动“禾计划”，以乡镇（街道）社会工作服务站为平台、以项目为载体，促进社会工作和民政事业的融合发展，打通社会工作和民政服务的“最后一米”，不断提升湖南民政事业的民本化、社会化和专业化水平，持续推动湖南民政事业的高质量发展。

一是强化政治站位与制度设计，通过出台《关于全面加强基层建设的若干意见》《关于推进政府购买服务加强基层民政经办服务能力的实施意见》等文件，推动基层社工站建设，同时强化党建引领，成立社会工作服务站党支部；二是健全四级联动机制、资金保障机制、人才培育机制，统筹各方资源进行推进；三是规范购买服务行为、内容与督导评估，保障服务人员素质与服务质量；四是提升民生保障的精准度与满意度，加快推进村级民生协调员、儿童福利主任配备全覆盖，精细提供服务，同时大力提升基层社会治理有效度，加强“三社联动”建设，湖南全省所有村（社区）修订完善村规民约，成立红白理事会、道德评议会，健全“小激励”“微协商”机制，有力激发基层社会活力。

湖南省通过“禾计划”，每年安排资金3.1亿元，培育社工机构357个，建设社工站2069个，实现市、县、乡三级全覆盖，配备专业社会工作者近4000名，联动志愿者、城乡社区工作者，年均服务群众600多万人次，为群众提供了实实在在的便利与服务。

（三）广西壮族自治区：乡镇社会工作服务站试点

2020年以来，广西各地积极开展乡镇社会工作服务站建设，目前在21个县（市、区）已建成运营150个乡镇社会工作服务站，并配备专业社会工作人员，为空巢老人、困境儿童、困难家庭等群体提供生活照顾、精神慰藉、救助保护等服务。

广西结合扶贫帮困、乡村振兴、疫情防控等中心工作，以乡镇社会工作服务站为平台，汇聚部门购买服务资金和社会服务资源。目前在全区150个乡镇社会工作服务站，各级各部门投入的政府购买服务项目资金超过8000万元，并吸纳近500名社会工作者扎根和服务基层。

各级民政部门精准聚焦服务对象，将留守儿童、困境老年人、特困人员、易地扶贫搬迁户等特殊困难群体作为试点阶段的主要工作对象。推动各试点乡镇全面建立社会工作服务站、社区、社会组织、社会工作者和社区志愿者“五社联动”机制，依托乡镇、社区两级服务平台和社会组织、社会工作者、志愿者三支队伍，提供精细化、精准化服务。

（四）重庆市：“区县—镇街—村社”三级社会工作服务体系模式

从2019年开始，重庆市民政局在18个区县开展“区县—镇街—村社”三级体系建设试点，推进“一区县一中心、一镇街一站、一村社一室”建设。区县社会工作指导中心负责辖区社会工作统筹规划、资源整合、协调指导和督导评估；镇街社会工作服务站致力于辖区内社会组织培育、社会工作者服务项目策划，监督指导社区社会工作室开展服务；社区社会工作室主要面向居民开展专业服务。重庆市共建立了4350个遍布城乡的社区社会工作室，占全市城乡社区总数的39%。

2020年3月，重庆市民政局在总结实践经验基础上制定的地方标准《社区社会工作室基本规范》正式实施，社区社会工作室建设进一步走向规范化和标准化。其农村社区社会工作室聚焦于乡村治理，在社区开展教育帮扶、组织培育、文化发展、产业支持服务，如发动有手工兴趣的留守妇女组建女子手工作坊，搭建了网络和实体销售平台，帮助妇女们在家门口解决了生计问题。

（五）湖北省："三助行动"

从2019年起，湖北省民政厅、省社会工作联合会、华中农业大学开始在蕲春县联合实施全省农村社会工作和志愿服务助力脱贫攻坚、乡村振兴和农村留守人员关爱服务试点示范项目，即"三助行动"项目，其他各地市县也参照蕲春模式开展农村社会工作服务。2020年12月，湖北省地方标准《农村社区社会工作服务要求》顺利通过专家评审并报批相关部门，对于提升农村社会工作规范化水平，进一步发挥社会工作在基层社会治理和乡村振兴中的积极作用，具有重要指导意义和应用价值。2021年，《湖北省民政厅关于促进乡镇（街道）社会工作发展的通知》（鄂民政发〔2021〕12号）进一步指出要推进乡镇（街道）社会工作服务站建设，搭建提升基层民政工作人员专业能力、开展社会工作专业服务、推动"五社联动"服务机制建设的综合性服务平台。

湖北省通过建立乡镇（街道）社会工作服务站，在农村社区着眼于乡村振兴和基层民政能力建设，发挥社工桥梁纽带作用，为民政救助对象、"三留守"人员、散居孤儿、事实无人抚养儿童、临时监护缺失儿童等困境儿童提供关爱服务，注重解决特困群体个案问题，培育发展文体类、生产服务类、互助类、志愿服务类社区社会组织，着力推广积分制管理，激发乡村活力，为兜底保障、乡村治理提供了重要支持力量。

通过对上述地区农村社会工作发展模式的总结，可以发现我国农村社会工作的发展依据地域特色和专业优势，成为服务农村社区需求、促进地区社会发展的重要力量。一方面，强有力的政策支持与现实需求为农村社会工作的发展提供了良好的发展环境；另一方面，农村社会工作作为一支专业的服务力量深入基层，激发了农村社会的内生性活力，能够更精准有效地助力乡村振兴。

第一章　农村社会工作价值观与伦理

第一节　社会工作价值观与伦理

一、社会工作价值观

社会工作价值观起源于西方社会的慈善事业，根植于宗教理念、人道主义等思想基础中，源于古罗马社会的基督宗教伦理道德。这些伦理道德决定和影响了欧美的价值观念、行为规范与社会态度，并奠定了欧美社会文化价值基础与社会伦理体系。受西方文化影响的社会工作价值观包含个人价值和社会价值两个方面，宗教理念使助人的信念以信仰的方式植入社会工作者内心，而包括人本主义思想、民主思想、福利思想在内的其他思想以影响社会观念的方式推动了社会工作作为一种专业的发展。西方社会对于社会工作价值观的界定更加体现宗教思想的指引、个人主义等原则，涵盖了对于人际关系、社会公平正义、政府责任等方面的特定理解，与在我国本土化进程中社会工作价值观的道德文化根基存在一定的差异。我国社会实质上是一个乡土社会，儒、道、佛思想构成中国传统文化的思想根基，在伦理资源上主要包括差序格局、家族本位传统、儒家思想以及当代的社会主义意识形态。

基于上述中西方社会工作价值观基础的差异，社会工作价值观在中国的发展必然经历本土化的过程。应该弘扬中国文化传统精华，对西方社会工作价值观作出调适与改变，在内涵中融入传统道德是克服西方价值缺陷的要求，是中国社会工作价值观本土化的必要条件。在传统文化的影响下，中国社会工作价值观的优先顺序应为相互关心、尊重基本权利、自我决定、社会责任与正义、改变的潜力。

社会工作是一门以价值为导向的学科，以利他主义为核心价值及以人为本的内涵体现着社会工作的价值指引，并贯穿社会工作发展始终。社会工作专业价值观代表整个专业团体和社区对社会正义、服务、个人价值与尊严、人类关系重要性、社会团结等的一般看法与专业活动的标准。社会工作价值观包括个人价值与尊严，对人的尊重，重视个人改变的潜能，案主自我决定权，提供个人发挥潜能的机会，寻求满足人类共同的需求，为个人提供足够的资源与服务以满足其基本需求，赋予案主权利、平等的机会，没有歧视，尊重多元性，对社会改革与社会正义的承诺，保密与隐私权，以及愿意将专业知识和技巧提供给其他人等。结合社会工作服务、正义、个人价值和尊严、合作、正直、能力等方面的核心价值以及对本土文化的整合，可以从以下 3 个层面界定社会工作价值观的内涵。

第一，注重个人能力的提升。在以人为本的价值内涵中将焦点集中在服务对象的能力和优势上，强调工作过程是工作者和案主的共同参与，体现尊重个人、相信个人具有自我发展能力的信念，并从人与环境相结合的角度发掘资源。

第二，立足中国社会“差序格局”的文化背景，同时对地域特色文化具备敏感性，尊重多元文化。将道德伦理、传统习俗、情感文化与社会工作价值观相结合，重视家庭责任、社会责任的明确，注重群体人际关系网络的构建，在不同主体之间建立合作关系。

第三，强调社会服务提供应坚持公平性原则，契合社会需求，关注社会特殊群体，以尊重、多元、有效的工作方法解决服务对象问题；公平分配资源与服务机会，在均衡发展中实现社会正义；提升全体人民福祉，以社会“和谐”为服务目标，促进社会政策制度的完善落实与整体社会进步。

二、社会工作专业伦理

价值处于社会意识的较高层次，告诉人们什么是对的，而伦理告诉人们怎样做才是对的。社会工作专业伦理是指社会工作者的职业操守，是由社会价值和专业价值决定的，同时又是这两种价值的具体表现。美国社会工作协会所提出的伦理守则从“对服务对象”“对同事”“在实践中”“作为专业人士”“对专业”“对社会发展”6个方面的道德责任解释，构建了社会工作伦理的标准框架，为社会工作者在实践中应该做什么提供了具体的道德指导。具体来说，社会工作专业伦理包括提供高质量与有效的服务，满足服务对象的需求，解决服务对象问题；致力于社会公正，同时在社会正义的视角之下改变社会不公正的现象；尊重服务对象的文化背景、个人选择、独特性与发展性；应认识到人际关系的重要性，在不同主体之间建立合作关系；行为与态度应坦诚与真诚；不断提升自身的专业素养与服务水平，致力于社会工作专业化。

三、社会工作价值观与伦理的实务意义

社会工作价值观与伦理的实务意义主要体现为对社会工作者的价值和行为进行规范引导，规定了社会工作者与服务对象以及与其他社会成员之间的专业关系，特别是专业关系建立与保持的一般原则；决定了社会工作者所选择与运用的工作方法；为解决实务工作中的伦理困境提供了参考标准。社会工作价值观与伦理的实务意义可以划分为个人、群体和社会3个层面（见表1-1）。

表 1-1　　社会工作价值观与伦理的实务意义

社会工作价值观		社会工作伦理	实务意义
个人层面	真诚、平等、尊重	尊重每一位服务对象的生活方式及选择；激发服务对象的内生动力，促进社会参与；培育发掘社区领袖	有利于改变传统的自上而下的工作方式，增加服务对象对社会工作服务的情感认同；提升服务对象的参与意愿及能力；增强服务对象在社会工作服务中的获得感和满意度
群体层面	团结互助、合作、共同发展	重视家庭美德建设，促进家庭和谐；挖掘地方特色文化，发挥文化记忆符号的联结；培育自组织，健全基层社会治理体系；培育共同体意识	有利于培育积极的社会群体心态；形成共建共享的社会治理格局；构建全方位的社会支持网络
社会层面	社会服务、社会正义	识别社会特殊群体，保障服务对象基本权益，并进行政策倡导；坚持资源的公平分配，促进社会的公平正义	有利于保障全体公民的权益，缓解社会矛盾，维护社会稳定与和谐；促进社会政策的完善，整体提升社会发展水平与质量

第二节　社会工作价值观与农村社会工作

一、农村社会工作价值观

农村是具有自然、经济和社会特征的地域综合体，兼具生产、生活、生态、文化等多重功能，与城镇互促互进共同构成人类活动的主要空间。农村社会工作价值观以前述社会工作通用价值观为基础，并在农村社会场域的实践过程中融合乡土文化、特定目标需求等发展出自身独特的价值体系。农村社会工作价值观关注人的平等、家庭孝道传统以及乡村公平环境的建构。农村社会工作者在服务过程中需要把尊重、理解、服务、合作、爱心等伦理价值内化为自身人格。除了关注文化以及合作的环境之外，农村社会工作的价值观还应接受“参与权利”“增权”等原则，建立平等的专业关系，提升村民的能力和自信心，通过资产建立和能力建设，最大限度地发挥村民的主体性和潜能，从而实现城乡居民的互惠互利和城乡社会的可持续发展。社会工作者要将共同发展、团结合作、社会正义等农村社会工作价值观置于具体的工作环境中，因时因地找准工作的角色，选择合适的工作方法。总之，中国独特的信任文化是农村社会工作价值观的道德基础，共同的心理和情感联结是建设村民共同体的心理根基，农村社会工作价值观必须依托于乡土文化，重视村民主体性的建构，促进群际、组织协作。

实施乡村振兴战略是为建设现代化经济体系奠定坚实基础，推进国家治理体系和治理能力现代化，是丰富和传承中华优秀传统文化的重要举措。在乡村振兴的历史背景下，我国农村社会工作的价值观需要突出以下3个方面。

①从个体角度看，乡村振兴中的农村社会工作应由解决农村“硬性”条件问题转为提升村民的生活质量与个人可行能力，将以人为本的价值观内化于农村社会工作实务中，更加重视村民的主体性发挥，将服务对象视为有价值的个人，尊重个人的尊严和平等性，激发其参与乡村振兴建设的内生动力。

②从群际关系的角度看，以血缘、地缘关系为基础，同时结合农村内在的关系网络，倡导乡村邻里团结协作、守望相助，促进家庭关系和谐，同时培育乡村自组织，凸显农村社会工作价值观中的集体主义取向。

③从乡村文化的角度看，发挥地域文化、传统习俗、情感伦理优势，使服务渗透于农村生活之中，满足乡村生活需求，适应乡村文化的历史发展规律，引导乡村文明建设。

二、社会工作价值观在农村社会工作中的运用

社会工作价值观在农村社会工作中的运用主要体现为关注农村社会价

值变迁与专业价值的服务实践两方面。社会工作价值观尊重多元文化，农村社会的道德伦理是农村社会工作价值观形成的基础，也为农村社会工作价值观的运用提供了指导，而专业价值则运用于具体服务中。

（一）关注农村社会价值变迁

中国传统农村社会是一个伦理本位社会，正如梁漱溟先生的《中国文化要义》所言："举整个社会各种关系而一概家庭化之，务使其情益亲，其义益重。由是乃使居此社会中者，每一个人对于其四面八方的伦理关系，各负有其相当义务；同时，其四面八方与他有伦理关系之人，亦各对他负有义务。全社会之人，不期而辗转互相连锁起来，无形中成为一种组织。"在传统农村社会，个体之间的伦理关系更为凸显，血缘关系及家族利益是人们的共同纽带，也是人们交往和信任的重要基础，在家族范围内相互信任、守望相助、亲密无间。在这些初级群体中，依靠亲情和乡情的支撑，人们彼此亲近、沟通，并对其所处的环境和生产生活方式达到高度认同，形成群体内公认的价值核心和伦理性社会舆论。因此，农村社会中儒家思想的礼俗化特征更明显，"仁"在家庭中表现为子女所遵循的孝道，"泛爱众"体现于乡村邻里守望相助的生活，但凡是涉及人情面子交往，无不考虑个体之间的道德伦理关系，因此农村意义中的社会价值也更具关系属性。不同类型的农村社会形成自身独特的传统和规范，如村规、族规等，这是乡村生活经验的体现和记忆的凝结，体现为相对封闭的社区环境、相对活跃的宗族活动、相对强大的社区组织、相对繁多的传统仪式、相对频繁的人情往来等，这同时也生成了村民安土重迁的性格。

随着时代变迁，传统的农村社会价值发展出新的元素。村民在现代社会的变迁中更加认同平等的重要性，对于村庄中的公共事务有更强的参与意愿；交往方面从传统的家族关系向更广阔的社会关系扩展并逐渐打破地缘、血缘的限制；在信任关系的建立中更加重视制度因素；农村商品经济发展过程中，由单一以农为本的从业观向与市场交融的市场观念转变，村民的市场观念正在迅速形成并确立；个体在乡村中的归属感降低，每一个劳动者都能成为一个社会属性相对复杂的个体，身份的复杂性和模糊性造成对自己个体属性的认识模糊；正式的社会保障制度，如医疗保险、养老保障制度等在村民生活中的重要性逐渐增强；契约法律观念逐渐代替约定俗成的非制度性习惯，村民对于传统资源的重新建构并不是无条件的情感认同，而是理性的选择，经济利益逐渐成为农村社会联系的一个重要纽带。

农村社会价值传统性向现代性的变迁反映了农村社会价值多元化的趋势，乡土本色被赋予时代特色，村民的生活与利益需求逐渐多样化，形成了农村场域内部特色的生活秩序与情感符号。

（二）专业价值在服务实践中的运用

结合中国社会和文化的实际情况，社会工作者敬业、接纳、自决、个别化、尊敬人的专业价值，在农村场域专业服务中的运用又各具侧重点。

1. 持有专业情怀

农村社会工作者在工作中首先要遵循的核心价值就是敬业。敬业包含提升村民福祉的要求，同时也要求农村社会工作的目标、计划、实务都要实现有效性。农村社会工作者在开展服务过程中需要专业情怀，表现为对自己所从事工作的价值认可，而非在利益的驱动下被动选择。

2. 以尊重为基础

社会工作专业价值强调尊重生命、尊重服务对象的人格和权益。尊重是农村社会工作服务的基础和各项价值观的前提。要尊重村民的主体地位，在尊重的基础上建立平等的沟通与合作关系。

3. 保持接纳的态度

农村社会工作者需要接纳村民的生活观念和生活方式，接纳农村文化。村民在几千年生产劳作过程中形成了独特的、不同于城市社区的价值观念与生活方式，使农村社会工作者在进入农村场域工作时，文化震撼所带来的不理解很有可能作出批判性的反应。只有保持接纳的态度，才能融入当地的生活秩序，同时也使农村社会工作服务被村民所接纳。

4. 保障服务对象的自决权

自决权是指村民能够自己决定涉及自身利益的事件，农村社会工作者要尊重村民自我决定的权利与选择。在服务过程中农村社会工作者要时刻对自己的行为进行反思，不将自身价值判断强加于村民，相信其有自我决定的能力。但同时也应明确“自主性”不是完全由个人独立决定的，而是通过人与人的沟通和不断互动形成的，因此，要不断促进农村社会工作者与服务对象之间的互动对话。

5. 个别化地提供服务

个别化体现了传统的社会工作价值，体现了对个人的尊重。每个农村村民都是独特的个人，要将其放置于服务的中心位置，了解其独特性的问题和需求。个别化的专业价值可以引导农村社会工作者下沉到所服务的农村场域，理解个性问题与需求，提供服务，更好地满足村民需求。

第三节　社会工作专业伦理与农村社会工作

一、农村社会工作专业伦理

社会工作本土化包含社会工作伦理与中国传统文化不断对话与融合的过程。一方面要重视中西方文化中社会工作伦理概念的差异；另一方面要在社会工作专业伦理与中国传统道德伦理之间寻求积极元素相契合，构建适合中国社会具体情境的社会工作专业伦理。

社会工作专业伦理既是综合性职业操守，也是具体的工作指南，其在农村场域中的运用主要体现为向村民提供专业服务，在文化敏感性的道德原则下妥善处理多重伦理关系，包括注重本土性人才培养、农村社会工作理论与实务体系的在地化及农村社会工作专业形象的塑造，并强调探索适合农村社会发展的社会工作专业模式。农村社会工作专业伦理的运用，涉及具体的工作指南和要求，与农村社会工作价值观相比更具实践意义。

二、社会工作专业伦理在农村社会工作中的运用

（一）农村社会工作者行为伦理

农村社会工作者的行为伦理同时受到农村场域中的社会价值以及专业本身行为伦理要求的影响。农村社会工作者的专业性体现在应具有内在的价值规范和文化体系，又应站在社会发展的视角重建人们的社会文化适应性，坚持文化考量与社会工作专业方法相平衡。在农村地区人情文化的影响下，农村社会工作者在保证自身的行为符合伦理要求的同时，还需要处理多重伦理关系，在坚持生命优先、保密等基本伦理原则的同时，也应考虑到自身的伦理抉择可能会对专业关系带来负面影响。

农村发展是一项系统性工程，农村社会工作者在参与服务的过程中要不断提升协同服务的能力，发挥协作者的角色和功能，整合部门之间、城乡之间的各类资源，识别培养乡村精英，推动乡村振兴的人才队伍建设，形成乡村振兴建设的合力。以村民的合法利益为优先考量，发展本土性的需求评估方法，保证所提供的服务能对接村民的真实需要，使行为和服务符合专业建设标准，体现服务有效性。

（二）对村民的专业伦理

农村社会工作以村民为服务对象，将村民视为有能力的个体，避免形成专业中的权威关系，不批判村民的生活方式和文化观念，摒弃“问题视角”的需求评估方式，不断提升村民参与农村建设的能力。对村民的专业伦理具体见表 1-2。

表 1-2　　对村民的专业伦理

承诺	协议承诺	信守服务协议承诺，提供切实符合村民需求的服务，解决村民发展中的障碍，实现村民对美好生活的向往
	文化承诺	尊重农村传统习俗，传承乡村记忆，保护村民群体的乡土情结，使其成为文化传承主体，提升村民对本土文化的感知
	情感承诺	在服务过程中为服务对象提供情感支持，同时，明晰农村社会工作者与村民之间的情感界限，避免过度依赖

续表

保密		在不违背法律法规的前提下，应保守村民透露给农村社会工作者的秘密信息，建立信任关系
增能	参与能力	通过知识和技能的学习提升村民群体的行动能力，提升村民对可得资源的运用，实现自主决策和对农村发展的参与
	合作能力	促进村民之间以及不同组织之间的合作，建立适切性的合作内容框架，培育共同合作的心理基础
	情感能力	建立全方位的情感支持网络，提升村民个人的情感能力；培育村民积极的情感能量，为上述能力的提升奠定心理基础

对村民的专业伦理中需要特别强调对农村儿童、妇女和老年人的伦理。

首先，对农村儿童的伦理层面，需要以遵守《中华人民共和国未成年人保护法》等有关未成年人保护的法律法规和政策为前提，保护儿童健康，为儿童的成长发展提供良好的环境。以全体农村社区儿童为服务对象，并将困境儿童、留守儿童等作为重点服务对象提供服务，具体包括：

①为所有农村儿童及其家庭创造温暖、包容和安全的生活环境；

②鼓励儿童、村民参与有关村庄儿童发展的有关决策；

③报告农村社区中任何疑似虐待儿童的现象，设置严格的家暴界限与预警机制；

④对待农村儿童服务对象一视同仁，不使用不当的、冒犯性的或歧视性的定义和语言；

⑤禁止对儿童进行任何形式的躯体暴力，不与儿童有性关系，或任何有剥削或暴力性质的关系；

⑥不对儿童有挑衅、挑逗或其他不当行为，拒绝对其标签化，提升农村儿童的综合文化素养；

⑦不允许未经儿童及其家长或监护人同意，擅自拍摄儿童的照片或视频，或在媒体空间进行发布。

其次，对农村妇女的伦理层面，除一般性的伦理守则外，还应做到以下几个方面：

①承认妇女是具有能力的个体，激发农村妇女潜能，提升农村妇女自我发展能力，推动农村妇女自组织建设；

②关注农村妇女家庭关系，为妇女构建家庭、邻里、村庄相结合的情感支持网络；

③提升农村妇女对于自身生活的掌控能力，促进妇女参与村庄经济、政治、文化活动的能力和意愿；

④进行村庄法治建设宣传，增强妇女的自我维权意识与能力，提升妇女的生活满意度。

最后，对农村老年人的伦理层面，应做到：

①挖掘弘扬村庄“孝文化”，形成尊老、敬老的文化氛围；

②肯定老年人的价值，在服务中使用亲和、平等的语言，不对老年人持有偏见和歧视；

③促进家庭内的代际交流，增强家庭的社会功能；

④促进村庄内老年人的互助交流，满足共同的心理情感与各类需求；

⑤提升老年人参与村庄事务的能力。

（三）对同事的专业伦理

农村社会工作者远离城市，同事之间的相互支持尤为重要。对同事的专业伦理主要包括诚实、资料共享、共同发展和情感支持 4 个方面。一是诚实的伦理倡导同事之间对服务中感知到的问题坦诚交流，诚实告知对方存在的问题，以解决困惑、提升专业水平；二是资料共享的伦理使同事之间在尊重服务对象隐私的前提下共享相关资料，经验丰富的农村社会工作者对新进入农村场域的社会工作者提供指导；三是共同发展的伦理体现于农村社会工作者之间共同提升业务能力，在所有从事农村社会工作事业的人员中建立统一的协调发展机制；四是情感支持是农村社会工作者克服职业倦怠、寻求心理庇护的重要途径，在面临较多服务难题时，同事之间的共情与支持有利于舒缓心理压力、满足情感需求、保持工作动力。

（四）对社会工作机构的专业伦理

农村社会工作者的工作以社会工作机构为依托，同事之间伦理责任的实现是机构发展的基础，同时社会工作者也应保证所提供的服务内容符合机构的发展愿景，服务质量符合机构的要求，致力于提升机构的专业化和组织化水平。在机构发展方面，社会工作者应主动与机构一道制订发展规划，加快农村社会工作机构的制度建设，依据农村社区服务的特点，建立合理的评估机制、服务机制和沟通机制，自觉参与机构组织安排的专业培训与团建活动，增强对机构的归属感，共同提升农村社会工作者的服务水平。

（五）对社会工作专业的伦理

对社会工作专业的伦理主要体现在农村社会工作理论与实务体系的在地化、本土性人才培养和农村社会工作专业形象的塑造 3 个方面。

进入农村场域的社会工作者除具备农村社会工作理论和方法外还应具备地方性知识。所谓地方性知识，是与普适性知识相对应的知识体系，是一定地域内的人群在所处环境中形成并总结、传承的生存知识、技能、经验与智慧；在社会工作实践中地方性知识与专业方法的融合能够促进社会工作理论与实务的在地化发展。农村社会工作的发展还需要培养本土性人才，不仅包括社会工作专业的学生和从业者，还包括对致力于服务农村社会的乡村精英的专业培训，不断发展壮大农村社会工作从业人员的队伍；在农村社会工作专业形象塑造方面，要明确农村社会工作的专业定位，从而通过高质量的服务获得村民对社会工作专业性的认可。

（六）对社会的专业伦理

服务于乡村发展的农村社会工作应针对不同的需求类型进一步实现学科发展的领域化①，探索形成具有区域特色的社会工作服务模式，充分运用农村社区的各类资源建设宜居乡村生活空间，改善生活条件与生活质量，实现农村社会的可持续发展。

---

① 袁泉，游志麒．我国农村社会工作的需求特征与推进路径［J］．华东理工大学学报（社会科学版），2016，31（5）：1-7+25.

社会工作者的操作守则体现为价值、知识和技术的统一。上述社会工作伦理在农村社会工作中的整合运用正是在具体服务中的本土化要求。

第四节　农村社会工作伦理困境

社会工作是一种将价值观内化为行动准则的实践活动，在处理个体、个体与个体、个体与群体之间问题时不可避免地会涉及诸多伦理决定，问题的“情感性”特征对社会工作价值中立的要求提出了挑战，使社会工作者面临“伦理两难困境”。伦理两难是专业核心价值中要求的责任与义务发生相互冲突的情形，而社会工作者必须决定何种价值要优先考量。西方研究者将社会工作伦理困境分为直接实务工作中的伦理困境、间接实务工作中的伦理困境、伦理风险管理与不当行为三大类别，每一类别下涵括具体的伦理两难抉择。我国学者在实践中也总结出一些具有本土特点的社会工作伦理困境，包括目标、忠诚、责任、角色及利益所导致的冲突，或社会利益与案主利益、保密与泄密、案主利益最大化之间的两难困境。伦理困境由于服务对象问题的复杂性也往往呈现交织形态。在我国农村社会中人们之间的关系依然深受熟人社会以及靠血缘、地缘和业缘共同构成的差序格局的影响。在一些情境中，传统文化习惯会与社会工作伦理产生冲突，社会工作的专业关系难以抽离熟人关系而独立存在，中西价值伦理差异致使我国农村社会工作实践出现了关系多重化及专业关系界限不清晰等问题。分析农村社会工作中面临的伦理困境并提出解决方案，是提升农村社会工作服务适切性的必然途径。我们需要结合农村社会工作以“村民”为中心的价值特点，从身份、时空、文化层面探讨“对村民的专业伦理”实践中出现的困境问题。

一、保密原则的相对性

社会工作专业中的保密原则是指社会工作者有义务和责任使服务对象告知的相关信息不被披露，从而使服务对象的利益得到保护，更好地维持服务对象和社会工作者之间的专业关系。在没有得到服务对象许可的情况下，社会工作者不得把自己掌握的资料透露给第三方。但是，农村社会工作者也要意识到保密原则的相对性，当预料到服务对象或其他相关人员即将遭遇伤害时、服务对象的问题牵扯其他人的重要利益时、法律规定需要披露的情况发生时，就需要进行信息披露。

二、身份边界困境

农村社会工作者作为专业人员，在进入农村场域之前就应该有明晰的身份定位，这直接影响村民对社会工作者身份的感知，进一步影响社会工作者和村民之间专业关系的确立和后续服务开展。身份边界清晰合理，有利于服务的良好开展，反之则会造成伦理两难。

社会工作者在专业服务中应中立、承担责任、明确任务、保持服务的边界。但是在充满“人情”的农村社会（社区），完全的“价值中立”却不利于社会工作者进入社区和开展工作。通过“人情”建立关系或许是初步开展工作的有效途径，但这又会与专业伦理相冲突。除此之外，服务过程中还会出现村民对于社会工作者的过度依赖，而如果社会工作者以“这个不是我的专业工作范畴”为由拒绝，村民会对社会工作者产生误解乃至隔阂，社会工作者后续活动的开展也会面临服务对象缺失。身份边界模糊不清引发的农村社会工作伦理困境，可以分为双重关系、角色认知与角色期待、专业性与行政性的冲突三个方面。

（一）双重关系

社会工作中的专业关系是社会工作者以专业人员的身份与受助者之间建立的一种专业协助关系。由于社会工作者在为受助者提供服务时会与受助者经常性接触，这在增进受助者对社会工作者信任的同时也让社会工作者面临跨越专业界限的伦理困境。双重关系是在同一时期或不同时期，社会工作者与服务对象或与服务对象关系亲密的人产生密切的联系，除专业关系外，同时又保持其他方面的角色关系。在我国农村的本土环境中，社会工作者与服务对象之间，无论是在建立专业关系阶段前、阶段中还是阶段后，往往不仅存在专业关系，还存在其他情感、社交等方面的关系，这就是双重关系。

农村社区更讲究地缘和血缘，在复杂交织的人情网络中开展社会工作专业服务不可避免地会牵涉“人情”，农村社会工作者与服务对象的专业关系与私人关系伦理困境表现有两种：一种是移情，即服务对象无法识别专业的界限，容易对农村社会工作者产生过度依赖的情绪；另一种是反移情，即农村社会工作者在服务开展过程中自我卷入度过高，不能够理性对待专业关系。社会工作者在面临这种情况时需要依据具体的情境和文化背景作出伦理抉择。

在解决双重关系困境方面，社会工作者应加强自身的专业伦理修养，对双重关系保持一定的警觉，认清双重关系的性质，关注潜在的利益冲突，预估双重关系可能带来的正面或负面后果，进行适当处理。社会工作者也可以请督导帮助摆脱双重关系的困扰，与同事和机构一起寻找解构双重关系和建立良好专业关系的途径及方法。当然，我们应该承认在农村场域中开展服务所具有的双重关系可能是无法避免的，将困境转化为提供服务的优势，是农村社会工作者必备的技能。

（二）角色认知与角色期待

由于农村社区问题的复杂性，社会工作者往往集多重角色于一身。在开展农村社会工作的过程中，社会工作者扮演着教育者、支持者、治疗者、倡导者和资源链接者等多重角色。但是，由于农村地区社会工作发展还不成熟，村民对社会工作的了解程度较低，可能会对社会工作者的角色和地位认知不准确。农村社会工作者的目标是助力乡村振兴，于细微处解决村民问题、增强村民的社会功能，但这均以明确的服务职责和范围为出发点。在乡村建设中，农村社会工作者会遇到许多亟待改变的现象，但必须清楚自己的工作职责，在专业范围内提供力所能及的服务。此外，农村社会工作者为了顺利开展服务往往会借助行政力量，例如，村委会的引荐、村干部带领访谈等。在这种情况下，村民容易认为社会工作者是政府委派的工作人员、代表政府权力，进而对社会工作者提出超出其职责和能力范围的要求。

澄清角色认知与角色期待应是社会工作者进驻农村社区开展服务的第一步。首先，需要向村干部解释专业身份，使其对社会工作者的角色有更清晰的认知；其次，在与村民互动的过程中及时作出角色澄清，转换不切实际的角色期待；再次，角色澄清之后，社会工作者在实践中要积极做出和自身角色相一致的行为；最后，使角色、伦理和义务三者融为一体，相互呼应。

（三）专业性与行政性的冲突

在我国社会工作专业化、本土化的进程中，政府自上而下地推动对于农村社会工作的发展至关重要。农村社会工作的开展与村“两委”的工作具有密切的关系甚至是重合，在具体开展服务的过程中，农村社会工作者会面临行政性和专业性的伦理两难。

社会工作者在农村开展工作离不开村委会的支持，但在工作中村委会经常会将一些行政性事务交由社会工作者承担。如果承担的行政性事务过多会影响对本职工作的投入，但如果拒绝又可能难以赢得村委会的信任和支持，不利于形成良好的合作关系，这样就陷入了行政性工作和专业性事务、服务村委会与服务村民的两难抉择。此外，一些农村社会工作机构的资金来源、服务人群、服务内容和服务方式等也会不同程度地受到来自乡镇政府或村级行政力量的干预和各级行政目标的影响，专业性和行政性之间产生冲突，造成伦理困境。

社会工作的专业性和政府职能的行政性相互交织、相互影响是我国社会工作在本土化过程中不可避免的现象，但社会工作作为一门专业和职业，专业性是必须要保持的。首先，在政府购买社会服务的大背景下，社会工作者应该坚守敬业的价值观，将专业情怀落实于满足服务对象需求的实处。其次，农村社会工作机构应与政府部门、村“两委”协商，明确职责和服务范围，在此基础上建立发展性的合作关系。此外，社会工作督导应发挥积极作用，监督服务实施过程中的专业性，针对专业性与行政性的冲突问题协助社会工作机构（社会工作者）和相关行政力量作出调整。

三、时空界限模糊

社会工作专业伦理要求与服务对象保持时空界限，在服务约定的时间和空间之外不再有接触。但是，社会工作者在农村工作时往往需要居住在农村，与村民较近的空间距离便于与村民建立良好的人际关系，充分融入当地居民生活，但这同时意味着农村社会工作者的个人时间和空间与工作的时间和空间没有明确的界限。例如，村民生活的节奏主要是与日照、天气、节令和季节相配合，对村民来说，会议的时间就是“完成农活、吃饱晚饭后”，而不是“晚上 8 点半”那样具体。加之智能手机的普及、微信的使用使得村民与社会工作者之间交流频繁，工作领域与私人领域、专业关系与私人关系之间的界限也越加模糊。

在农村社会工作服务中要灵活处理本土导向的专业关系界限。专业伦理要求社会工作者与服务对象之间的专业工作和私人生活要有界限，但是这种界限并不是一成不变的，在不同文化情境中应有不同的界定，需要在实践的过程中不断转换、中和、调整。社会工作者对于“私人空间”的适当让渡会给村民带来一种“安全感”，有利于社会工作者更好地进入乡村关系网络中，成为村民的“自己人”，但也会消耗自己的精力。当然，若非突发紧急事件，社会工作者也可以根据自身精力和工作安排适当拒绝村民对“私人空间”的打扰，同时，真诚地向村民说明缘由，避免误解。

四、文化困境

农村社会工作的特殊性就在于工作场域和服务对象的特殊性。农村社会工作实践是社会工作专业伦理与农村文化相互构建、相互形塑的过程。农村独特的文化脉络、话语体系及交往方式可能为服务开展带来伦理困境。

（一）乡土人情的文化困境

乡土人情是农村社会工作开展的社会环境。在社会工作关系建立之初，“人情”帮助农村社会工作者理解服务对象，促进服务对象与社会工作者之间的互动。关系建立后村民就有可能将社会工作者视为“熟人”“自己人”，“熟人好办事”的“人情”困扰应运而生。面对村民的需求，首先，社会工作者应分析是否符合法律法规、机构规定等要求；其次，在客观条件允许的范围内提供服务，如果不符合，社会工作者应耐心向村民解释原因，并一起寻找其他合理解决途径；最后，争取在不破坏专业关系的前提下解决问题。

（二）文化差异与专业陷阱

当社会工作者对于所处农村社区的社会文化了解不足、以自身所属的文化解读服务对象的文化时，就会产生文化差异问题。同时，社会工作者在专业学习的过程中积累了较为丰富的“书本知识和理论”，而这些知识和理论会不自觉地成为社会工作者看待人和事的指导框架，如果把专业知识和理论变成刻板的教条，那么专业陷阱就会出现，不但不能实现农村社区和村民能力建设的理念，反而可能变成对当地民众的伤害。例如，农村社会工作者在服务中经常出现的“学术化”表达会造成服务提供者与服务对象之间信息接收与表达的错位，进而影响服务效果。因此，社会工作者要提前了解所服务的农村社区的独特文化，尊重服务对象的行为习惯、生活方式、文化习俗，对当地文化脉络有一定的掌握和敏感性，寻找符合文化需求的服务模式。除此之外，农村社会工作者还可发展本土社会工作者，即在农村社会内部培育具备社会工作特质的人员，确保社会工作服务方案更加符合乡村实际。

总之，通过界定身份边界、时空界限和文化能力 3 个层面所出现的伦理困境，并提出适当性的解决措施，能使农村社会工作者更深刻地领会社会工作价值观和伦理的内涵，同时为其在服务过程中所遇到的伦理困境提供解决思路。农村社会工作的伦理困境有一定的特点和复杂性，但社会工作者不应将其视为服务提供时的阻碍，而应以此为契机提升服务与村民需求的契合度。社会工作者在服务提供过程中也应不断反思，为农村社会工作价值观与伦理的本土化提供经验借鉴。

第二章　农村社会工作实务理论指导

第一节　农村社会工作实务的理论概述

农村社会工作是一项专业性很强的服务与行动，它的基本特征之一就是其大部分的实践过程和工作技巧都是建立在一定的、系统的理论知识基础上的，而不仅仅依靠工作经验的积累和总结。从事农村社会工作，需要了解、掌握和运用农村社会工作理论。

什么是社会工作理论？它是由一系列相互关联的概念和判断构成的知识框架，它旨在从一般水平上或较高层次上描述和解释现象的存在与变化。社会工作理论无疑是关于社会工作的各种知识架构的总称。一个好的实务理论应该包括以下几个特征：

（1）具有内在逻辑的一致性；

（2）有助于社会工作者正在面对的案主；

（3）具有一定的综合性，可适用于不同的案主或案主系统；

（4）具有一定的推广性且可验证有效性；

（5）有助于追求社会的公平与正义。

农村社会工作理论对于社会工作者开展农村社会工作实践具有指导意义，为实践提供了方法和原则。具体表现在以下 5 个方面：

1. 解释问题

社会工作是一个服务于人的专业。当农村社会工作者面对一个求助者时，首先，要判断他的需要是什么，接着，必须要了解他为什么会产生这样的需要、是什么因素使他产生这样的需要、是他的个人因素还是他所处的生活环境的因素；其次，当社会工作者试图回答这些问题时，都是以一定理论为依据对求助者的需要作出解释和判断，所不同的是人们依据的理论不同，可能会作出不同的解释和判断；最后，不管作出怎样的解释和判断，它们都将成为农村社会工作者实务的基础。

2. 预测与判断

预测是从相关理论出发，对事物可能发生的变化的预先判断，并为下一步行动作出指引。预测包括几个方面：首先，对求助者可能发生的变化作出预测；其次，对影响求助者的各种因素的作用作出预测；最后，对社会工作者所提供的服务对求助者可能产生的效用的预测。正确的预测可以帮助社会工作者有准备地面对求助者变化着的需要，为有效地帮助求助者打下基础。农村社会工作理论知识作为大量服务实践经验的结晶，可以用来对同类问题作出预测。

3. 确定干预模式和方法

社会工作无论是理论建设，还是服务的提供，其最终目标都在于帮助求助者改变其不利的生活状态。因此，农村社会工作最重要的就是找到助人的办法和途径。这也正是理论所能发挥的作用。农村社会工作理论可以为助人活动提供干预的方法和模式，使社会工作有效展开。

4. 指导服务实践发展

理论来自实践又高于实践，社会工作理论是大量社会工作者实务经验的总结。正因为如此，它能够对后来的社会工作服务提供指导，使实践者免于盲目地探索。

5. 发展新的理论

社会生活在不断变化，社会问题也在不断翻新，社会工作理论自身也必须不断推陈出新，通过实践总结和理论研究，对新现象、新问题作出新的解释，这便是发展新理论的过程。一方面，农村社会工作者可以通过总结社会工作实践经验，经过反复验证形成新理论；另一方面，通过对原有理论的质疑也会产生新的理论。

第二节　农村社会工作主要理论

一、个案工作相关理论的基本内容

（一）弗洛伊德的人格结构理论

弗洛伊德认为，人格是一个整体，它包括3个部分：本我、超我、自我。

（1）本我。人格结构中最原始的部分，构成本我的成分是人类的基本需求，包括饥、渴、性等。本我之中的需求产生时，需要立即满足。因此支配本我的是快乐原则。

（2）超我。人格结构中居于管制地位的最高部分，构成超我的成分是社会道德规范、个体的良心、自我理想等。超我是人格结构中的道德部分，支配超我的是完美原则。

（3）自我。在现实生活中由本我和超我共同作用的结果。由本我产生的各种需求，因为受到超我的限制，不能在现实中立即满足，需要在现实中学习如何满足需求。最终的现实状态就是自我。因此，自我介于本我和超我之间，支配自我的是现实原则。

本我是一个原始的、与生俱来的和非组织性的结构，它是人出生时人格的唯一成分，也是建立人格的基础。本我过程是无意识的，是人格中模糊不可即的部分，我们对它几乎一无所知。不过，只要当一个人有冲动的行为时，我们就可以看到本我在起作用。本我遵循着“唯乐原则”工作，即追求快乐，逃避痛苦。弗洛伊德说：“我们整个的心理活动似乎都是在下决心去追求快乐而避免痛苦，而且自动地受唯乐原则的调节。”

自我是意识结构部分，是通过后天的学习和对环境的接触发展起来的。弗洛伊德认为，无意识结构部分的本我，不能直接地接触现实世界，为了促进个体与现实世界的交互作用，必须通过自我。个体随着年龄的增长，逐渐学会了不能凭冲动随心所欲，他们逐步考虑后果，考虑现实的作用，这就是自我。自我是遵循“现实原则”的，因此，它既是从本我中发展出来的，又是本我与外部世界的中介。弗洛伊德在《自我与本我》一书中把自我与本我的关系比作骑士和马的关系，马提供能量，而骑士则指导马的能量朝着他想去游历的路途前进。这就是说，自我不能脱离本我而独立存在，然而由于自我联系现实，知觉和操纵现实，于是能参考现实来调节本我，亦即潜意识与前意识。这样，自我按照现实原则进行操作，现实地解除个体的紧张状态以满足其欲望。因此，自我并不妨碍本我，而是帮助本我最终合理获得快乐的满足。

假如人格中仅有本我和自我这两个结构部分，那么人就将成为快乐主义和兽欲主义的有机体，当他处于一种需要状态时，他就会从合适的环境对象中寻求对需要的直接满足。然而人格中还存在着使情况变得更加复杂的第三个结构部分，即“超我”。超我是人格中专管道德的司法部门。超我，简言之，就是道德化了的自我。它是从儿童早期体验的奖赏和惩罚的内化模式中产生的，即根据父母的价值观，儿童的某些行为因受到奖赏而得到促进，而另一些行为却因被惩罚而受到阻止。这些用来奖赏和惩罚的经验逐渐被儿童内化，当自我控制取代了环境和父母的控制时，就可以说超我已得到了充分的发展。

充分发展的超我有“良心”和“自我理想”两部分。良心是儿童受惩罚而内化了的经验，它负责对违反道德的行为做惩罚（内疚）；自我理想是儿童获得奖赏而内化了的经验，它规定着道德的标准。超我的主要功能是控制行为，使其符合社会规范的要求。

弗洛伊德认为，本我的目的在于追求快乐，自我的目的在于追求现实，超我的目的则在于追求完美。由于超我永无止境地追求完美，所以它同本我一样是非现实的，它经常批评本我谴责自我。自我服从超我的强制规则，它不仅必须寻找满足本我需要的事物，而且还必须考虑到所寻找的事物不能违反超我的价值观。

实际上，本我、自我和超我三者之间并没有清晰的界限，这三个概念的提出只是为了从整体上把握人格的不同过程、功能和机制的方便。本我之中产生自我，自我之中产生超我，三者相互作用并融合于人的整个生命过程。弗洛伊德认为，在通常情况下，本我、自我和超我是处于协调和平衡状态的，从而保证了人格的正常发展，如果三者失调乃至被破坏，就会产生神经病，危及人格的发展。

同时，弗洛伊德认为人格发展是具有阶段性的，个人会经历 5 个连续发展的阶段，每个阶段的发展都有赖于前一阶段心理冲突的解决。这 5 个阶段是口腔期、肛门期、性蕾期、潜伏期和生殖期。在任何一个阶段，自我、本我、超我之间的冲突在得不到解决的情况下就会出现焦虑、压抑或压力，都会影响本阶段人格的发展和后续各个阶段的发展。

（二）埃里克森的人类发展阶段论

埃里克森认为，在人格发展中，个人与其周围环境的互动起着主导和整合作用。每个人成长的过程都普遍经历着生理的、心理的以及社会事件的发展顺序，按一定的成熟度分阶段地向前发展，因此，人的发展可分为 8 个阶段，见表 2-1。

表 2-1　　人类发展的 8 个阶段

发展阶段	主要冲突和任务	形成的美德
婴儿期（0~1 岁）	基本信任还是基本不信任； 重要的联系：照护者； 任务：对周围世界的信任超越不信任	希望
幼儿期（1~3 岁）	自主还是羞怯与疑虑； 重要的联系：父母； 任务：在怀疑和羞怯中发展独立性	意志力
儿童早期（3~6 岁）	主动还是内疚； 重要的联系：家庭； 任务：不断尝试新的事物，克服内疚，建立自信心	目的

续表

发展阶段	主要冲突和任务	形成的美德
儿童中期（6~12 岁）	勤奋还是自卑； 重要的联系：学校和同伴； 任务：学习重要的知识、技能和生存技巧，勤奋感超越自卑感	能力
青少年期（12~20 岁）	同一性还是角色混乱； 重要的联系：同辈群体，角色模式； 任务：发展自我同一性	忠贞
成年早期（20~40 岁）	亲密还是孤独； 重要的联系：爱人、伴侣或亲密朋友； 任务：对他人作出承诺，建立亲密联系，而非与社会疏离，专注自我	爱
成年中期（40~65 岁）	繁殖还是停滞； 重要的联系：家族、同事、社会规范； 任务：培养和指导下一代，生产与创造	关怀
成年晚期（老年）	自我整合还是绝望； 重要的联系：所有人类； 任务：回顾一生，坦然面对死亡，而非失望、沮丧或者对死亡充满恐惧	智慧

埃里克森认为，个体在每个发展阶段都面临着特殊的发展任务，都会经历一次“心理-社会危机”，或者说矛盾冲突。这些冲突包含着对立的两极，个体只有尝试面对并解决这一冲突之后，才能顺利进入下一阶段，同时发展出某种特定的品质或“美德”。如果冲突无法圆满解决，那么个体自我的发展就会出现困扰乃至停滞。在 8 个发展阶段中，埃里克森特别强调青少年期自我同一性的发展，认为这是自我发展的最关键环节。

（三）班杜拉的社会学习理论

班杜拉认为，人类行为的习得或行为的形成，不仅可以通过反映的结果进行学习，也可以通过榜样的示范进行学习，而后者是人类学习的主要方式。这一理论的主要特点是：

第一，强调行为是内部因素和外部影响之间复杂的相互作用的产物，强调认知过程对学习的影响，强调行为受认知的调节和自我调节。

第二，既承认直接经验的学习，更强调观察学习的重要性。认为许多行为模式都是通过观察别人的行为及后果而学来的，特别强调行为模式对激发特定行为的重要性。

第三，注意到了3种强化因素（外部强化、替代强化、自我强化）对学习的影响，尤其强调替代强化和自我强化的重要作用。

社会学习理论中的强化学习突出了：观察学习不依赖于直接强化，而是靠间接强化，即使通过观察他人的反应受到强化的过程，也使自己的行为反应得到增强。但是观察学习不同于模仿，模仿只是观察者对行动者行为动作的机械复制，而观察者在观察动作的基础上除了模仿还会进行思考和总结，概括行为的规律，因此观察学习往往具有创造性。

（四）农村社会工作个案相关理论的运用及启示

无论是人格结构理论、人类发展阶段论，还是社会学习理论，都是了解个体发展的相关理论，这些理论都适用于指导开展农村个案工作，尤其是农村留守儿童、青少年群体社会工作的个案干预，但在运用中需要注重其中的差异性。

掌握行为和学习理论，认识到人类行为是遗传和环境交互作用的结果，清楚个体智力发展的阶段性以及父母、学校、社会等系统的重要作用。

农村社会工作者在实务工作中，要注重从生理发展、认知发展、人格发展和社会性发展的角度出发，理解案主的过去和现在，发现问题，进而更好地干预其行为。同时，学会使用不同的理论解释同一个案例和行为，总结不同视角下对个体行为的不同理解；将自身的成长经历同理论结合起来，有助于了解自己和周围的人，更有利于从事农村社会工作。

二、小组动力理论

（一）小组动力理论的基本内容

小组动力理论由心理学家勒温创立。小组动力学是描述小组过程中各种因素和力量的相互关系的理论，其研究的内容包括小组的形成、维持与发展，小组内部的人际关系，小组与个体的关系，小组的内在动力，小组间的冲突，领导方式对小组的影响，小组行为，等等。勒温始终强调小组是一个动力整体，应该把小组的每个部分放在整体中进行研究。小组动力理论的主要观点有：

（1）关于小组特性。勒温的小组动力论是建立在他的场域理论基础上的。场域理论的基本概念是生活空间，它包括人与环境。但人既是个体的存在，也是小组的存在；而环境既是物理的、心理的，也是社会的。个体不是孤立的个别属性的机械相加，它在一定的生活空间里组织为一个完整的系统。从这一点出发，勒温很容易得到这样的结论：小组绝不是各个互不相干的个体的集合，而是有着联系的个体间的一组关系。作为小组它不是由各个个体的特征决定的，而取决于小组成员相互依存的内在关系。

（2）关于小组的内聚和分裂的问题。任何一个小组都面临着内聚和分裂的压力。分裂的压力缘于小组内部成员之间交往有太多的障碍，或者个体的目标与小组的目标有强烈的冲突。为了抵抗分裂，要加强小组内的凝聚力，使小组各部分有机地结合在一起。凝聚力取决于以下几个方面的内容：一是小组成员间的吸引力，如对其他小组成员的喜爱等；二是领导者的工作作风；三是小组成员对小组活动的兴趣；四是遵从与交往，小组成员遵从行为表现越高，小组的凝聚力越高，兴趣与态度一致的交往促进小组凝聚力的增长。

（3）小组行为随着小组成员的改变而改变。在一个稳定的小组中，小组的动机强烈地连接在一起，以至于很难将小组的目标与个人的目标清楚地区分开来。所以要改变个人应先使具体的小组发生改变，这远比通过直接改变个人要容易得多。这也就是整体比部分更重要的场域理论的基本思路。一般而言，只要小组的价值不变化，个体就会更强烈地抵制变化，而一旦小组标准本身变了，由于个体依附于该小组而导致的那种抵抗力也就随之消除了。

（二）小组动力理论对农村社会工作的启示

小组动力学理论帮助农村社会工作者了解小组工作的过程是一个充满动力的过程。影响小组动力的因素有静态因素和动态因素。静态因素包括小组的特性、小组带领者、小组成员、机构的影响等；动态因素包括小组领导方式与形态、小组气氛和凝聚力、成员的参与和沟通模式、冲突和冲突的解决模式、小组的成文和不成文的规范、小组的决策过程、问题解决过程等。同时，该理论能帮助社会工作者在开展农村工作时，认识到不仅要关心小组成员个人的改变，而且还要关心小组的改变，并通过小组的改变去影响个人的改变。

小组动力理论具体可以运用在开展农村特殊群体社会服务中。

（1）农村留守儿童成长服务。开展作业辅导小组、生活技能训练和人际交往技巧训练小组；为留守儿童家长提供培训，开展亲子互动小组，等等。

（2）青少年犯罪预防和行为偏差青少年矫正服务。例如，对网瘾青少年进行干预，通过小组的动力纠正其偏差行为，建立良好的学习和生活习惯。

（3）留守妇女服务。开展文化娱乐活动小组、技能训练和创业支持小组，例如，扶持妇女手工编织创业项目。

（4）留守老年人，开展农村老年人趣味性文娱小组活动，组织参与学习科技文化知识、养老保健知识等教育小组，吸引留守老年人融入、参与社会实践。

此外，在发展农村社区自组织队伍方面，发掘有共同兴趣爱好的村民，将他们组织起来，培育发展农村社区社会组织，提高社区治理能力和水平。

三、标签理论

（一）标签理论的基本内容

标签理论又称为烙印理论，形成于20世纪50年代的美国，60年代逐渐兴盛，70年代已经成为美国社会学界研究心理、犯罪等越轨行为最主要的理论。标签理论主要是从符号互动理论演化而来，认为越轨行为是社会互动的必然产物。标签理论主要研究越轨行为发生的过程，而并非研究越轨行为产生的原因，认为一个社会成员之所以发生越轨行为，就是因为在社会交往的过程中，在熟悉群体、陌生群体以及社会上的正式和非正式组织处理个人的越轨行为时，被贴上诸如杀人犯、坏人的“标签”，这些主观赋予的标签带有一种社会耻辱性标记，它把这些越轨者同社会上的非越轨者区分开来。而被贴上“标签”的那些越轨者也慢慢认可并逐渐按照标签的指示，继续从事越轨行为。长此以往，越轨者越陷越深，最终将难以自拔。同时，标签理论强调社会对越轨者的反应，包括训斥、责骂、歧视及惩罚等，认为社会的反应是造成初级越轨者一步步加深，最终陷入“越轨生涯”这一深渊的重要原因。

标签理论最具代表性的人物是美国社会学家贝克尔。标签理论的主要内容包括以下3点。

（1）对越轨行为的解释。贝克尔认为，世界上并无“越轨行为”的本身，而是人们通过社会规范的界定之后，某种特定行为才成为越轨行为。社会团体制定了规范，并把破坏这个规范的人界定为越轨行为者，然后再以标签将他们公开地标示为“越轨者”，从而使“圈外人”踏上“越轨生涯”。所以，标签理论认为越轨行为的发生是源自社会的反应，越轨行为由社会建构形成。

（2）标签的张贴具有选择性。在贝克尔看来，并不是越轨行为都会被贴上标签。换句话说，标签的张贴是有选择性的，它因时、因地和因人的不同而不同。同时，标签的张贴表现了社会的不公平，困难者极易被贴上标签。

(3) 越轨行为的形成是一种被辱的过程。标签理论认为越轨行为是一个动态的、相对的过程。这一被辱过程主要有 3 个步骤:“首先是权威者或关系密切的人对越轨行为的觉察;其次是对越轨者贴上违规标签;最后是越轨者加入越轨群体或越轨亚文化,他的越轨行为在群体和亚文化中得到支持和认可。”

(二) 标签理论对农村社会工作的启示

社会工作的一个重要任务就是要通过一种重新定义或标定的过程来使那些原来被认为是有问题的人恢复为“正常人”,农村社会工作也应当担此重任。因此,标签理论对农村社会工作的启示主要表现在以下几个方面。

(1) 在广大的农村地区,越轨行为时常发生。农村社会工作者在对待越轨案主时,应摒弃对案主的偏见,尊重案主对自身的行为选择权利,理解其越轨行为的独立性。同时,社会工作者要努力调整案主认知,重塑其“自我”意识,促进案主的发展。

(2) 农村社会工作者在农村地区应拓宽专业服务范围,积极地给案主所在的非正式群体提供服务和帮助。一方面做好所在农村社区越轨队伍的解体工作;另一方面也需积极地做好家庭、周围邻里等初级群体的引导辅助工作。

(3) 农村社会工作者做好越轨者的回归工作,减弱断裂的“标签效应”。在农村社会工作的专业实践中,社会工作者除了应该积极鼓励引导案主回归社会外,还应注意存在着社会的消极影响和人们的负面心理等断裂的标签,也应致力于减弱它们的再作用。

四、优势视角

(一) 优势视角的基本内容

“优势视角”是一种关注人的内在力量和优势资源的视角,意味着应当把人们及其所在环境中的优势和资源作为社会工作助人过程中所关注的焦点，而非关注其问题和病理。优势视角基于这样一种信念，即个人所具备的能力及其内部资源允许他们能够有效地应对生活中的挑战。优势视角的重要原则包括：每个个体、团体、家庭和社区都有优势；创伤、虐待、疾病和抗争都具有伤害性，但也都包含着挑战和机遇；社会工作者服务可以以最好的成绩服务于对象；所有的环境都充满资源等。

优势视角相信人可以改变，每个人都有尊严和价值，都应该得到尊重。优势视角认为，每个人都有自己解决问题的力量与资源，并具有在困难环境中生存下来的抗逆力。即便是处在困境中备受压迫和折磨的个体，也具有他们自己从来都不曾知道的与生俱来的潜在优势。优势视角认为，在社会工作助人实践过程中关注的焦点应该是服务对象个人及其所在的环境中的优势和资源，而非问题和症状，改变的重要资源来自服务对象自身的优势，个人的经验是一种优势资源。

优势视角超越了传统问题视角的理论范式，关注点在于服务对象的优势和潜能。它强调要把注意力聚焦于服务对象如何生活、如何看待他们的世界，以及从他们的经验里找出意义。

运用社会工作优势视角的观点思考服务对象问题时，并不是要刻意忽略其痛苦或是不足之处，而是期待从另一种角度出发，协助服务对象以另一种态度去思考自己的问题与改变的机会，使得问题对于服务对象或其他人较不具有威胁性，当危险性降低时，服务对象与他人愿意解决问题的动机便会提高。

（二）优势视角对农村社会工作的指导意义

优势视角理论对农村社会工作者的启示在于，相信个体、环境及观念都有改变的可能；每个个体都有抵御压迫、灾难和困境的能力和资源；个体经验本身就是一种优势。在农村社会工作中要运用好优势视角理论指导实际工作。

首先，要提升村民的权利意识和参与意识。在农村发展过程中，村民常常是被动的、依附的和没有话语权的，这样的习惯在很大程度上影响了村民权利意识的形成。从优势视角出发，农村社会工作者在村民权利意识和参与意识提升的过程中，要动员村民参与农村社区治理的实践，发挥其主动性。

其次，运用优势视角培养村民的认同感。社区身份不仅仅表示社区成员，而且还包含着社区成员在社区内的权利和义务。村民社区性的培养，实际上是权利意识和义务责任的建设过程。

五、增权理论

（一）增权理论的基本内容

增权理论的社会工作模式是将焦点集中在服务对象的能力和优势上，而不是将焦点放在他们的困难和问题上，强调工作过程是社会工作者和服务对象的集体共同参与，并通过这一过程达到发展和提升服务对象的自我控制能力和社会影响力的目标，最终达到个人生存发展状况的改善，同时对社会资源的重新分配产生影响。增权的理论视角和实践模式体现了尊重个人、相信个人具有自我发展能力的信念，并从人与环境相结合的角度发掘资源，有效实践了社会工作的价值观。与增权息息相关的一个词就是无权或称失权。对于农村的大多数村民来说，他们无疑处于一种相对的“能力和资源缺乏”状态，是需要增权的对象。

（二）增权理论对农村社会工作的指导意义

增权理论可以在农村社会工作中发挥较大的作用，具体来说，可以从以下 3 个方面展开。

1. 农村社会工作者要进行自我增权

探讨以增权理论开展农村社会工作在目前还是一个设想，当前最重要的问题是，合格的农村社会工作人才非常缺乏，农村社会工作专业化队伍尚在建设中。农村社会工作者应该是通才，他们必须具备开展个人、家庭、群体以及整个社区工作的能力。

他们所扮演的角色包括：

（1）直接服务角色——做个人、夫妻、家庭和群体的工作，如为酗酒、家庭暴力、药物滥用和抑郁等提供24小时危机热线服务等。

(2) 资源专家——农村社会工作者必须清楚政府或社区拥有哪些资源，应如何有效地配置资源等。

(3) 社会服务行政管理者和社区组织者——农村社会工作者常常扮演协调社区所有服务的角色。

(4) 农村社会工作者需要具备同社区的权力结构建立起联系的能力。社会工作者在实践中也要扮演多种角色，譬如，参加商谈者、经纪人、调解者、倡导者、咨询者、个案管理和协调者、小组领导、组织者、顾问、政策制定者等。

然而，目前我国的农村社会工作者还比较匮乏，在农村进行服务的社会工作人员的个人知识与能力也比较欠缺。增权理论相信服务对象自身的能力和优势，并且努力挖掘服务对象身上的潜力，培育、激励、协助、支持、激发和释放人们内在的优势，增强服务对象的权力感，提升服务对象获得和运用权力的能力。农村社会工作者对于如何培育、激发农村居民的权能，如何引导农村居民进行自我增权，都还缺乏相应的知识和能力。因而，农村社会工作者需要进行自我增权，提升自身的发展潜力，使自身成为合格的农村社会工作人才。

第一，要对现有农村社会工作者进行培训，让他们接受增权理论，从专业知识、专业能力等方面进行自我增权。可以让有社会工作专业背景的社会工作者进行督导，聘请专家举办讲座，选派农村社会工作者进修学习，以提高农村社会工作者的工作能力与素质。

第二，要鼓励、激发农村社会工作者参加社会工作师资格考试，以提高社会工作者开展社会工作服务的能力与素养。

第三，要建立农村社会工作者的培训队伍，激发农村社会工作者的潜能，提高农村社会工作者服务农村社区、服务农村居民，以及将所学知识与当地农村实际相结合的能力，开展适合当地农村需要的服务项目，推进农村社会工作的发展。社会工作者要扮演教育者、资源整合者、领导者、呼吁者、倡导者等角色，而当前的农村社会工作者还不具备这样的能力，还需要多方训练，以提升整体素质与能力。这就要求农村社会工作者所在机构和督导、一线社会工作者应认清农村社会工作者的发展要求和自身欠缺，进行自我增权。

2. 推动农村社区教育，从知识与技能两方面为村民增权

增权理论的目标在于通过增强服务对象的权利使其能够控制自己的生活，并在一定程度上促进社会进步。从目前来看，许多农村居民受教育程度不高，缺乏相应的有技术含量的种植技术、养殖技术；想发展经济作物，开展养殖产业，许多村民最终会因缺乏相应的知识和技术而失败，甚至干脆放弃发展的念头。

另外，随着各地因美丽乡村建设、城镇化建设、旧村改造等带来的征地拆迁、环境污染、土地承包及农村股份制改造等新问题，许多村民由于缺乏相关知识，同样会陷入无权的不利处境。因此，发展农村社区教育是农村社会工作者为村民增权的首选。我国农村社区教育发展中存在很多问题，乡镇政府、一些社会组织也在开展农民技术培训等项目，但是许多培训并不适合当地村民的需要。社会工作者在社区教育中要充当资源整合者与资源推广者的角色。农村居民的素质参差不齐，必须根据村民实际情况选择和制定教育培训内容。

在农村社区教育中，社会工作者需要扮演各种资源的联系者、计划者的角色，设计出适合当地村民需要的培训与教育，然后联系有相关经验的学校、专家对村民进行有效的教育培训。村民的年龄不同、文化层次不同，采用的培训形式也应该有所不同。对有一定基础的村民，可以有针对性地教授他们一些新技术、新工艺，以及实用的经济知识与法律知识；对有文化基础的年轻农民，要鼓励他们参加农校、职校等学历教育，进行系统的培训和学习。

同时，农村社会工作服务站可以整合发达地区和当地的社会资源，在农村居民中宣传、推进农业远程教育，引导村民学会运用先进的教育技术，逐步在当地农村实现传统媒体和现代媒体的相互衔接和配合使用。农村社会工作者应该通过开展教育培训、推广服务、科学普及和信息传播等

推动农村社区教育，使村民能够切实提高知识和技能，在自身能力方面得到增权。在农村社会工作的开展过程中，由社会工作者推动的农村社区教育，可以作为农民增权的主要切入点。

3. 以项目带动进行小组增权，引导村民走向新的联合

在增权实践中，从长远考虑需要训练服务对象的领导能力、熟悉政治经济和社会的发展状况等信息，继续增进与维系服务对象的改变，使其最终成为掌握自身命运和机会的主人，这在农村社区可以通过项目小组的形式实现。在大多数农村地区，村民因缺乏有效的联合而导致无权。我国普通农民尽管人数众多，但对社会的影响力与其数量不成正比。受文化程度、社会地位、投资生产等的限制，市场经济中的农民适应农村社区的能力和自我发展能力严重不足。在经济生活中，分散的农户与国内、国际市场的连接往往需要中介组织，但大多数的中介组织并非农民利益的代表者，难以在农产品的生产、加工和销售之间建立合理的利益分配机制，而农民并不具备讨价还价的能力，只能成为利益受损者。

在基层社会治理中，普通村民缺乏分配资源的权力，扮演着被管理者的角色。普通农户因为太分散而缺乏有效联合，不利于他们在经济和社会生活中维护自己的利益，从而削弱了他们的积累和自我发展能力，需要新的联合以增强其权能。为此，在当前形势下开展农村社会工作，应该引导村民逐步走向新的联合，尤其是发展农民的经济性合作组织，以便真正代表和维护村民的利益，使村民在市场中合理享受他们创造的价值，逐步增强农户的经济实力和农村社区的自我发展能力。另外，这种合作组织可以为村民提供有效的社会支持网络，帮助他们在参加联合的过程中发展与他人平等交往的能力。

目前，有的基金会资助的社会工作项目，就是以一定的项目带动村民形成合作小组，并取得了一定成效，但是还没有形成系统。农村社会工作可以通过发动农村精英带头的经济合作小组，联系外界资源与当地农村合作，以项目的形式招募结合成小组。小组应遵守“利益共享，风险共担”的原则，把自己的利益和他人的利益较好地统一起来，这是农民克服困难

和自身狭隘性的一种较好形式。

当然，项目小组在开展之初，可以遵循“引导农民种，帮助农民销，增加农民收入”这样的理念。在这个过程中，培养村民自己的小组骨干和小组领导，让小组自我增权。随着农民互助小组的发展，可以逐渐扩大合作空间，延伸到产前、产中及产后各个环节。总之，在农村开展社会工作时，社会工作者可以根据当地农村社区的特色，联系相关社会资源，以适合当地农村特点的项目为切入点，以点带面，通过一个个小组的发展逐步带动农民走向新的联合。

六、沟通理论

（一）沟通理论的基本内容

沟通理论主要侧重于人际沟通方面的研究，认为人际沟通在人际关系中发挥着重要作用。心理学认为，人际沟通不仅是信息上的交流，而且还会给交往双方带来心理上及行为上的交互影响，使得沟通双方在情感、认知、行为和彼此关系上发生变化。

人际沟通对于个人和社会都有重要的意义，表现在以下 3 个方面。

第一，人际沟通是人在社会中得以生存的必要条件，社会性是人的本质属性，人要在社会上生存就必须完成社会化，而社会化的重要途径就是人际沟通。

第二，人际沟通是社会中人与人关系建立和维持的必要条件，在社会中个人通过沟通建立自己的友情、爱情和亲情。

第三，人际沟通是个体自我意识觉醒的必要条件，在社会中个人对自己的认知并不是完全来自自己的主观判断，更多的是通过与他人的交流认识自我的。

实现人际沟通的方式有两大类，分别是语言符号方式（口头、书面语言）和非语言符号方式（手势、面部表情、目光和肢体语言等）。沟通理论认为，鉴于人际沟通的重要性，如果个体不能在人际交往中很好地处理沟通的信息，必然会导致交往双方关系的障碍，进而影响问题的解决。

（二）沟通理论在农村社会工作中的运用

以沟通理论为基础的农村社会工作的基本任务就是帮助农村中的广大村民消除沟通障碍，使村民能够进行良好的沟通，与家庭、邻里、组织和政府沟通。农村社会工作者在服务时应当做好以下工作。

第一，鼓励和动员村民提供畅通的信息。

第二，对获得的信息应及时给予评估和反馈。

第三，提供社会工作者自身的一些行为、信息给村民。

第四，尽可能过滤掉来自村民的不精确信息。

沟通理论和方法技巧对于建立农村社会工作者和农村服务对象之间的关系十分有效。但是，在农村从事社会工作时也应在与服务对象交往的过程中把握沟通的尺度，不能将这一理论形式化和教条化，避免技术性痕迹过重而忽视沟通中的真诚、同情心及助人自助的工作原则和核心价值观。

七、女性主义

（一）女性主义的基本内容

女性主义往往被认为既是一项争取男女两性平等的社会运动，同时也是消除性别歧视和解放女性的一种文化思潮。长久以来，男权制度一直成为社会的主流价值。在男权占主导地位的社会中，因为争取男女平等的方式和道路的不同，女性主义发展出自由主义女性主义、社会主义女性主义和激进女权主义三个流派。也有学者将女性主义划分为后现代女性主义、文化女性主义和黑人女性主义等。具体来说，女性主义理论的基本观点主要包括以下几点。

第一，男女两性虽然在现实中是不平等的，但这种情况应该也必须加以改变。

第二，在社会中主流的男权制度规定着两性的性别角色和行为，把女性强制限定在小范围的私人领域中，使女性依赖于男性，并在与男性的互动中，女性往往处于被动的从属地位。

第三，两性关系具有政治性的特征，与女性有关的社会问题的发生与占社会主导地位的男权制度有关，是男权的社会制度对女性的压迫所致。

第四，女性主义认为，男权制度是先于资本主义制度而存在于世的，所以推翻资本主义制度只是结束男性对女性压迫的必要条件，而不是充分条件。

第五，女性主义与世界体系的理论关系：世界体系理论将世界区分为中心地域、半边缘地域和边缘地域三个地域，并倾向于对这些地域之间权力关系的分析，在世界体系理论中，女性常被看作是男性家庭中的附属，不会单独地考虑女性，不会单独地分析女性在经济发展中的贡献。

（二）女性主义对农村社会工作的启示

传统的男权主义在中国的农村社区有着根深蒂固的影响，其中“重男轻女”就是对它的最直观折射。在时下的农村社区男女不平等的现象仍然存在；许多农村妇女在家庭地位低下，尤其是那些没有生男孩完成继承香火责任的妇女，无法享受与男性平等的权利；甚至在一些村庄，虐待妇女致死的现象时有发生；而近年来农村出现的留守妇女大军不但承受着家庭劳动沉重的负担，还有可能遭遇丈夫变心、同村男性骚扰等一些情感和心理负担。因此，妇女作为特殊群体中的困难者，应当成为农村社会工作关注的重中之重。以女性主义为理论基础的农村社会工作者应从宏观和微观两个方面帮助农村妇女。

在宏观方面，农村社会工作者应与政府沟通，推动各级政府出台尊重妇女劳动和保障农村妇女权利的各项政策，为实现农村妇女的基本权益尽最大的努力。在微观方面，首先，通过农村个案工作，提升妇女的平等权利意识，调整部分农村妇女所拥有的错误认知，肯定她们的自我价值，增强她们实现自我价值的自信心；其次，通过农村小组工作将具有相同问题的（寻找相似性）农村妇女组织起来，让她们相互交流，共同面对困难，也可以让已经解决困难的妇女重新回到小组，与她们分享解决经验；最后，通过农村社区工作，为农村妇女建构社区支持网络。

需要注意的是，农村社会工作者在农村社区中过分地强调女权主义，可能会给社区带来新的权力冲突，因此，社会工作者应当根据所在地区的实际情况选择合适的专业服务方案，这样才能达到农村社会工作的初衷。

八、认知行为理论

（一）认知行为理论的基本内容

认知行为理论是一套致力于通过改变受助当事人的思维、信念和行为方式来改变受助者不良认知的理论体系。它的理论内容建构主要有两个方面的来源：一是认知理论；二是行为理论。认知行为理论是通过对认知和行为理论中所存在的不足进行反思和批评进而发展起来的，但值得注意的是，认知行为理论并不是认知理论和行为理论的简单相加。

行为主义理论是以巴甫洛夫所提出的经典条件反射原理和操作条件原理为基础逐渐兴起的。行为主义理论强调，人的行为都是在社会生活中习得的，是对个人所处的当前环境所作的适应性反应。同时认为，人经过学习而形成的这一行为也能通过学习而变更、完善或消失。在行为主义理论对个体学习的动机给予考察后，认为强化是个体学习的主要动机。如个人的行为受到了奖励或得到超出意料之外的奖赏，那么这种行为就会容易被学习并且会得到维持。但是，如果个人的行为受到了惩罚或得到预期之外更大的处分，这一行为将不会被学习。最后，行为主义理论还针对控制个体行为提出了相关的干预方法和技巧，像脱敏疗法、厌恶疗法、冲击疗法等。

认知理论是认知行为理论的另一主要来源。其主要代表是艾利斯的理性情绪治疗方法和 ABC 理论。在艾利斯看来，人生来就具有理性和非理性思考的潜能，情绪的困扰主要来自其中的非理性思考，因此，可以用理性情绪治疗来克服这些非理性的信念。理性情绪治疗就是帮助个人寻找困扰其情绪的那部分非理性信念，这就是 ABC 理论。A（activating event）表示直接的触发事件；B（belief system）表示人们对该事件所持有的信念系统；C（emotional consequence）表示事件发生后产生的情绪反应。A 并不是必然会引发 C，而是经过人们看法 B 的作用诱致了 C 的出现。总之，这种理论主要认为，应重视理性和认知的作用，充分发挥认知在理性和行为之间的中介作用。

除此之外，认知行为理论还引入了班杜拉社会学习理论中的前置事件、目标行为和结果三个因素来实验性地认识人的行为，并以此作为改变人行为的依据。

（二）认知行为理论对农村社会工作的启示

在中国的农村社会中，认知行为理论对农村社会工作的服务模式和专业实践具有较大的借鉴意义。

第一，有助于农村社会工作者改变以往单一的服务模式，将认知和行为治疗结合起来，在经典的行为治疗中加入认知矫正，使其对农村社区居民的专业服务更加多样，从而实现农村社会工作服务效果的最优化。

第二，认知行为理论的关注比较偏重于儿童和青少年，重视对他们当中不良认知和行为的调节，由于当前我国农村地区存在大量留守儿童的实际情况，因此，以认知行为理论为理论基础的农村社会工作应重点关注农村留守儿童的问题。近年来，农村留守儿童的犯罪问题不断成为社会关注的热点，农村社会工作者需努力改变留守儿童的错误认知，帮助他们树立正确的认知观和行为观。此外，农村社会工作者利用认知行为理论还可以介入农村的养老问题，帮助当地农民树立正确的养老观。

当然，认知行为理论应用于农村社会工作也具有一定的局限性。如认知行为治疗着眼于情绪问题的解决，会让农村社会工作者在一定程度忽视案主的一些基本问题；农村社会工作者在受传统观念影响较深的农村地区，如果一味强调认知行为的治疗，可能会给社会工作的实际效果和预期效果带来较大的冲突。

九、社会支持理论

（一）社会支持理论的基本内容

社会支持是指重要的他人如家庭成员、朋友、同事、亲属和邻居等为某个人提供的帮助功能。这些功能典型包括社会情感帮助、实际帮助或信息帮助。一般可以把社会支持分为物质性支持、情感性支持、工具性支持、满足自尊的支持、网络支持和抚育性支持等。作为一种理论范式，社会支持源于“社会病原学”，最早是和个体的生理、心理和社会适应能力联系在一起的。也正基于此，一些学者的研究将其限制在“社会心理健康”领域。但就已有研究来看，国内外对社会支持理论的使用均已超越了原有的解释，将其扩展为一种用于指称为特殊群体提供精神和物质资源，以帮助其摆脱生存和发展困境的社会行为的总和。社会支持理论基于对特殊群体需要的假设，也就是说在对特殊群体形成科学认知的基础上，判定特殊群体需要什么样的资源才能改善和摆脱现存的不利处境。

依据社会支持理论的观点，一个人所拥有的社会支持网络越强大，就能够越好地应对各种来自环境的挑战。个人所拥有的资源又可以分为个人资源和社会资源两种。个人资源包括个人的自我功能和应对能力，后者是指个人社会网络中的广度和网络中的人所能提供的社会支持功能的程度。以社会支持理论取向的社会工作，强调通过干预个人的社会网络来改变其在个人生活中的作用。特别是对那些社会网络资源不足或者利用社会网络能力不足的个体，社会工作者致力于给他们以必要的帮助，帮助他们扩大社会网络资源，提高其利用社会网络的能力。

中国学者多从社会网络角度对社会支持理论进行阐释，将社会网络分为正式的社会网络和非正式的社会网络两种。正式的社会网络指官方的、制度性的支持，包括政府、企事业单位、社区组织和市场等；非正式的社会网络指非官方的、非制度性的，包括血缘关系、亲缘关系、业缘关系、地缘关系和私人关系。

（二）社会支持理论对农村社会工作的实践指导意义

社会支持理论作为实务理论更有利于建立农村特殊群体的多层次、多形式的现代社会关系支持系统，切实帮助他们建立可持续的、有效地解决问题的支持网络。农村社会工作者应促使农村特殊群体自觉并自助获取社会资源。例如，在农村留守问题上，要帮助和动员农村留守老年人、妇女及儿童加入社会支持网络，如老年人活动中心、妇女之家及“四点半课堂”等，为留守群体建立彼此之间的支持和帮助，提升他们处理问题的能力，提供心理支持。

十、社会生态系统理论

（一）社会生态系统理论的基本内容

社会生态系统理论把个人与其生存环境看作是由功能上相互依赖的各种元素所组成的系统整体，注重人与环境间各系统的相互作用及其对个人行为的重大影响，启发一种看问题的新视角——把人的需要和问题看作是人与环境相互作用的结果。美国威斯康星—怀特沃特大学教授查尔斯·扎斯特罗最先阐述了社会生态系统的层次性，他指出，个人的生存环境是一个完整的生态系统，即由一系列相互联系的因素构成的一种功能性整体，包括家庭系统、朋友系统、职业系统、政府系统和社会服务系统等，人是在环境中与各种系统要素持续互动的主体。在生存环境中，个体受到各种不同的社会系统的影响，也持续并富有活力地与其他系统相互作用。

社会生态系统理论由布朗芬布伦纳于 1979 年在《人类发展生态学》中提出。他认为，个体的发展是处在一个与之相互作用并且不断变化的环境（他称之为行为系统）中；同时，他认为个体成长的生态环境是有层级的，按与个体的互动频率和密切程度依次向外扩展出四级——微系统、中间系统、外层系统和宏系统，并且构成了一个同心圆结构。微系统是指个体活动时直接产生联系的环境因素构成的系统；中间系统是指微系统之间的相互联系和相关关系；外层系统是指个体没有直接参与却对他们的发展产生影响的系统；宏系统是指个体所处的包括以上三个系统在内的整个社会的组织、文化等社会环境。在布朗芬布伦纳所提出的模型中，还有一个时间维度，即“时间系统”，从而把时间作为研究个体成长和变化的参照体系。随着时间的变化，个体成长的环境也可能随之发生变化，发生变化的原因可能是外在的，也可能是内在的。布朗芬布伦纳将这种变化称为“生态转变”。

社会生态系统理论是系统理论的支柱之一，其核心观点就是生命系统与周围环境之间有着持续的交流和互动，强调在实务过程中要对人与环境两方面进行理智、平衡的把握。

（二）社会生态系统理论对农村社会工作的指导意义

社会生态系统理论给农村社会工作带来了很多的启示，给农村社会工作开拓了新的思路。

第一，农村社会工作者在农村社区开展工作时，要改变传统的管理模式框架，树立服务“三农”的理念，应认识到为村民提供专业的社会工作并不是管理和治理，重点在于服务。

第二，以社会生态系统理论为基础的农村社会工作不应当只把目光聚焦在服务对象上，而更要关注目标、行动和改变媒介等系统。

第三，农村社会工作者应当认识到农村居民与各个系统之间的关系是动态的、发展的，需要对村民与环境的关系不断地、及时地作出判断，对村民出现的问题应从整体系统出发，把问题放到微观—中观—宏观的各个层面系统中加以分析和处理。

社会生态系统理论也存在着一些局限性，一方面，由于过分强调人与环境的相互依赖，不利于农村社会工作者发现服务对象与环境之间已有的冲突和矛盾；另一方面，系统论具有非方向性，致使农村社会工作能够包容任何一种理性介入方法，容易变为福利管理主义。

十一、社会资本理论

（一）社会资本理论的基本内容

20 世纪 70 年代以来，经济学、社会学、行为组织理论和政治学等多个学科都不约而同地开始关注一个概念——社会资本。于个人而言，社会资本是指个人在一种组织结构中所处的位置的价值。于群体而言，社会资本是指群体中使成员之间互相支持的那些行为和准则的积蓄。社会学家布迪厄从微观角度界定社会资本，他指出，一个人拥有社会资本量的衡量既取决于其调动资源关系网络的规模，也取决于这个网络内人群拥有资本的数量。科尔曼则从社会结构的层面指出社会资本是由其功能而来的，它不是单独的实体，而是具有各种形式的不同实体。这种社会资本不是通过市场交换产生的，而是在稳定、封闭的社会结构中互动形成的。帕特南认为，社会资本是指社会组织的特征，如信任、规范和网络，它们能够通过促进合作行为来提高社会效率。社会资本会促进自发的合作，并渗透到政治秩序的内在结构要素中，必然能推动政治的有序运行，而最重要的影响力是在社会和政治生活中。

（二）社会资本理论对农村社会工作的实践指导意义

第一，农村社会工作要致力于增强农村社区居民之间的互助，重建约束和帮扶机制。随着我国农村进城务工人员的增多，农村原有的社会网络逐渐淡化甚至瓦解，约束和帮扶机制逐渐消解，从而导致各种问题层出不穷。要消除农村社区的各种问题，就必须重建农村社区及农村居民之间的社会网络，加强对农村社区社会资本的重建，促进村民之间互助网络的建立。

第二，在开展农村社会工作的专业服务时，要重视农村社区及邻里之间的关系，努力协调村与村之间的关系。重视农村社区的家族关系，避免群体性事件爆发。

第三，农村社会工作者应当认真做好“功课”，学习政府有关农村发展和保护村民利益的相关政策，努力利用这些政策的优势去服务农村社区。

十二、社区发展理论

（一）社区发展的定义及其特征

回顾50多年来的历史，可以发现，伴随各国、各地区社区发展的实际进程，“社区发展”的外延已不再局限于发展中国家，相反已逐步覆盖了发展中国家、发达国家以及所有新兴的工业化国家及地区；“社区发展”

的内涵已不再局限于落后国家的扶贫助弱工作，而已拓展至所有国家之社区的经济、政治、文化、教育、卫生、环境、服务、管理等各个方面。综合性与全面性已成为社区发展的趋势。综合考虑以上背景，结合我国近年来社区建设的实践情况，对“社区发展”主要有以下3种定义。

第一，徐永祥等人对“社区发展”这一概念的表述是：所谓社区发展，概指居民、政府和有关的社会组织整合社区资源、发现和解决社区问题、改善社区环境、提高社区生活质量的过程，是塑造居民社区归属感（社区认同感）和共同体意识、加强社区参与、培育互助与自治精神的过程，是增强社区成员凝聚力、确立新型和谐人际关系的过程，也是推动社会全面进步的过程。

第二，社区发展主要是调动社区居民参与社会工作的积极性，运用社区组织的方法，改革社会福利制度和社会救济制度，开发利用民间资源，解决社区面临的诸如贫穷、失业、经济发展缓慢等社区建设问题。社区发展需要依靠社区居民和政府的努力，从而改善社区的经济、社会和文化状况。

第三，在街道和居民委员会的居住区域范围内，以人为中心，在政府的倡导下，社区内各种主体通过相互交流沟通，参与社区建设，不断满足社区成员生存、生活和情感等物质、精神和组织需要的发展，并逐渐形成社区认同感和归属感，并进而促进整个社会发展的过程。

综上所述，社区发展的定义包括以下几个核心要素：①社区发展是社会发展的一部分；②政府与民众的共同参与；③调动社区内外资源；④解决社区问题；⑤促进社区政治、经济、文化的全面发展。

当前，社区发展的新模式在不断涌现和创新，以资产取向为本的社区发展模式就是当今众多社区发展新模式的一种，它实现了传统社区发展模式的转变，即从“需求”取向到“资产”取向的社区发展模式。“资产为本”是指：社区发展以社区现有资产或优势为介入重点，包括居民、当地的团体和机构等方面的资源，而并不是从社区缺乏的、有问题的或社区的需要出发，个人、团体和机构是社区资产中最重要的三大类资源。

第一，资产为本的社区发展模式应关注和思考的是目前社区里居民、社区小组及团体的资产，而不是传统的社区发展模式所认为的社区里缺乏什么或社区的问题是什么。

第二，资产为本的社区发展模式将其策略集中在社区居民、社团和机构解决问题的能力上，强调社区资产、社区居民的创造力的首要地位。

第三，社区发展的过程是关系驱动的，需要不断建立和重建社区居民、协会和机构之间的关系。因此，它特别强调社区的强项、优势和资产，而传统的社区发展模式则关注如何减少社区的问题。仅吸引外来资源以加速社区发展，是远远不够的，只有从社区本身出发，动员社区的资产、优势和能力，才是促进社区发展的长久之计。

（二）社区发展理论对农村社会工作的启示

社区资源是一个社区本身所具有的重要资本，我们要重视社区资源的开发和利用。社区发展理论注重居民间伙伴关系的建立和社区组织的培育，它对农村社会工作者发掘和整合社区资源，解决社区问题，开展社区工作具有重要的指导意义。社区资源种类繁多，且很零散，整合社区资源不只是零散资源的“衔接”，更是多方资源的“共享”和“协作”，所以，整合资源，必须要讲究方式方法。以资产为本的社区发展模式是优势视角在社区工作领域的一种发展，对社区社会工作者认识和整合社区资源也有重要的启示和指导作用。但目前大部分社区社会工作者对社区资源认识不足，在整合社区资源时还存在某些弊端。这就要求农村社会工作者在实践中要做到以下 4 点：①“拉下脸”的谦虚，与“社区资源”建立关系；②“说破嘴”的勇敢，通过各种宣传增强居民对社区工作服务站的认识和了解；③“跑断腿”的毅力，走进社区，走近居民，了解环境，认识居民，绘制社区资源图表；④“合心意”的真心，开展不同群体和不同需求的多样服务，在服务中增强信任，建立不同的社区居民组织。

第三章　农村社会工作主要内容

我国是一个传统的农业大国，农村地域广阔，居住在乡村的人口众多。2020 年第七次全国人口普查数据显示，全国总人口为 1443497378 人①，其中居住在城镇的人口为 901991162 人，占 63. 89%（2020 年我国户籍人口城镇化率为 45. 4%）；居住在乡村的人口为 509787562 人，占 36. 11%②。在城乡二元结构的长期影响下，相比于城市地区和城市居民，广大农村地区和农民长期处于特殊地位，农村地区发展和农村人群服务是本土社会工作的重大议题和基本领域。

近年来，党中央、国务院高度重视农村工作。从 2004 年开始，中央一号文件连续 19 年聚焦“三农”问题，近年先后提出“精准扶贫”和“乡村振兴”战略。随着脱贫攻坚战圆满收官，本土农村社会工作实践也由兜底性的扶贫社会工作转向多领域的发展社会工作：首先，服务目标由救孤济困向资产建立和能力建设转变；其次，服务对象由农村困难群体拓展到儿童、老年人、妇女乃至全体村民；最后，服务内容从单一的物质帮扶延伸到心理慰藉、服务提供、资源链接、能力建设、文化传承、生计发展和生态保护等诸多方面。民政部《社区社会工作服务指南》明确指出，社会工作在农村社区要以留守儿童、留守老年人和留守妇女为重点，开展社区照顾、社区融入、家庭支持、社会保护、生计发展、文化建设以及能力提

---

① 国家统计局．第七次全国人口普查公报（第二号）［EB/OL］［2021-05-11］．http：//www. stats. gov. cn/tjsj/zxfb/202105/t20210510_ 1817178. html.

② 国家统计局．第七次全国人口普查公报（第七号）［EB/OL］［2021-05-11］．http：//www. stats. gov. cn/sj/tjgb/rkpcgb/qgrkpcgb/202302/t20230206_ 1902007. html.

升等服务，解决城乡社区突出社会问题，强化社区居民个人及家庭社会功能，提升社区居民自治水平，增强社区发展能力①。

2020 年 10 月，全国乡镇社会工作人才队伍建设推进会议在湖南省召开。会议突出强调了社会工作在完善基层社会服务和社会治理体系中的重要作用，明确要求各地各级民政部门要因地制宜推动本地区乡镇社工站建设，通过政府购买社会工作服务，进一步拓展延伸基层民政服务。结合各级各部门工作要求、当前我国农村和农民面临的主要问题以及国内农村社会工作的实践，本章将从农村重点人群服务和农村重点领域发展两个维度展开讨论。其中，农村重点人群包括农村儿童、老年人、妇女和残疾人，农村重点领域包括生计发展、防灾减灾与环境保护以及“五社联动”与基层社区治理。本章将从农村重点服务人群和重点发展领域所面临的问题与需求、可利用的服务资源以及基于上述需求和资源可提供的服务 3 个方面开展论述。

第一节　农村儿童社会工作服务

农村儿童社会工作的服务对象，主要是指长期居住在农村、户籍为农业人口或非农业人口的 18 岁以下的儿童。至于那些户籍为农业人口，但长期居住在城市的儿童，如外来务工人员随迁子女等，由于受服务地域所限，只有当他们寒暑假返回老家生活时，才可能接受农村社会工作项目点的服务。儿童的身心健康和能力发展是农村儿童社会工作的主要服务内容，农村留守儿童和困境儿童（孤儿、事实孤儿、重病重残儿童、家庭经济困难儿童等）则是重点服务对象。

---

① 中华人民共和国民政部．民政部发布《社区社会工作服务指南》（MZ/T 071—2016）推荐性行业标准［EB/OL］［2017-01-20］．https：//www. mca. gov. cn/article/xw/tzgg/201701/20170115003023. shtml.

一、需求与问题分析

农村儿童的服务需求主要包括经济困难农村儿童的物质保障需求，以及全体农村儿童的营养健康、心理健康、安全保护、家庭教养、儿童参与和能力发展需求等方面。

（一）物质保障

物质保障是农村儿童健康成长的基础保障，主要由其家庭承担。当农村儿童（如孤儿、事实孤儿、单亲抚养儿童等）所处的家庭结构不完整、家庭中主要劳动力丧失劳动能力或家庭突然遭遇重大变故无力应对时，农村儿童便跟随家庭陷入经济困境，其温饱、教育和医疗等需求凸显。

（二）营养与健康

由于家庭经济能力有限、监护人对健康饮食和生活习惯重视不够等原因，农村儿童可能面临营养不良、发育缓慢和卫生习惯不良等问题。首先，由于农村儿童父（母）一方或父母双方外出务工，或即使在家但因繁重的农活、认识不足等原因，使得农村儿童饮食单一、营养搭配不科学等现象普遍存在，农村儿童营养摄入不足或不均衡，严重影响其健康；其次，儿童处在生理发育的关键阶段，农村儿童因无法接受足够的生理卫生和性知识教育，其关于身体发育的诸多困惑无法有效解答，进而可能引发不良卫生习惯；最后，由于监护不力而意外致病致残的农村儿童，以及由于缺乏优生优育意识而出生的先天性残疾、重病农村儿童，也是需要重点服务的对象。

（三）心理健康

儿童期是社会化的重要阶段，儿童面临着一系列角色转化和人生任务，他们会在学习上、生活上和人际交往上遇到许多问题，进而产生各种各样的心理困惑。但农村儿童的监护人往往容易忽视这些心理困惑，或不知道如何与孩子一同处理这些心理困惑。此时，农村儿童便容易出现心理障碍、价值观扭曲以及逆反心理，如感情脆弱、自卑、性格孤僻、自暴自弃等，或对老师、监护人及亲友的管教和批评存在极强的逆反心理等。当农村儿童出现上述心理问题时，他们的监护人和照顾者更倾向于责骂孩子，从而加剧了农村儿童的心理问题。

（四）安全保护

农村儿童的自我保护意识和能力比较薄弱，同时又有叛逆、好奇心强、好动等特点，加之监护人和社区的儿童保护意识缺乏，使得农村儿童成为被伤害的高风险人群。首先，监护人和学校教师可能对儿童进行体罚等身体虐待和责骂等语言暴力；其次，同龄群体间的校园霸凌现象屡见不鲜；最后，儿童居家或外出玩耍时常处于无人看护的“真空”状态，儿童单独居家时可能存在用火、用电及触碰农用机械等安全隐患，外出玩耍时则可能遭遇交通事故、溺水、被拐骗等风险。

（五）家庭教养

由于父母外出务工、缺乏科学育儿意识和知识以及农村离婚率不断攀升等原因，农村儿童面临着留守、单亲、隔代教养、家庭关系紧张以及家庭暴力等处境，对其身心健康造成不良影响，甚至导致农村儿童人际交往障碍、性格孤僻以及暴力倾向等问题。

（六）儿童参与和能力建设

学校是儿童参与和能力建设的重要场所，但农村学校因生源少、交通不便和生活条件相对艰苦等原因，难以吸引和留住高水平教师，加之农村学校教学内容和方式单一、只注重文化课程等原因，使得农村儿童的整体素质和综合能力不足。而农村儿童监护人和照顾者自身文化水平不高、经济条件不足，加之农村各类培训机构和服务缺乏，致使农村儿童更容易陷入学业困境、能力困境。社区参与是儿童参与的另一重要途径，但农村社区不仅缺乏儿童游戏、阅读和活动的公共空间，也鲜有为儿童提供服务的社会组织，难以促进农村儿童的社会参与和能力发展。

二、服务资源

社会工作服务的开展要以资源为支撑，社会工作者不仅要在服务方案设计时做好资源分析，还应在服务过程中动员和管理好各类服务资源，通过开发、链接和维系资源，来确保服务的可操作性、实用性和延续性。服务资源可依据不同标准进行分类，如依据资源形态可分为人力资源、物力资源和财力资源，依据资源来源可分为正式资源和非正式资源等。本手册将从资源来源的角度，讨论社会工作者和服务对象可使用的服务资源。所谓正式资源，是指由政府和各类社会服务组织等单位和组织提供的制度性资源，如社会保障、社会救助、社区服务等资源；非正式资源则是指由人际关系网络所提供的非制度性资源，如家人的支持，亲戚、邻居和同事的帮助等。

（一）正式资源

1. 相关政府职能部门

民政部门。儿童福利司（处、科、股）负责拟订儿童福利、孤弃儿童保障、儿童收养、儿童救助保护政策、标准及执行；健全农村留守儿童关爱服务体系和困境儿童保障制度等工作。民政部门直属的儿童社会福利院、社会救助管理站等事业单位负责弃儿抚养、儿童收养登记和流浪儿童救助工作；慈善总会办公室负责协助开展救灾赈济工作，开展安老、抚孤、助残、助医、助学等各种慈善救助活动。[①] 如通过孤儿和事实孤儿补贴以及重病和经济困难儿童临时救助，为有需要的农村儿童提供物质救助，在农村社区建设“留守儿童”之家等儿童社区参与场地，配备农村儿童福利督导和福利主任为有需要的儿童提供服务等。

教育部门。基础教育司（处、科、股）承担基础教育的宏观管理工作，如拟订推进义务教育均衡发展政策，拟订普通高中教育、幼儿教育、特殊教育的发展政策；会同有关方面提出加强农村义务教育的政策措施，提出保障各类学生平等接受义务教育的政策措施；会同有关方面拟订义务教育办学标准，规范义务教育学校办学行为；拟订基础教育的基本教学文

① 中华人民共和国民政部．机构设置［EB/OL］［2018-12-31］．https：//www.mca.gov.cn/article/jg/jgsz/jgsj/201901/20190100014614.shtml.

件，推进教学改革；指导中小学校的德育和安全教育；指导中小学教学信息化、图书馆和实验设备配备工作；组织管理学校开展科技、文艺、体育等多种形式的教育辅导活动①。教育部门直属的学生资助管理中心等事业单位负责中等职业学校、普通中小学家庭经济困难学生工作，如落实国家奖助学金、国家助学贷款、勤工助学为主要内容的高校资助工作；落实中等职业学校和其他中小学阶段家庭经济困难学生资助政策；负责发动、组织、接受社会各界对学生的救助和捐赠；协调指导学校开展助学活动，承担家庭经济困难学生资助工作领导小组交办的具体工作②。如教育部门主导实施的"雨露计划"，全额资助困境家庭子女参加中等职业教育（全日制普通中专、成人中专、职业高中、技工院校）和高等职业教育（全日制普通大专、高职院校、技师学院等）等。

卫健部门。妇幼健康司（处、科、股）负责拟订和执行儿童卫生健康政策规划、技术标准和规范并组织实施，推进儿童健康服务体系建设，指导管理儿童卫生、出生缺陷防治、婴幼儿早期发展工作；基层卫生健康司（处、科、股）负责拟订和执行基层卫生健康政策、规划、标准和规范并组织实施，指导基层卫生健康服务体系建设和乡村医生的相关管理工作，组织实施国家基本公共卫生服务项目③。卫健部门直属的儿童医院、妇幼保健院、疾病预防和控制中心以及乡镇卫生院等事业单位，在农村儿童疾病筛查、防治和保健等方面扮演着非常重要的角色。如目前各大医院实施的农村先心病患儿免费手术项目、微笑列车唇腭裂儿童免费手术项目等。

团委。青少年发展部负责研究有关青少年发展问题，拟订促进青少年

① 中华人民共和国教育部．司局机构［EB/OL］［2008-7-10］．http：//www. moe. gov. cn/s78/.

② 全国学生自主管理中心．中心职责［EB/OL］．http：//www. moe. http：//www. csa. cee. edu. cn/n37/n46/index. html.

③ 中华人民共和国国家卫生健康委员会．机构设置［EB/OL］．http：//www. nhc. gov. cn/wjw/jgsz/jgsz. shtml.

发展的规划并组织推动实施，推动建立和完善青少年服务体系等工作①。此外，团委直属的希望工程办公室、青少年活动中心、青少年（儿童）基金会等事业单位，也开展了一系列青少年服务和活动。

妇联。家庭和儿童工作部负责指导推进家庭教育工作；参与制定和实施家庭和儿童相关法律、法规、政策；配合有关部门开展家庭发展、儿童保护等相关工作；开展孤残儿童等特殊困境儿童、农村留守儿童关爱服务；参与推进校外教育等工作。妇联直属的（妇女）儿童活动中心负责开展儿童保健、营养、心理、教育等方面的服务和研究；妇女儿童基金会负责广泛动员社会各界救助、服务困境儿童，致力于促进社会为儿童发展创造良好环境。②

不同政府部门在基层都有其服务队伍和服务阵地，农村社会工作者要善于挖掘儿童生活环境里的各类正式资源，充分盘活已有服务阵地、大力联合已有服务队伍，共同做好农村儿童服务。如利用村活动中心、村小、村卫生室、留守儿童之家、农家书屋以及青青 e 家等场地开展农村儿童活动，又如联合儿童福利主任、村小老师、村医以及村民骨干提供农村儿童服务等。

2. 社会力量

基金会、其他社会组织和企业等可通过建设儿童活动场所、直接服务或资助第三方开展服务等方式，参与农村儿童服务，是农村社会工作者重要的合作伙伴。如联合国儿童基金会长期致力于儿童保护和发展工作，在全国推广儿童友好社区建设，并与高校和地方政府合作，实施儿童保护服务项目、编写儿童保护实操手册等，又如壹基金资助农村地区建设乡村音乐教室和儿童壹乐园等。

---

① 中国共产主义青年团湖南省委员会．组织架构［EB/OL］．https：//www. hngqt. org. cn/home/news/aboutus. html？classid = 5.

② 中华全国妇女联合会．机构设置［EB/OL］．https：//www. women. org. cn/col/col14/index. html.

（二）非正式资源

1. 法定监护人和实际照顾者

农村儿童的法定监护人和实际照顾者是关系农村儿童身心健康成长的关键角色。农村儿童社会工作服务的首要任务是确保法定监护人和实际照顾者有意识、有能力去关注和维护农村儿童的健康成长，并为缺乏意识、能力不足的法定监护人和实际照顾者提供适当支持。其中，农村留守儿童的实际照顾者往往是爷爷奶奶、外公外婆或其他近亲属，但这些照顾者往往教养理念落后、教养能力不足，是农村社会工作者需重点关注的人群。

2. 其他初级群体

初级关系网络是农村儿童的主要支持网络，具体包括朋辈、亲友、邻居和宗族等。其中，朋辈群体（如同学、朋友等）是农村儿童成长过程中的重要伙伴；亲友邻居也是熟人社区中儿童的重要支持者，“远亲不如近邻”是农村社区关系的真实写照。亲友和邻居在照看儿童方面发挥着重要作用，如帮忙接送儿童上学、放学，帮忙临时照看儿童等。此外，不少农村地区宗族文化依然流行，宗族成员可为其他有需要的族人提供心理关怀和经济援助等。

总之，农村社会工作者要有资源视角。首先，要承认每个个体都拥有资源，当他们作为服务对象时，要充分挖掘和动员这些资源；其次，在特定的情境下，服务对象及农村社区的其他个体和组织，也是资源（如金钱、特长、专业、能力、时间、爱心等）的提供者，他们可助力社会工作者开展服务。具体来说，社会工作者在开展某一人群或某一领域的服务时，应先明确该人群和领域所拥有的正式和非正式资源，然后通过咨询资源拥有方（如政府主管部门、政府相关部门、专业社会服务组织等）、资深专业人士和有经验的同事，以及查阅相关文献和网页等多种方式，进一步盘点可用于该人群/领域的服务资源，并以上门拜访、合作开展活动以及熟人引荐等方式，与这些资源方建立良好关系，以确保资源的可得性。

三、服务内容

农村儿童社会工作服务的开展，要以解决其切实问题、满足其深层需求为目标，充分调动各类正式和非正式资源，并注重发挥农村儿童及其家庭、社区的主体性和能动性。在此过程中，社会工作者尤其是“社工小白”，可先学习、遵从各级各部门相关法律、法规和规章等文件的指引，学习、借鉴相关的成功经验和典型做法。

（一）工作指引

开展农村儿童社会工作，首先要全面了解、认真学习（农村）儿童领域的相关法律、法规、政策条文和实操指引，这不仅能帮助社会工作者快速了解服务对象、厘清服务思路和设计服务方案，也可为社会工作服务实践提供法律保障和理论依据。

1.《中华人民共和国未成年人保护法》

2020 年 10 月 17 日，第十三届全国人民代表大会常务委员会第二十二次会议第二次修订《中华人民共和国未成年人保护法》，该法规定保护未成年人是国家机关、武装力量、政党、人民团体、企业事业单位、社会组织、城乡基层群众性自治组织、未成年人的监护人以及其他成年人的共同责任，并从家庭保护、学校保护、社会保护、网络保护、政府保护、司法保护以及法律责任等几个方面详细论述应如何开展未成年人保护工作。该法明确了社会工作者在未成年人保护中的角色和职责，如第九十九条指出，社会工作者参与未成年人保护工作，开展家庭教育指导服务，为未成年人的心理辅导、康复救助、监护及收养评估等提供专业服务；第一百一十六条指出，社会工作者参与涉及未成年人案件中未成年人的心理干预、法律援助、社会调查、社会观护、教育矫治、社区矫正等工作。该法是社会工作者开展农村儿童服务时的重要法律依据和行动指南。

2.《关于建立侵害未成年人案件强制报告制度的意见（试行）》

2020 年 5 月，最高人民检察院等九部门联合下发《关于建立侵害未成年人案件强制报告制度的意见（试行）》，明确要求国家机关、法律法规授权行使公权力的各类组织及法律规定的公职人员，密切接触未成年人行业的各类组织及其从业人员（包括民办社会工作服务机构和社会工作者），在工作中发现未成年人遭受或者疑似遭受不法侵害以及面临不法侵害危险的，应当立即向公安机关报案或举报。该意见对各类组织及其从业人员进行了清晰的界定，对未成年人遭受或者疑似遭受不法侵害以及面临不法侵害危险的情况进行了详细的罗列，对相关责任部门和责任人在报告各个环节的职责进行了明确的划分，为遭受或者疑似遭受不法侵害以及面临不法侵害危险的未成年人的保护工作提供了明确的指引。①

3.《中国儿童发展纲要（2021—2030 年）》

2021 年 9 月，国务院颁布《中国儿童发展纲要（2021—2030 年）》。该纲要确定了儿童与健康、儿童与安全、儿童与教育、儿童与福利、儿童与家庭、儿童与环境、儿童与法律保护 7 个发展领域，提出 70 项主要目标和 89 项策略措施②，为农村儿童社会工作提供了直接指引。

4.《儿童社会工作服务指南》

2017 年 1 月，民政部发布《儿童社会工作服务指南》，从服务原则（优先、利益最大、伤害最小、平等参与和生态系统原则）、服务的主要类型（支持性服务、保护性服务、补充性服务和替代性服务）、服务流程（接案、预估、计划、介入、评估和结案）、服务方法（直接服务方法、间接服务方法）、督导、服务管理以及人员要求等方面为儿童社会服务提供指引③，是农村儿童社会工作服务的重要参考文本。

5.《关于加强农村留守儿童关爱保护工作的意见》

2016 年 2 月，国务院下发《关于加强农村留守儿童关爱保护工作的意见》，指出农村留守儿童问题是我国经济社会发展中的阶段性问题，是我国城乡发展不均衡、公共服务不均等、社会保障不完善等问题的深刻反映，应完善农村留守儿童关爱服务体系、建立健全农村留守儿童救助保护机制以及从源头上逐步减少儿童留守现象。该意见对社会工作者在农村留

---

① 最高人民检察院等九部门．关于建立侵害未成年人案件强制报告制度的意见（试行）［EB/OL］［2020-05-07］．https：//www.spp.gov.cn/spp/xwfbh/wsfbt/202005/t20200529_463482.shtml#1.

② 全国妇联女性之声．中国儿童发展纲要（2021—2030 年）［EB/OL］［2020-09-28］．https：//baijiahao.baidu.com/s？id=1712131678984172278&wfr=spider&for=pc.

③ 民政部．儿童社会工作服务指南［EB/OL］［2012-12-24］．https：//images3.mca.gov.cn/www2017/file/201910/1571362919260.pdf.

守儿童关爱保护中的角色和职责予以明确，社会工作者要着力解决农村留守儿童在生活、监护、成长过程中遇到的困难和问题，形成全社会关爱农村留守儿童的良好氛围；对重点对象进行核查，确保农村留守儿童得到妥善照料；深入城乡社区、学校和家庭，开展农村留守儿童监护指导、心理疏导、行为矫治、社会融入和家庭关系调适等专业服务；协助乡镇政府做好对农村留守儿童的安全处境、监护情况、身心健康状况等方面的调查评估，有针对性地安排监护指导、医疗救治、心理疏导、行为矫治、法律服务、法律援助等专业服务；为外来务工人员子女照料未成年子女提供便利条件和更多帮助。[1] 该意见是农村留守儿童社会工作的重要指引。

6. 联合国及联合国儿童基金会相关工作

联合国自成立之日起一直致力于儿童权益保护和儿童发展工作，于1989 年发布《儿童权利公约》，为世界各国出台儿童保护法律法规、规章制度提出了要求，提供了指引。联合国儿童基金会致力于在世界上最艰苦的地区帮助最脆弱的儿童和青少年，保护世界每一个角落的每一名儿童的权利，目前已在 190 多个国家及地区提供儿童服务和支持。如为应对全球城镇化、去中心化水平日益提高的现状，联合国儿童基金会于 1996 年发起儿童友好型城市倡议，将地方的利益相关方与联合国儿童基金会聚集在一起，共同创建安全、包容、充分响应儿童需求的城市和社区，并于 2019 年5 月发布《构建儿童友好型城市和社区手册》。[2] 又如联合国儿童基金会一直致力于支持儿童卫生和营养、安全用水和环境卫生、优质教育和技能培训、母婴艾滋病防治，并保护儿童和青少年免遭暴力和剥削，于 2020 年10 月联合北京师范大学中国公益研究院发布《消除对儿童的暴力工作手册》，通过大量的案例枚举和技巧介绍，从认识针对儿童的暴力，提高意识和传播，提高资源链接和处置能力，预防儿童暴力的家庭支持、学校支

---

① 国务院．关于加强农村留守儿童关爱保护工作的意见［EB/OL］［2016-02-14］．http：//www.gov.cn/zhengce/content/2016-02/14/content_ 5041066.htm.

② 联合国儿童基金会．了解我们的工作［EB/OL］．https：//www.unicef.org/zh.

持和儿童支持以及社区儿童参与工作方法5个方面①，为农村儿童福利主任和其他儿童保护者提供了直接指引。

（二）具体服务

依据农村儿童的服务需求和可链接的服务资源，社会工作者可从以下几方面切入，开展农村儿童社会工作服务。

1. 困境儿童救助

社会工作者可协助经济困难的农村儿童及其家庭申请各类政府补助，链接基金会、社会组织、爱心企业和个人资源，为农村儿童提供学费减免和生活补助；可为重病、重残的农村儿童申请适切的医疗救助资金项目等。如长沙市岳麓区大爱无疆公益文化促进会发起“逆风飞翔”事实孤儿同行计划，专注帮扶事实孤儿群体，为事实孤儿提供助学、定期心理陪伴和寒暑假夏令营等服务，可成为农村事实孤儿服务的重要资源支持方。

2. 卫生健康培训

社会工作者可通过视频观看、情景模拟、舞台剧、现场宣讲等多种形式，面向农村儿童、农村儿童监护人和村小教师等群体，开展儿童卫生健康知识培训，使其有意识和能力回应儿童身心发育过程中遇到的问题和困惑；在多方协力下充分保障农村儿童的饮食营养均衡；联合乡镇卫生院、村卫生室和村委会等基层组织做好优生优育和预防新生儿先天缺陷疾病等。如中国福利基金会联合国内各大媒体发起“免费午餐”计划，为贫困儿童提供免费午餐，维护其健康成长。该计划最终上升为国家政策安排，国务院于2011年10月起启动实施农村义务教育学生营养改善计划，为农村义务教育阶段学生提供营养膳食补助，社会工作者可协力村小办好学校食堂，进一步改善在校农村儿童的饮食和营养状况。

3. 心理健康关爱

社会工作者可联合村小老师开设心理健康课堂和主题班会，开办心理

---

① 北京师范大学中国公益研究院．消除对儿童的暴力工作手册［EB/OL］［2020-10-29］. https：//www. sohu. com/a/428105754_ 120063265.

咨询室，解答农村儿童成长过程中遇到的困惑；可开展人际交往小组，鼓励农村留守儿童彼此分享成长过程中遇到的烦恼和困惑及应对经验，增强朋辈支持；可设计亲子互动活动，增进农村儿童与父母之间的交流和相互理解，提高父母关注农村儿童身心健康的意识和能力，使父母有能力妥善应对农村儿童成长过程中遇到的身心困惑等。如湖南李丽心灵教育中心发起“开绘啦”项目，培训志愿者成为情商课绘本讲师，走进学校和社区为少年儿童开展体验式绘本教学，培养其自我意识、共情能力、情绪管理能力、抗挫折能力以及在生活中处理各种关系的能力，社会工作者可链接此类资源进入农村，直接为农村儿童提供绘本教学，或培训村小老师、家长和大学生志愿者成为绘本讲师①。

4. 安全保护

社会工作者可通过讲座、动漫视频、主题班会等多种形式宣传和普及未成年人保护法，提高全体村民的儿童保护意识和能力；可通过手绘社区安全地图、实地演练等方式，提升农村儿童自我保护意识和自我保护能力；可通过家长会、发放安全手册、观看宣传片等形式，提升农村儿童监护人和实际照顾者的儿童保护意识和能力；可加强与学校教师沟通互动，增强其儿童保护意识和能力；应协助落实农村留守儿童安全报告制度等。如联合国儿童基金会自 2010 年开始与民政部合作，先后在 7 省 20 个项目点（县）的村（居）设立儿童主任岗位，开办儿童之家，探索基层儿童福利和保护服务模式，社会工作者可了解相关项目信息，争取项目试点。

5. 家庭教养支持

社会工作者可通过宣传、培训和情景模拟等多种方式，增强监护人和照顾者的责任意识和养护能力；可拓展儿童的社会支持网络，动员其他有能力的个人和组织支持儿童家庭教育和保护。如广州市海珠区多年来持续实施“小候鸟”计划，为外来务工人员留守子女提供亲子团聚的机会和条

---

① 中华人民共和国民政部．阅读点亮心灵：访湖南李丽心灵教育中心［EB/OL］［2019-10-14］. https：//mzzt. mca. gov. cn/article/zt_ 2019tpgj/zyfc/zzgs/201910/20191000020290. shtml.

件，并通过一系列亲子互动活动，增进外出务工父母与留守儿童的亲子关系，社会工作者可参考这些好的做法，为返乡过节的外出务工父母和留守儿童定制服务。

6. 社区参与促进和能力建设

社区是儿童参与的重要场所和途径，社会工作者要注重为农村儿童提供参与的平台和机会，可通过链接各类儿童服务资源，在学校和社区打造或盘活儿童活动空间；可联合本村在读的大学生等受过高等教育的群体，提供“4：30”课堂、夏令营、冬令营等兼具课业辅导、能力拓展和临时托管功能的课外辅导服务等。如武汉市阳光社会工作服务中心在湖北省蕲春县花园港村成立社工站，充分发挥村中儿童的主体性，组织他们参与村内卫生改善行动，通过邀请村中儿童担任卫生情况评估员，对各家各户的卫生情况进行打分并提出整改建议，使得村干部一直头疼的人居环境问题获得极大改善。又如该机构在蕲春县宋塘村的社工站，培养村内儿童成为宋塘村村史馆讲解员，为参访者讲解宋塘村村史，既做好了宋塘村村史的传承和保护，又增强了儿童的社区主人翁意识和综合能力。

第二节　农村老年人社会工作服务

农村老年人社会工作的服务对象，主要是指长期居住在农村、户籍为农业人口或非农业人口的60岁以上的老年人。老年人权益发展和身心健康是农村老年人社会工作的主要服务内容，特困供养老年人、低收入老年人、经济困难的重病重残老年人以及遭受虐待老年人则是重点服务对象。

一、需求与问题分析

农村老年人的服务需求主要包括经济困难老年人的物质保障需求，以及全体老年人的健康保健、心理健康、日常照料、安全保护和能力建设需求等方面。

（一）物质保障

农村老年人年轻时多以务农和外出打零工为生，基本上没有退休金，只有城乡居民养老金，保障水平较低，不足以支付老年人日常生活尤其是看病就医费用。农村老年人的物质保障主要依靠子女供给或自己劳动所得。其中，子女供给要看是否有子女、子女自身的经济能力和给付意愿；老年人自己劳动所得主要来自种植经济农作物和养殖家禽等，基本上只能保障日常温饱。由于缺乏稳定且可持续的收入来源，因此农村老年人非常容易陷入经济困境。

（二）健康保健

随着年龄增长，老年人的各项生理机能不断下降，身体随之出现各种不适症状，甚至病症。慢性病防范和管理是老年服务的一个主要议题，农村老年人服务也不例外。不同于机关和企事业单位退休职工可定期享受单位体检及城市社区便利而高质量的医疗卫生服务，健康状况得到良好监测和管理。农村老年人由于养生保健意识不强、经济条件受限、身边缺乏照料者、农活负担较重以及农村社区医疗卫生服务水平偏低等诸多原因，往往在身体未出现病症时不注重日常养生保健，而在出现不适症状后也因怕花钱、就医不便等原因未及时医治，容易把小病拖成大病、重病；农村老年人的一些日常饮食习惯，如长期食用腌鱼、腊肉等高盐食品，喝热茶、饮烈酒、吃生腌和野生昆虫等，也更容易埋下健康隐患。

（三）心理健康

老年人身体机能的退化和社会角色的弱化，会带来一系列心理落差和心理压力，如果这些落差和压力得不到足够关注和及时处理，可能演变成心理问题；老年人随时面临自己和配偶生病、死亡等重大人生事件，如不能有效应对便容易演化成危机事件。此外，农村老年人缺乏单位关怀，子女外出务工长期不在身边陪伴，加之村中可供休闲娱乐的场所较少，精神生活单调，这些都可能加剧农村老年人的孤独感。

（四）日常照料

相比于青壮年，老年人更容易生病，且在上山下地劳作过程中跌倒受伤、发病的情况较为普遍，在卧床休养、因病致残、失能和半失能状态下，日常生活照料的需求迫切。对于农村老年人来说，由于缺乏稳定而持续的经济支持，且缺乏可及的社区和机构照顾资源，其养老和日常照料主要由家庭承担。一般来说，未生病的配偶是主要的照料者，但当两位老年人同时生病，或者其中一方过世时，生病和失能老年人的生活照料只能依靠子女。但是子女因生计、下一代抚育等压力，难以长期照护老年人，导致农村老年人的日常照料成为难题。

（五）安全保护

老年人记忆力下降，行动不便，反应速度变缓，因而在日常生活中可能面临各种安全风险，如跌倒、走失、走路或骑车时遭遇交通事故等；社会上一些不法分子利用农村老年人信息闭塞、独门独户居住、贪小便宜心理等特点，上门推销假冒伪劣产品，甚至骗取老年人的钱财；最后，赡养义务人不履行赡养义务，对需长期照护的农村老年人的身体虐待和语言暴力现象时有发生。

（六）能力建设

从机关、企事业单位退休和在公共服务相对完善的城市社区生活的老年人，可通过公共参与获得社会支持，如单位每年组织退休干部职工团建，城市社区的社会工作服务站、日间照料中心和其他老年人服务机构常规开设老年人手工、文艺、书法和舞蹈兴趣小组等。但农村老年人参与社区公共事务和公共活动的平台和机会欠缺，多数农村社区没有专门的老年人活动场地和经费，缺乏专门的组织为他们提供服务。

二、服务资源

（一）正式资源

1. 相关政府部门

民政部门。养老服务司（处、科、股）承担老年人福利工作，拟订和执行老年人福利补贴制度和养老服务体系建设规划、政策、标准，协调推进农村留守老年人关爱服务工作，指导养老服务、老年人福利、特困人员救助供养机构管理工作；社会救助处（科、股）负责拟订和执行城乡居民最低生活保障、特困人员救助供养、临时救助等社会救助政策和标准，健全城乡社会救助体系。参与拟订医疗、住房、教育、就业、司法等救助相关办法。① 如乡镇敬老院为失能和半失能特困供养老年人提供集中供养服务，一些基础服务较好的农村社区还建有居家养老服务中心和日间照料中心，为农村老年人提供主要服务场地、康乐活动以及居家上门服务。又如部分地区民政部门实施农村老年人居家环境改造项目，为老年人家中安装坐便器、防滑地板、扶手等设施。

卫健部门（老龄委）。老龄服务司（处、科、股）负责拟订并协调落实应对老龄化的政策措施。组织拟订医养结合的政策、标准和规范，建立和完善老年健康服务体系；人口监测与家庭发展司（处、科、股）负责建立和完善计划生育特殊家庭扶助制度。② 如各大医院面向符合条件的农村老年白内障患者提供免费手术，又如一些地方卫健部门通过购买社会工作专业服务，为特殊计生家庭提供关爱服务等。

不同政府部门在基层都有一些服务队伍和服务阵地，农村社会工作者要善于挖掘老年人生活环境里的各类正式资源，充分盘活已有服务阵地、联动已有服务队伍，并链接外部服务资源，共同做好农村老年人服务。如利用村活动中心、村卫生室、乡镇敬老院以及日间照料中心等场地，联合村医、养老护理员以及村民骨干提供农村老年人服务；又如申请民政部门农村老年人居家环境改造项目、联动养老服务机构及爱心志愿者，为有需要的农村老年人配送轮椅、助听器等辅具，改善其居家环境等。

2. 社会力量

目前，我国的城市社区初步形成了由各类公立的、公建民营的或民办

---

① 中华人民共和国民政部．机构设置［EB/OL］．https：//www.mca.gov.cn/article/jg/jgsz/jgsj/201901/20190100014614.shtml.

② 中华人民共和国国家卫生健康委员会．机构设置［EB/OL］．http：//www.nhc.gov.cn/wjw/jgsz/jgsz.shtml.

的养老机构、敬老院、日间照料中心以及居家养老服务中心的老年人社会服务体系。但农村社区面向老年人的基础设施和基本社会服务尚不完善，主要以针对特困供养老年人的敬老院为主，部分地区已在农村社区试点建设居家养老服务中心，在农村老年人服务中发挥了一定的作用。此外，中国老龄事业发展基金会等基金会及其他养老服务机构（含营利和非营利机构）也是农村老年社会工作服务的重要社会力量。

（二）非正式资源

1. 法定赡养人和实际照顾者

法定赡养人和实际照顾者是农村老年人社会工作服务的至关重要的非正式资源，社会工作者的首要任务是确保农村老年人的法定赡养人和实际照顾者有意识、有能力照护老年人；对缺乏照护意识和能力的法定赡养人和实际照顾者，要通过个案辅导、培训指导等多种方式提升其能力和意识，并协助他们拓展相关社会支持网络，让更多的人参与老年人的照顾。

2. 其他初级群体

由于正式资源相对缺乏、可及性差，初级关系网络成为农村老年人照护的主要支持网络。对于那些子女长期不在身边的农村老年人，邻居在日常照护老年人方面扮演了重要角色；而同龄的其他老年人，因具有相同的生活经历和生活节奏，他们的相互陪伴和支持可帮助农村老年人消解孤独，坦然接受身体机能和社会角色的变化；农村老年人往往比青年更热衷于参与宗族事务，这有利于丰富他们的生活，增强他们的社会支持。

三、服务内容设计

农村老年社会工作服务的开展，要以解决其切实问题、满足其深层需求为目标，充分调动各类正式和非正式资源，并注重发挥农村老年人及其家庭、村庄的主体性和能动性。在此过程中，社会工作者尤其是“社工小白”，可先学习、遵从各级各部门相关法律、法规、规章等文件的指引，学习、借鉴相关的成功经验和典型做法。

（一）工作指引

开展农村老年人社会工作，首先要全面了解、认真学习（农村）老年领域的相关法律、法规、政策条文和实操指引，这不仅能帮助社会工作者快速了解服务对象、厘清服务思路和设计服务方案，也可为社会工作服务实践提供法律保障和理论依据。

1.《中华人民共和国老年人权益保障法》

《中华人民共和国老年人权益保障法》是为保障老年人合法权益，发展老龄事业，弘扬中华民族敬老、养老及助老的美德，根据宪法而制定的，该法从家庭赡养与扶养、社会保障、社会服务、社会优待、宜居环境、参与社会以及法律责任等方面具体阐述了老年人的权益及其保护。尽管目前该法尚未明确规定社会工作者在老年人权益保障中的角色和职责，但该法依然是开展农村老年社会工作服务的重要法律依据和参考。

2.《“十四五”国家老龄事业发展和养老服务体系规划》

为积极开展应对人口老龄化行动，推动老龄事业全面协调可持续发展，健全养老体系，根据《中华人民共和国老年人权益保障法》《中华人民共和国国民经济和社会发展第十四个五年规划和二〇三五年远景目标纲要》和《国家积极应对人口老龄化中长期规划》，国家发改委制定《“十四五”国家老龄事业发展和养老服务体系规划》，从织牢社会保障和兜底性养老服务网、扩大普惠型养老服务覆盖面、强化居家社区养老服务能力、完善老年健康支撑体系、大力发展银发经济、践行积极老龄观、营造老年友好型社会环境、增强发展要素支撑体系以及维护老年人合法权益 9 个方面进行周密规划①，为开展农村老年社会工作服务提供了直接指引。

3.《老年社会工作服务指南》

2016 年 1 月，民政部发布《老年社会工作服务指南》，该指南不仅对老年社会工作的术语和定义、服务宗旨、服务内容、服务方法、服务流

---

① 中华人民共和国国家发展和改革委员会．“十四五”国家老龄事业发展和养老服务体系规划［EB/OL］［2022-03-25］. https：//www. ndrc. gov. cn/fggz/fzzlgh/gjjzxgh/202203/t20220325_1320220_ ext. html.

程、服务管理、人员要求和服务保障等方面进行了规定，同时从救助服务、照顾安排、适老化环境改造、家庭辅导、精神慰藉、危机干预、社会支持网络建设、社区参与、老年教育、咨询服务、权益保障、政策倡导、老年临终关怀等方面系统阐述了老年社会工作服务的主要内容，适用于为有需要的老年人及其家庭开展社会工作服务的社会工作者[①]，是开展农村老年社会工作的重要参考。

此外，民政部和各地民政部门还出台了一系列老年服务的标准，如国标《老年人能力评估》《社区老年人日间照料中心服务基本要求》《居家老年人康复服务规范》；又如湖南地方标准《农村留守人群社会工作服务规范》和《分散供养特困人员照料服务规范》等。作为农村老年社会工作者，要系统学习了解这些服务规范，以更好地为农村老年人服务。

（二）具体服务

1. 困境老年人救助

社会工作者可协助经济困难的农村老年人申请各类政府补助，链接基金会、社会组织、爱心企业和个人资源，为农村老年人提供特困供养、临时救助、残疾人“两项补贴”、高龄老年人补贴、医疗救助以及生活补助；为失能、半失能农村老年人申请适切的免费医疗、居家改造、日间照料和居家养老项目等。

2. 健康保健服务

目前，村卫生室、乡镇卫生院有明确的老年人慢性病管理服务指标，社会工作者可联合乡镇卫生院、村卫生室及送医下乡的医护团队，通过入户宣传、“集中宣传+义诊”等方式，提升农村老年人养生保健的意识和能力，提醒老年人关注自身身体状况，当身体有轻微病症时及时就医，避免小病拖成大病；可协助医疗卫生机构落实到农村老年人医疗服务；可在与老年人的日常服务和互动过程中，帮助老年人养成良好的饮食和生活习

---

① 中华人民共和国民政部．老年社会工作服务指南［EB/OL］［2016-01-08］．https：//images3. mca. gov. cn/www2017/file/201910/1570864687991. pdf.

惯，防患于未然。

3. 心理健康维护

社会工作者可动员农村老年人的子女、亲戚和邻居关注老年人的心理需求，定期上门陪伴、聊天；可盘活村中公共活动场地成为老年服务中心，开展适切的康乐活动，丰富农村老年人的娱乐生活，如定期组织看戏等；培育老年人协会、老年兴趣小组等社区社会组织，增强同龄老年人间的相互陪伴、支持和自我服务；当老年人经历重大人生事件时，如失能、丧偶等，可给予其足够的陪伴和支持，避免演化成心理问题。

4. 日常照料支持

社会工作者可为老年人及其实际照护者和法定赡养人等提供适切的护理知识培训，提高其照护意识和能力；当农村老年人因突发疾病，乃至失能或半失能而照料不足时，可通过组织家庭会议等形式，做好子女和亲属的沟通协调工作，确保老年人得到足够的照顾；当老年人迫切需要照料但无法定和约定赡养人时，应协助老年人申请集中供养、日间照料和机构养老服务等。

5. 安全保护

社会工作者可借助重阳节举办敬老活动等方式，营造尊老、爱老和助老的良好社区氛围，以便农村老年人遭遇突发和意外情况时，能够及时被社区关注和帮助；可开展老年人权益保障法宣传，防止虐待老年人、欺诈老年人和不赡养老年人等侵害老年人权益的行为出现；一旦发现侵害老年人权益的行为，应会同公安、司法等部门进行及时、有效介入，维护老年人合法权益。

6. 能力建设

社会工作者可盘活村中已有服务场地成为老年活动中心，为农村老年人提供公共参与的场所，并在各类村庄活动中有意识地鼓励和吸纳老年人参与；可培育老年骨干和老年自组织，如老年人协会、老年文艺队等，教授老年人组织管理和活动技巧，协助其链接活动经费，提升其公共参与能力，增强他们在村庄中的角色和社会地位。

第三节 农村妇女社会工作服务

农村社会工作服务中的妇女服务对象，主要是指长期居住在农村、户籍为农业人口或非农业人口的60岁以下的已婚或离异妇女。身心健康和能力建设是农村妇女社会工作的主要服务内容，留守妇女、离异妇女、遭受家暴妇女和经济能力不足的妇女则是重点服务对象。

一、需求与问题分析

农村妇女的服务需求主要包括经济困难农村妇女的物质保障需求，以及全体农村妇女的生殖健康、心理健康、家庭关系调适、安全保护和能力建设需求等方面。

（一）物质保障

因受教育机会和就业机会的城乡差异和男女有别，以及“男主外、女主内”传统家庭分工下农村妇女承担更多但无偿的家庭照顾工作的影响，农村妇女的经济独立能力相对较弱，配偶的经济收入成为家庭主要经济支持。一旦配偶经济能力不足、配偶不愿提供经济支持或面临配偶丧失劳动能力、离异及丧偶等情况时，农村妇女便容易陷入经济困境。

（二）生殖与健康

不少农村地区“重男轻女”的育儿观念依然存在，农村妇女会自觉或不自觉地认同这些观念，甚至为了生男孩而进行胎儿性别鉴定和选择性堕胎等，严重影响农村妇女的身体健康；一些农村妇女及她们的配偶缺乏优生优育意识，计划外怀孕和生育以及先天缺陷儿童降生的现象时有发生；农村妇女缺乏定期健康体检的条件，妇科疾病及其他健康疾病因而无法及时被发现和治疗。合理避孕、优生优育和生殖健康等是农村妇女社会工作的重要议题。

（三）心理健康

农村妇女不仅要承担照顾家中老年人、小孩的饮食起居，还要承担种菜、耕地等繁重农活，婆媳关系、亲子关系和生活压力严重影响农村妇女的心理健康；加之配偶一般常年外出务工，无法分担劳务压力，也不能提供足够的心理支持，进一步加剧了农村妇女的心理压力；此外，农村社区文化设施和文化活动匮乏，农村妇女休闲娱乐活动单一，社会支持网络薄弱，也导致她们无法通过娱乐休闲和公共参与舒缓心理压力、获得心理支持。

（四）家庭关系

由于公共参与受限，农村妇女将大量的时间和精力放在家庭内部，家庭关系是她们日常生活的核心，也往往容易出现家庭成员间的冲突和家庭关系的失调。如婆媳之间因生活习惯、儿童教养观念不一致产生的矛盾，亲子之间因辅导作业、游戏时间而产生的冲突，夫妻之间因长期分居产生的隔阂等。

（五）安全保护

农村的青壮年男性外出务工后，农村家庭和社区的安全防卫能力下降，偷盗事件时有发生，家中财产安全受到威胁；一些不法分子趁机对农村妇女进行性骚扰和侵犯，给她们带来极大的伤害；受传统性别和婚姻家庭观念、随夫居的居住制度和农村妇女较弱的经济独立能力影响，她们更容易成为家庭暴力的受害群体。

（六）能力建设

农村妇女承担着照护老年人、抚养孩子的工作，繁重而琐碎，但这些家庭照顾工作既不能直接换取经济收入，也很难被认为是有价值的劳动，由此导致农村妇女较低的家庭和社会地位；而繁重的农活和家庭照顾，又使得农村妇女鲜有时间和精力参与社区公共活动，更不用说经由社区参与提升农村妇女的家庭和社会地位。

二、服务资源

（一）正式资源

1. 相关政府部门

民政部门。社会事务司（处、科、股）负责拟订和执行婚姻政策，指导婚姻登记机关相关工作，指导和开展家庭暴力受害人临时庇护救助工作。民政部门直属婚姻登记中心负责婚姻登记和婚姻服务工作，负责婚姻执法监督，禁止违法婚姻，指导婚姻服务机构建立和完善服务领域。①

卫健部门。妇幼健康司（处、科、股）负责拟订和执行妇女卫生健康政策规划、技术标准和规范并组织实施，推进妇女健康服务体系建设，指导管理妇女卫生、出生缺陷防治生育技术服务工作；基层卫生健康司（处、局、股）负责拟订和执行基层卫生健康政策、规划、标准和规范并组织实施，指导基层卫生健康服务体系建设和乡村医生的相关管理工作，组织实施国家基本公共卫生服务项目。卫健部门直属妇幼保健院、疾病预防和控制中心、乡镇卫生院以及社区卫生服务中心等在农村妇女生殖与健康等方面发挥重要作用。② 如卫健部门组织实施的农村妇女“两癌”免费筛查项目，为适龄农村妇女进行免费宫颈癌检查和乳腺癌检查，普及“两癌”防治知识，增强农村妇女自我保健意识和技能，提高“两癌”早诊率，大大改善了农村妇女健康状况。

妇联。妇女发展部负责动员和组织妇女参与经济建设和社会发展，开发妇女人力资源。指导各级妇联组织搞好妇女文化科技培训和职业技能培训，提高妇女的文化科技素质和适应市场经济发展的能力。开展社区妇女工作，促进妇女广泛平等就业。动员和组织妇女参与扶贫、生态环境建设，促进农村妇女依靠科技致富。妇联直属的妇女（儿童）活动中心为妇女实用技能培训基地，是多功能综合性妇女儿童活动场所，是服务妇女的平台；妇女儿童基金会旨在广泛动员社会各界救助服务贫困妇女，促进社会为妇女发展创造良好环境。③

不同政府部门在基层都有其服务队伍和服务阵地，农村社会工作者要

---

① 中华人民共和国民政部．机构设置［EB/OL］［2018-12-31］．https：//www.mca.gov.cn/article/jg/jgsz/jgsj/201901/20190100014614.shtml.

② 中华人民共和国国家卫生健康委员会．机构设置［EB/OL］．http：//www.nhc.gov.cn/wjw/jgsz/jgsz.shtml.

③ 中华全国妇女联合会．机构设置［EB/OL］．https：//www.women.org.cn/col/col14/index.html.

善于挖掘妇女生活环境里的各类正式资源，充分盘活已有服务阵地，充分发挥农村妇女自身的能动性和优势，做好农村妇女服务。如利用村活动中心、村卫生室和妇女之家等场地开展农村妇女活动；又如申请妇联和民政部门相关妇女发展项目，培育农村妇女骨干，成立农村妇女社区组织，开展娱乐休闲活动和生计发展项目。

2. 非政府部门

近年来，针对受家暴妇女的庇护服务和针对农村妇女的发展性服务成为社会力量推动性别平等和乡村发展的重要内容。如中国妇女发展基金会围绕妇女扶贫、妇女健康和女性创业等议题，先后发起“母亲小额循环”“母亲健康快车”“母亲水窖”“贫困英模母亲资助计划”“母亲邮包”“超仁妈妈”等公益慈善项目①；又如李嘉诚基金会实施的“展璞计划”，对来自湖南、广东等省的村“两委”正、副职女干部进行能力培训，并配套小额资助支持她们开展了近800个农村发展项目，涉及民生、扶贫、教育和环保等诸多领域。

（二）非正式资源

1. 家庭成员与原生家庭成员

对已婚育的农村妇女而言，配偶是她们重要的物质和情感支持者，孩子则更是其情感寄托者。此外，原生家庭的父母及兄弟姐妹也可为她们提供经济和精神支持，尤其是当农村妇女及其家庭遭遇重大生活事件或变故时，或遭遇家庭暴力时，她们大多首先会向娘家人求助。

2. 其他初级群体

农村妇女的堂/表兄弟姐妹等亲戚也是农村妇女支持网络的重要组成部分；农村妇女的同学、朋友、邻居、广场舞伴以及孩子同学的家长等有相同兴趣爱好、类似生活经历的同龄人，也是农村妇女的有力支持者。

① 中国妇女发展基金会．我们的项目［EB/OL］．https：//www.cwdf.org.cn/index.php？m=content&c=index&a=lists&catid=98.

三、服务内容设计

农村妇女社会工作服务的开展，要以解决其实际问题、满足其深层需求为目标，充分调动各类正式和非正式资源，并注重发挥农村妇女自身的主体性和能动性。在此过程中，社会工作者尤其是“社工小白”，可先学习、遵从各级各部门相关法律、法规、规章等文件的指引，学习、借鉴相关的成功经验和典型做法。

（一）工作指引

开展农村妇女社会工作，要全面了解、认真学习（农村）妇女领域的相关法律、法规、政策条文和实操指引，这不仅能帮助社会工作者快速了解服务对象、厘清服务思路和设计服务方案，也可为社会工作服务实践提供法律保障和理论依据。

1.《中华人民共和国民法典》

《中华人民共和国民法典》第五编“婚姻家庭”中，从一般规定、结婚、家庭关系（夫妻关系、父母子女关系和其他近亲属关系）、离婚、收养（收养关系的成立、收养的效力、收养关系的解除）等几个方面，明确了女性在婚姻家庭中的权利和义务，为开展农村妇女社会工作，尤其是受侵害妇女的维权服务提供了重要法律依据。

2.《中华人民共和国妇女权益保障法》

《中华人民共和国妇女权益保障法》是为保障妇女合法权益，促进男女平等，充分发挥妇女在社会主义现代化建设中的作用，根据宪法和我国的实际情况而制定的，该法明确规定妇女在政治、经济、文化、社会和家庭生活等各方面享有同男子平等的权利，实行男女平等是国家的基本国策，国家采取必要措施，逐步完善保障妇女权益的各项制度，消除对妇女一切形式的歧视。国家保护妇女依法享有的特殊权益，禁止歧视、虐待、遗弃、残害妇女，并从政治权利、文化教育权益、劳动和社会保障权益、财产权益、人身权利、婚姻家庭权益及法律责任等几个方面具体阐述了妇女权益及其保护。尽管该法尚未明确规定社会工作者在妇女权益保护中的角色和职责，但依然是开展农村妇女社会工作服务的重要法律依据和实务参考。

3.《中华人民共和国反家庭暴力法》

《中华人民共和国反家庭暴力法》是为预防和制止家庭暴力，保护家庭成员的合法权益，维护平等、和睦、文明的家庭关系，促进家庭和谐、社会稳定而制定，包含总则、家庭暴力的预防、家庭暴力的处置、人身安全保护令、法律责任及附则等几个部分。农村妇女是家庭暴力中最常见的（潜在）受害者，反家暴工作由此成为农村妇女社会工作的重要服务内容，本法律为这项工作提供了明确指引。

4.《中国妇女发展纲要（2021—2030年）》

2021年，国务院颁布《中国妇女发展纲要（2021—2030年）》，该纲要确定了妇女与健康、妇女与教育、妇女与经济、妇女参与决策和管理、妇女与社会保障、妇女与家庭建设、妇女与环境、妇女与法律8个发展领域，提出75项主要目标和93项策略措施①，为农村妇女社会工作提供了直接指引。

此外，联合国《消除对妇女一切形式歧视公约》、民政部发布的《婚姻家庭辅导服务规范》等文本，也为农村妇女社会工作服务的开展提供了指引和借鉴。

（二）具体服务

1. 困境妇女救助

社会工作者可协助经济困难的农村妇女及其家庭申请各类政府补助，链接基金会、社会组织、爱心企业和个人资源，为农村妇女提供低保救助、临时救助、医疗救助和生活补助等；可为大病农村妇女申请适切的免费医疗项目；可为有就业和创业意愿的农村妇女提供技能培训机会、链接小额贷款金融支持项目等。如中国妇女发展基金会发起的“加油木兰”项

① 全国妇联女性之声．中国妇女发展纲要（2021—2030年）[EB/OL]［2020-09-28］．https：//baijiahao. baidu. com/s？id=1712130632257540644&wfr=spider&for=pc.

目，为首次确诊恶性肿瘤的建档立卡贫困妇女提供20000元救助。

2. 生殖健康维护

社会工作者可联合乡镇卫生院、村卫生室以及送医下乡的医护团队等，通过入户宣传、“集中宣传+义诊”等方式，做好农村妇女“两癌”筛查、预防先天缺陷新生儿等各项工作；可在日常服务中有意识地增加女性生殖健康的话题和内容，把生殖健康维护嵌入各项工作，切实增强农村妇女生殖健康、优生优育的意识和能力。

3. 心理健康维护

社会工作者可盘活村内已有公共活动场地打造妇女活动中心，开展各类妇女娱乐休闲活动，如手工小组、厨艺比拼大赛等，丰富农村妇女的休闲娱乐生活；可提供或链接心理咨询服务，为有需要的农村妇女提供合适的心理咨询服务；还可培育农村妇女文艺队、广场舞队和种植/养殖小组等社区社会组织，增强其社会支持网络，促进其公共参与，提升其经济和社会地位。如“三区计划”湖南省芷江侗族自治县石板溪村项目点的社会工作者，通过网络众筹为村内妇女配备音响和投影设备，妇女们每天晚上可以到村部学习广场舞，这不仅丰富了她们的休闲娱乐生活，也让她们结交到一些知心朋友。

4. 家庭关系调适

社会工作者应关注农村妇女的家庭关系情况，对因家庭关系不和主动求助的或在走访过程中主动发现的、面临着严重家庭关系冲突的农村妇女，要及时提供疏导、介入，避免冲突升级；可在适当开展促进婆媳沟通、夫妻交流和亲子互动的活动时，预防和缓解家庭关系冲突。如梁军老师团队在河南郑州周山村开展性别平等服务时，针对婆媳冲突开展了“婆媳对对碰”小组活动，通过帮助婆婆和儿媳换位思考、充分沟通，有效缓解和消除了婆媳之间的矛盾。

5. 安全保护

社会工作者可通过视频推送、宣传手册发放和集中宣讲等方式，开展妇女权益保护法制宣传，增强农村妇女的维权意识，增强其他群体保护妇女权益的意识；可会同公安、司法等部门对侵害妇女权益的行为进行及时、有效的介入，为遭受侵害的农村妇女提供庇护服务。

6. 能力建设

社会工作者可为农村妇女提供老年人照顾和孩童照看喘息服务，在缓解农村妇女照护压力的同时，为其参与社区公共事务创造条件；可通过邀请妇女组织社区庆典等活动，鼓励妇女参与社区公共事务、经济生活和休闲活动，培养她们的主体意识和参与能力；还可充分调动农村妇女的主观能动性，因地制宜开发农村妇女生计项目，帮助其提升经济和社会地位。如“三区计划”湖南省通道侗族自治县洞雷村项目点的社会工作者，通过定期邀请村中妇女制作粽子和碱水糍粑等侗族传统食物，并分发给村中老年人和小孩，引导妇女走出家门，参与村庄公共事务决策。

第四节　农村残疾人社会工作服务

农村社会工作服务中的残疾人服务对象，主要是指长期居住在农村、户籍为农业人口或非农业人口的肢体、语言、听力、精神、智力或多重存在长期缺损的人士。据统计，截至 2020 年 12 月 31 日，我国已办理残疾人证的有 37806899 人，其中重度残疾人占比大，残疾等级为一、二级的重度残疾人有 16550427 人，占办证残疾人总数的 43.78%[①]。物质救助、友好环境建设和权益保护是农村残疾人社会工作的主要服务内容，重度残疾人则是重点服务对象。

一、需求与问题分析

农村残疾人的服务需求主要包括经济困难农村残疾人的物质保障需

① 中国残疾人联合会．全国残疾人人口基础库主要数据［EB/OL］. https：//www. cdpf. org. cn/zwgk/zccx/ndsj/zhsjtj/2020zh/6c948f9d97194a93a0d6e1ba23d32000. htm.

求，以及全体农村残疾人的心理健康、友好环境营造、权益维护和能力建设需求等几个方面。

（一）物质保障

通常来说，农村残疾人自身的劳动能力受限，甚至完全没有劳动能力，难以获得劳动收入。另外，因需要长期治疗和康复，农村残疾人自身及其家庭不得不承担更沉重的医疗和康健费用负担。很多时候，其他家庭成员因照护残疾家庭成员而不能去劳动获得收入，家庭经济收入进一步减少。基于上述现实，农村残疾人及其家庭往往更容易陷入困境，尤其是经济困境。

（二）心理健康

不论是精神残障人士，还是肢体、语言、听力或智力残障人士，尤其是那些先天健康但因病、因事故致残的残障人士，他们的正常生活、学习和工作由于残疾而受到诸多限制，甚至受到严重的负面影响，需要不断调适心态去接受和适应这些限制和负面影响。这使他们在忍受机体功能缺损带来的诸多不便的同时，承受着沉重的心理负担。不仅如此，残障者及其家庭还需要面对他人的异样眼光，甚至是污名和排斥，进一步加剧了残疾人及其家庭的心理压力。

（三）外部环境

农村残疾人及其家庭往往需要面对不友好的外部环境。在社会环境方面，农村社区对残障群体的社会理解度普遍偏低，常常把造成残疾的原因归结为残疾人或其家庭成员做了亏心事、命不好等，甚至会有针对残疾人及其家庭的指责、辱骂和排斥行为，如劝阻自家和邻居往来残障人士家中，禁止自己的孩子与残障儿童做朋友，拒绝接收残障学生等；在物理环境方面，农村社区公共场所一般都没有配建盲道、无障碍通道及电梯等基础设施，更不用说特殊教育学校、康疗站和残疾人日托中心等公共服务。

（四）权益维护

由于自身能力不足和相关服务机构缺乏等缘故，农村残疾人更容易成为家庭暴力、校园欺凌和社区侵害的（潜在）对象。而现行的教育、公共参与和就业制度多是从正常人的角度和标准设定的，致使残障人士在接受教育、公共参与、就业等方面更容易受到排斥和歧视。

（五）能力建设

受限于家庭经济能力以及监护人、照顾者文化水平和教养能力，残障人士的文化教育和素质发展需求往往被忽略。而农村社区缺乏可及的特殊教育、康复、技能培训和就业岗位，进一步阻碍了农村残疾人的能力建设。

二、服务资源

（一）正式资源

1. 相关政府部门

民政部门。社会事务司（处、科、股）负责统筹推进残疾人福利制度建设，指导残疾人社会福利工作。民政部门直属的社会福利院、假肢矫形中心和精神康复医院等事业单位，为残疾人提供具体服务：社会福利院主要为孤残儿童服务，配备有医生、护士、护理员和文化教员，专门负责残疾儿童的生活护理、康复训练和文化教育，针对肢体残缺但智力发育健全者，实行养、治、教相结合，一方面给予康复治疗，使其能生活自理。另一方面给予职业教育和技能培训，为他们将来走向社会创造条件，针对痴呆儿童，侧重训练其自理生活和从事简单劳动的能力；精神康复医院承担精神疾病的预防、治疗、康复、教学、科研、社会精神病人药物、住院救助和流浪精神病人的收容收治工作；假肢矫形中心为残疾人提供假肢、三轮车、矫形皮鞋、矫形护具等辅助用具产品与服务。①

残联。组联部负责组织制订并实施残疾人工作者培训计划，调查残疾人状况，管理和发放残疾人证，联络、教育、培养、表彰残疾人，指导基

① 中华人民共和国民政部．机构设置［EB/OL］．https：//www.mca.gov.cn/article/jg/jgsz/jgsj/201901/20190100014614.shtml.

层和社区残疾人工作，组织志愿者助残活动，指导基层残联综合服务设施建设；康复部负责组织制订和实施残疾人康复工作计划；指导和协调残疾人康复机构的业务工作，指导残疾人辅助器具开发、供应、服务，推广高新科技成果在康复领域的应用，开展残疾预防工作，指导残疾人康复协会工作，开展学术交流，组织康复人才培训；就业教育部负责协助有关部门制订和实施残疾人教育工作计划，促进残疾人教育，开展残疾人职业培训，负责盲文、手语的推广，协助有关部门制订残疾人劳动就业工作计划，指导残疾人组织兴办福利企业，组织实施残疾人分散按比例就业，扶持残疾人个体开业和组织起来从业，协助有关部门开展残疾人社会保障工作，促进残疾人优惠政策的落实①。

2. 社会力量

为残疾人提供服务的基金会、社会组织是农村残疾人社会工作的重要伙伴。如中国残疾人福利基金会是经国务院批准、于 1984 年 3 月 15 日成立的全国性公募基金会，先后实施了“集善扶贫健康行”“启明行动”“助听行动”“阳光伴我行”“集善嘉年华”等一批有社会影响力的公益项目，推动了中国残疾人事业的发展。又如广州利康社会工作服务中心，是一家专门为精神残障人士提供专业康复服务的社会组织，通过引进和运用社会工作手法，为精神病康复者及其家属提供意见、协助、咨询及支援性服务。

（二）非正式资源

1. 法定监护人和实际照顾者

受经济能力不足以及农村社区残疾人照护机构和服务缺乏所限，法定监护人和实际照顾者是农村残疾人的最主要支持者。农村残疾人社会工作服务的首要任务，是确保其法定监护人和实际照顾者有意识、有能力去照顾和支持其家庭中的残疾成员；鉴于农村残疾人照护者面临的长期照护压力，为他们提供喘息和各类支持服务也是社会工作者的重点工作。

---

① 中国残疾人联合会 . 中国残联机关各部厅［EB/OL］. https：//www. cdpf. org. cn/zzjg/jggk/zgcljggbt/index. htm.

2. 其他初级群体

农村残疾人及其家庭的亲戚、邻居等，也是农村残疾人及其家庭的重要支持者。此外，农村残障人士的老师以及在学校、各类互助组织中结识的同路人和他们的照护者，都是农村残疾人的非正式资源网络。

三、服务内容设计

农村残疾人社会工作服务的开展，要以解决其切实问题和满足其深层需求为目标，充分调动各类正式和非正式资源。在此过程中，社会工作者尤其是“社工小白”，可先学习、遵从各级各部门相关法律、法规、规章等文件的指引，学习、借鉴相关的成功经验和典型做法。

（一）工作指引

开展农村残疾人社会工作，要全面了解、认真学习（农村）残疾人领域的相关法律、法规、政策条文和实操指引，这不仅能帮助社会工作者快速了解服务对象、厘清服务思路和设计服务方案，也可为社会工作服务实践提供法律保障和理论依据。

1.《中华人民共和国残疾人保障法》

《中华人民共和国残疾人保障法》是为维护残疾人的合法权益，发展残疾人事业，保障残疾人平等地充分参与社会生活，共享社会物质文化成果，根据宪法而制定的。该法从康复、教育、劳动就业、文化生活、社会保障、无障碍环境以及法律责任等方面对残疾人权益及其保障进行了阐述，是开展农村残疾人社会工作服务的重要法律依据。

2.《残疾预防和残疾人康复条例》

《残疾预防和残疾人康复条例》是为预防残疾的发生、减轻残疾程度，帮助残疾人恢复或者补偿功能，促进残疾人平等、充分地参与社会生活，发展残疾预防和残疾人康复事业，根据《中华人民共和国残疾人保障法》而制定的。该条例从残疾预防、康复服务、保障措施和法律责任等方面阐述了残疾预防和残疾人康复的主要工作内容，是开展农村残疾人社会工作服务的重要参考。

3. 《残疾人教育条例》

《残疾人教育条例》是为保障残疾人受教育的权利，发展残疾人教育事业，根据《中华人民共和国教育法》和《中华人民共和国残疾人保障法》而制定的。该条例从义务教育、职业教育、学前教育、普通高级中等以上教育及继续教育、教师、条件保障和法律责任等方面阐述了残疾人的受教育权利及残疾人教育的主要内容和工作，是开展农村残疾人社会工作服务的重要参考。

4. 《残疾人就业条例》

《残疾人就业条例》是为促进残疾人就业，保障残疾人的劳动权利，根据《中华人民共和国残疾人保障法》和其他有关法律而制定的。该条例从用人单位的责任、保障措施、就业服务和法律责任等方面阐述了残疾人就业权益以及促进残疾人就业的途径、方法等内容，是开展农村残疾人社会工作服务的重要参考。

5. 《无障碍环境建设条例》

《无障碍环境建设条例》是为创造无障碍环境，保障残疾人等社会成员平等参与社会生活而制定的。该条例从无障碍设施建设、无障碍信息交流、无障碍社区服务和法律责任等方面阐述了残疾人无障碍环境建设的主要内容，是开展农村残疾人社会工作服务的重要参考。

此外，《残疾人权利公约》《“健康中国2030”规划纲要》《“十四五”残疾人保障和发展规划》等引领性文件和《残疾人残疾分类和分级》《视力残疾评定手册》等实操手册，也为农村残疾人社会工作服务提供了参考和指引。

（二）具体服务

1. 物质救助

社会工作者可协助经济困难的农村残疾人及其家庭申请各类政府补助，链接基金会、社会组织、爱心企业和个人资源，为农村残疾人提供低保救助、临时救助、医疗救助和生活补助；可为农村残疾人申请必需的医疗保健器具和服务；还可为残疾人申请合适的居家环境改造项目等。如湖南省儿童医院针对先天缺陷儿童实施的就医绿色通道和免费医疗服务、长沙市民政局实施的老年人居家环境改造项目等。

2. 心理健康维护

社会工作者可盘活村内已有公共活动阵地，打造残疾人活动中心，为农村残疾人公共参与提供场所；可开展各类适合残疾人的休闲活动，如手工小组和手语舞蹈等；可组建残疾人互助小组、残疾人家长会等自助组织，增强残疾人及其家庭的社会支持网络；还可提供或链接心理咨询服务，为有需要的农村残疾人及其家庭提供心理咨询服务。

3. 友好环境营造

社会工作者可利用“助残日”等特殊日子，在学校、社区等地开展残疾人日常生活体验、生命故事讲述以及常识手册发放等活动，增进学校、社区其他成员对残疾人及其家庭的理解和尊重；可有意识地引导社会工作活动参与者关注和尊重残障人士需求，并注重吸纳残疾人共同参与活动，增进残疾成员与其他小组成员的交流互动；可链接各类正式和非正式资源，在农村社区修建盲道、无障碍通道，联合乡镇卫生院、村卫生室等部门，建设残疾人活动中心等，不断优化农村残疾人所在农村社区的基础设施和公共服务配套。

4. 权益维护

社会工作者可通过视频推送、宣传手册发放和集中宣讲等方式，开展农村残疾人权益保障法宣传，增强残疾人及其家庭的维权意识，增强其他群体保护残疾人权益的意识；应会同公安、司法等部门，对侵害残疾人权益的行为进行及时、有效介入，为遭受侵害的农村残疾人提供庇护服务。

5. 能力建设

社会工作者可联合卫健委、儿童医院、乡镇卫生院和村卫生室等医疗机构，开展残疾预防宣传教育工作，从源头减少先天缺陷婴儿和后天残障人群的产生；可创造条件和机会，鼓励农村残疾人及其家庭成员参与社区公共事务、经济生活和休闲活动提升其主体意识和参与能力，拓展其社会支持网络；可链接适切资源，提供知识和技能培训，推荐就业信息和岗位，因地制宜开发生计项目，增强农村残疾人及其家庭的经济能力。如广州市残疾人工疗站联合企业开展残疾人手工生计项目，颐而康为残疾人提供盲人按摩就业岗位等。

第五节　乡村振兴与农村社区发展

2017 年，习近平总书记在党的十九大报告中首次明确提出乡村振兴战略，指出“三农”问题是关系国计民生的根本性问题，必须始终把解决好“三农”问题作为全党工作的重中之重，并提出乡村振兴“产业兴旺、生态宜居、乡风文明、治理有效、生活富裕”的总要求①。2018 年 9 月，中共中央、国务院印发《乡村振兴战略规划（2018—2022 年）》，进一步细化实化了乡村振兴战略的工作重点和政策措施，部署了重大工程、重大计划、重大行动，以指导各地分类有序推进乡村振兴②。2021 年 4 月，全国人大通过了《中华人民共和国乡村振兴促进法》，从产业发展、人才支撑、文化繁荣、生态保护、组织建设以及城乡融合等几个方面论述了促进乡村振兴的具体措施。

乡村振兴各项措施的落实，最终都要落到农村社区。因此，要做好乡村振兴，农村社区中各个主体的积极参与和社区治理体系的完善是根本。近年来，党中央、国务院高度重视基层社区工作。2017 年 2 月，中共中央办公厅、国务院办公厅印发《关于加强乡镇政府服务能力建设的意见》，指出要积极健全城乡社区治理机制，完善社区服务体系，充分发挥社会工作专业人才在乡镇公共服务提供中的作用，要加大政府购买服务力度，将

① 习近平．决胜全面建成小康社会　夺取新时代中国特色社会主义伟大胜利——在中国共产党第十九次全国代表大会上的报告［EB/OL］［2017-10-18］．http：//www.gov.cn/zhuanti/2017-10/27/content_5234876.htm.

② 中共中央、国务院．乡村振兴战略规划（2018—2022 年）［EB/OL］［2018-09-26］．http：//www.gov.cn/zhengce/2018-09/26/content_5325534.htm.

适宜采取市场方式提供、社会力量能够承担的公共服务项目由社会力量承担①。2017 年 6 月，中共中央、国务院印发《关于加强和完善城乡社区治理的意见》，指出要健全完善城乡社区治理体系，推进社区、社会组织、社会工作“三社联动”，完善社区组织发现居民需求、统筹设计服务项目、支持社会组织承接、引导专业社会工作团队参与的工作体系②。

为贯彻党中央、国务院关于乡村振兴和基层社区治理的各项部署，民政部于 2020 年 10 月在湖南召开“全国加强乡镇（街道）社会工作人才队伍建设推进会”，会议充分肯定了近年来各地在探索加强社会工作人才队伍建设，强化基层民政工作人才支撑和专业支撑，破解长期制约民政事业发展的基层力量薄弱难题的做法，并要求各地因地制宜、分类指导，全面推进乡镇（街道）社会工作人才队伍。

由此可见，助力乡村振兴、推动农村社区发展必然成为当前和今后相当长一段时间内农村社会工作的核心议题。社会工作者在做好农村儿童、老年人、妇女和残疾人等重点人群服务的同时，还应从减贫与生计发展、防灾减灾与环境保护以及公共参与和基层社区治理重点领域着手，推动农村社区发展，助力乡村振兴。

一、减贫与生计发展

2020 年是脱贫攻坚的收官之年，经过全党全国各族人民共同努力，完成了消除绝对贫困的艰巨任务，但这并不意味着反贫困工作的终结。一方面，在脱贫人群中有相当一部分人是依靠社会政策兜底脱贫，或因低水平、临时就业而暂时脱贫，随时可能再度陷入贫困；另一方面，贫困不单单是指收入上的绝对贫困，还包含权利和能力的相对贫困。所谓收入贫困，是指用于日常生活的物质匮乏，总收入水平不足以获得维持身体正常

① 中共中央办公厅、国务院办公厅．关于加强乡镇政府服务能力建设的意见［EB/OL］［2017-02-20］．http://www.gov.cn/zhengce/2017-02/20/content_5169482.htm? trs=1.

② 中共中央、国务院．关于加强和完善城乡社区治理的意见［EB/OL］［2017-06-12］．http://www.gov.cn/zhengce/2017-06/12/content_5201910.htm.

功能所需的最低生活必需品①；能力贫困是指缺乏获取社会资源的机会、能力与手段，难以通过与外部环境的有效互动获得持续性、整体性发展；权利贫困则指群体或个人没有享受到政治、经济、文化权利和基本人权，面临脆弱性、无话语权和社会排斥②。从三者的关系来看，收入贫困只是贫困的表象，其根源在于权利贫困和能力贫困。因此，农村贫困不只是关乎收入水平的经济问题，更是一个关乎能力和权利的社会问题。在乡村振兴的"后扶贫时代"，减贫工作的重心需要转移到关注系统性的能力建设、权利争取和可持续的生计发展上来。

（一）需求与问题分析

如前所述，农村地区和农村人口的困境综合表现为物质缺乏、技术缺乏和权利缺失。

1. 物质缺乏

孤寡老年人、长期患病者、残疾人以及缺乏就业技能者等农村人口依靠社会政策兜底脱贫，或因低水平、临时就业而摆脱贫困，但他们的抗风险能力较弱，随时可能返贫。也因此，他们在突发自然灾害和公共危机事件中更容易受到冲击并陷入困境。

2. 技术缺乏

在城乡二元社会结构下，城市社区和城市人口享有更加完善的基础设施和社会服务体系，农村地区和农村人口，尤其是欠发达地区的农村和农民，基本上只能享有兜底性救助服务，难以获得稳定的发展性支持资源，缺乏能力建设的资源和平台；低水平的乡村教育、医疗和公共服务，也使得困难群体及其子女无法通过教育和继续教育获得良好的人力资本。

3. 权利缺失

农村困难群体往往在政治、经济、社会和文化等各方面都面临着权利

---

① Rowntree，S. Poverty：A Study of Town Life ［M］//London：Macmillan，1901. 转引自吴理财．"贫困"的经济学分析及其分析的贫困．经济评论，2001（4）：3-9.

② 郭熙保．论贫困概念的内涵［J］．山东社会科学，2005（12）：49-54+19.

缺失，其主要原因包括：首先，困难群体参与政治、经济、社会和文化生活的意识和能力弱；其次，农村社区公共服务的设施和组织少，而困难群体可及的公共服务更加少；再次，困难群体在政治、经济、社会和文化生活中受到主流制度和主流人群的歧视和排斥；最后，当下的社会保险和社会福利主要建立在城市就业的基础之上，而农村困难群体由于其身体、技能和学历原因，而被排斥在主流城市劳动力市场之外，没有机会享受较高水平的福利、保险和其他待遇。如农村困难家庭的孩子由于家庭经济能力不足、乡村学校教育水平差等原因，整体学业表现不如其他家庭的同龄群体，其辍学率更高、平均受教育年限更低。

（二）服务资源

1. 相关政府部门

民政部门为农村低收入家庭、特困供养人员、孤残儿童和临时生活困难人员提供各类社会救助等；人力资源和社会保障部门为农村困难群体提供技能培训、就业岗位信息、因病返贫人员的大病救助以及医保个人自费费用兜底等；卫健部门为患病的农村贫困群体提供医疗费用减免等；住建部门为符合条件的农村困难家庭提供危房改造和异地搬迁补助等；教育部门针对困难家庭学生提供各类奖助学金和定向免费生培养计划等。

此外，国家乡村振兴局于2021年2月正式成立，各地各级乡村振兴局也随之成立。乡村振兴局的主要任务是在脱贫攻坚到乡村振兴的五年过渡期内，建立防止返贫的长效机制，确保处于贫困边缘的困难群体和地区不返贫；建立长效稳固的提升机制，保证脱贫成效持续稳定发展，包括防止前期非贫困户在面对自然灾害、突发疾病等意外情况时落入贫困①。如2022年1月和3月，民政部和国家乡村振兴局联合印发《“十四五”时期社会工作服务机构“牵手计划”实施方案》《关于动员引导社会组织参与乡村振兴工作的通知》以及《社会组织助力乡村振兴专项行动方案》等文

① 中共中央、国务院．关于做好2022年全面推进乡村振兴重点工作的意见［EB/OL］［2022-01-04］. http://www.gov.cn/zhengce/2017-06/12/content_5201910.htm.

件，引导和促进社会工作专业人才投身乡村建设，积极发挥社会工作专业力量和其他社会服务力量在巩固拓展脱贫攻坚成果同乡村振兴有效衔接中的作用。①②③

2. 社会力量

除政府部门外，企业、基金会和社会组织等社会力量在脱贫攻坚和乡村振兴中发挥重要作用。如湖南组织全省社会组织探索开展“四小建设”（宝贝小屋、阅读小屋、直播小屋、医生小屋）实践，以贴近“三农”的“小切口”，实现助力乡村振兴“大作为”，其中宝贝小屋对帮扶村留守儿童的家庭环境进行改造，改善其个人居住间的生活学习条件，同时签订“家长公约”“宝贝公约”，促进孩子良好习惯的养成；直播小屋主要针对帮扶村的产业带头人、个体工商户、创业大学生、退役军人等建设直播间，推动农副产品外销，支持民宿、旅游等产业发展；医生小屋针对村中医务室进行设备升级，对村医进行培训，加强医疗信息化建设，给予村民免费的基本医疗保障；阅读小屋为帮扶村的中小学建设集阅读、教学、培训于一体的文化设施场所，促进当地教育发展，丰富村民文化生活④。

（三）服务内容

贫困的发生是一个系统性问题，乡村振兴背景下的减贫服务要看到个体及家庭物质缺乏、技术缺乏和权利缺失的根源，从微观个体层面的临时性救济与持续性能力建设、中观社区层面互助网络建设以及宏观社会层面的社会制度和社会环境改善入手，系统回应相对贫困人群的服务需求，推

① 民政部，国家乡村振兴局．“十四五”时期社会工作服务机构“牵手计划”实施方案［EB/OL］［2022-01-05］．http：//mzt. hunan. gov. cn/xxgk/tzgg/202203/t20220304_ 22495106. html.

② 民政部，国家乡村振兴局．关于动员引导社会组织参与乡村振兴工作的通知［EB/OL］［2022-03-01］．https：//xxgk. mca. gov. cn：8445/gdnps/pc/content. jsp？ id = 15480&mtype =1.

③ 民政部，国家乡村振兴局．社会组织助力乡村振兴专项行动方案［EB/OL］［2022-05-23］．https：//xxgk. mca. gov. cn：8445/gdnps/pc/content. jsp？ id=15554&mtype=1.

④ 湖南省乡村振兴局．湖南省社会组织探索建设宝贝小屋、阅读小屋、直播小屋、医生小屋“四小建设”助力乡村振兴［EB/OL］［2022-08-23］．http：//hnsfpb. hunan. gov. cn/hnsfpb/tslm_ 71160/jzfp/202208/t20220804_ 27574657. html.

动农村社区整体发展和乡村振兴。

1. 因地制宜，发展可持续生计——反物质缺乏

生计始终是村民最关注的核心议题，但生计发展并非易事，它建立在科学有效的社区调研和持续稳定的专业关系之上，不可贸然尝试。在项目前期，相比于关注度高、风险性低的农村生计项目，服务类和康娱类服务更有利于推进工作、打开局面。如社会工作者初到一个村庄，发现该村有丰富的历史文化底蕴，且村民有较高的文化认同和文化自信，可先从村民日常服务和文化入手开展社区教育和社区组织工作，开展儿童、老年人和妇女常规服务，同时组织一些文化活动。通过这些服务和文化，社会工作者方能逐渐获得村民的认可和支持，与村民建立起良好的信任关系，甚至发掘一批村民骨干。在此基础上，探索生态种植以及城乡公平贸易实践的议题。此外，社会工作者应及时关注乡村振兴背景下各类小额信贷和创业项目等，充分利用政策红利、村庄内部资产以及村民已有能力来发展生计，拓展个人及家庭生计来源，提高其家庭经济收入。

2. 优势视角下的能力建设和资产建立——反技术缺乏

尽管农村人口面临着受教育水平偏低、市场意识薄弱等不足，但他们有着基于地缘和血缘的团结和互助传统，拥有丰富的在地知识和劳作技能。社会工作者应从农村社区的资产和村民的能力这些优势出发，培育村民骨干、发展社区社会组织，建设社区内部的自助和互助机制。如社会工作者可组织村民观看视频、外出参访学习和自身经验分享等方式，使其关注和了解生态种植/养殖的理念和方法，并从外部认可中肯定自己所拥有的知识和技能，并通过社区文化学堂授课、社区导赏和城乡公平贸易等方式，鼓励他们分享、传播和运用这些知识和技能。

3. 协调整合资源、建立支持网络，促进公共参与——反权利缺失

社区参与是反权利缺失的重要途径和方式，首先，社会工作者应通过各类康娱性活动，引导村民走出家门参与社区活动，并在此基础上，逐步推动村民参与社区议事和村庄集体决策，不断提升其参与社区政治、经济、文化和社会生活的意识和能力；其次，社会工作者要倡导多元的价值

观念和生活方式，呼吁社会理解和尊重困难人群，有效改变因脆弱性而导致的困难地位和社会排斥，扩展困难人群的权利空间。此外，社会工作者要积极参与农村减贫政策的制定，在保障农村困难群体平等的公共服务和社会福利上下功夫。

二、防灾减灾与环境保护

通俗意义上的灾害就是指突发公共事件。根据《中华人民共和国突发事件应对法》和《国家突发公共事件总体应急预案》相关规定，突发公共事件主要分为自然灾害、事故灾难、公共卫生事件和社会安全事件4类；按照其性质、严重程度、可控性和影响范围因素分成4级，特别重大的是Ⅰ级，重大的是Ⅱ级，较大的是Ⅲ级，一般的是Ⅳ级。具体来说，自然灾害包括水旱、气象、地震、地质、海洋、生物和森林草原火灾等灾害；事故灾难包括工矿商贸等企业的各类安全事故、交通运输事故、公共设施和设备事故、环境污染以及生态破坏事件等；公共卫生事件包括传染病疫情、群体性不明原因疾病、食品安全和职业危害、动物疫情以及其他严重影响公众健康和生命安全的事件等；社会安全事件主要包括恐怖袭击事件、经济安全事件和涉外突发事件等。①

我国有关防灾减灾领域的法律法规和各类应急预案相对完善，包括《中华人民共和国突发事件应对法》《中华人民共和国防洪法》《中华人民共和国防震减灾法》《中华人民共和国气象法》《中华人民共和国传染病防治法》《突发公共卫生事件应急条例》《"十四五"国家综合防灾减灾规划》《国家突发公共事件总体应急预案》《国家自然灾害救助应急预案》《国家安全生产事故灾难应急预案》和《国家突发公共卫生事件应急预案》等。社会工作者在开展农村防灾减灾和环境保护工作时，要系统学习了解

① 国务院．国家突发公共事件总体应急预案［EB/OL］［2006-01-08］．https://baike.baidu.com/item/%E5%9B%BD%E5%AE%B6%E7%AA%81%E5%8F%91%E5%85%AC%E5%85%B1%E4%BA%8B%E4%BB%B6%E6%80%BB%E4%BD%93%E5%BA%94%E6%80%A5%E9%A2%84%E6%A1%88/6251251? fr=aladdin.

这些文本，以此作为开展工作的法律依据和工作指引。

（一）需求与问题分析

农村是受灾害影响严重的地区，一方面是由于农村地域广阔、地形地貌和气候等因素所致；另一方面则是由于农村防灾减灾机制、设施设备和人员的缺乏，以及医疗机构、交通等基础设施和公共服务的不完善。此外，村民缺乏防灾减灾的意识和能力。

1. 预防与应急准备不足

在农村社区，首先村民的防灾减灾意识相对薄弱，如将房屋建在地质灾害点，易遭受洪涝和泥石流等自然灾害，又如冬季用电火或炭火取暖时，因忘记及时关火而导致火灾等；其次，农村社区的防灾减灾设施和服务不足，对危险源未进行明显标识，缺少应急避难场所及明确的安全逃生路线指引；最后，未定期组织全员防灾减灾宣传和演练，村民预防灾害发生的意识和能力不足，当灾害发生时也不知如何正确应对。

2. 监测与预警机制不全

一方面，农村社区尚未配备专业的灾害信息安全员，缺乏系统的灾害监测和预警机制，发布监测和预警信息的途径比较单一，信息传播的速度也比较慢；另一方面，农村人口居住分散，加之不少老年人接收信息的渠道和能力受限，进一步阻碍了灾害预警信息的快速传达。

3. 应急处置与救援不力

农村社区缺乏专门的应急处置和救援设施设备，以及消防、防疫与救援等应急处置和救援组织。一旦发生灾害，这些救援组织要从市区赶来，在不同程度上延误了灾害处置和救援的最佳时机；加之农村社区尚未建立本村的应急救援小组，或尽管建立了应急救援小组，但因其未受过系统训练，其自我应急救援能力也非常有限。

（二）服务资源

1. 相关政府部门

应急管理部门。防灾减灾工作由应急管理部门主管，其职责主要包括编制应急总体预案和规划，推动应急预案体系建设和预案演练；建立灾情报告系统并统一发布灾情，统筹应急力量建设和物资储备并在救灾时统一调度，组织灾害救助体系建设，指导安全生产类、自然灾害类应急救援，承担国家应对特别重大灾害指挥部工作；指导火灾、水旱灾害、地质灾害等防治；负责安全生产综合监督管理和工矿商贸行业安全生产监督管理等①。

除应急管理部门外，自然资源和水利等部门也在防灾减灾中承担职能。

2. 社会力量

企业、社会组织、行业协会和基金会等社会力量也在防灾减灾工作中发挥重要作用。如重型机械公司可为地震救援、抗洪抢险提供重型救援设备和相应驾驶员和其他技术支持，又如壹基金成立了专门的灾害救援网络，联动地方商超和物流，快速为灾区提供救援物资，又如蓝天救援队等民间救援组织定期开展防灾减灾宣传演练，并直接参与各类灾害救援工作等。

(三) 服务内容

根据灾害发生的阶段，社会工作者可从以下几方面开展农村防灾减灾工作。

1. 强化灾害预防和应急准备工作

社会工作者要加强防灾减灾宣传教育，通过相关科普读物、教材、动漫、游戏以及影视剧等载体和方式，发挥微博、微信和客户端等新媒体的作用，将防灾减灾知识传播给村民。同时，要加强与应急管理部门联动，充分利用“防灾减灾日”“国际减灾日”等节点，弘扬防灾减灾文化，面向村民广泛开展知识宣讲、技能培训、案例解说以及应急演练等多种形式的宣传教育活动，提升全民防灾减灾意识和自救互救技能；可链接扶贫开发、美丽乡村建设、危房改造和灾后恢复重建等政策资源，协助自然灾害

① 中华人民共和国应急管理部. 主要职责［EB/OL］. https://www.mem.gov.cn/jg/.

高风险区农村困难群众危房与土坯房改造，提升农村住房的设防水平和抗灾能力①。

2. 完善灾害监测与预警机制

社会工作者和村民骨干可通过广播、电视、报刊、通信、信息网络、警报器、宣传车或组织人员逐户通知等方式进行预警信息的发布、调整和解除，对老、幼、病、残、孕等特殊人群以及学校等特殊场所和警报盲区采取有针对性的公告方式；可协助建立灾害评估信息员制度，通过申报应急管理部门专项项目、链接壹基金资源等方式，培训村民骨干成为灾害信息评估员，搭建村庄灾害救援外部网络；还可通过盘活村庄闲置公共空间，建设小型消防站、隔离室、避难屋、救援物资仓库等应急避难场所和设施，组织村民骨干开展社区灾害风险识别与评估，编制社区灾害风险图，加强社区灾害应急预案编制和演练，加强社区救灾应急物资储备和志愿者队伍建设，在有条件的村庄推动制定家庭防灾减灾救灾与应急物资储备指南和标准，鼓励和支持以家庭为单元储备灾害应急物品，提升家庭和邻里的自救互救能力②。

3. 参与应急处置与救援

在应急处置与救援阶段，社会工作者可配合相关部门成立救灾服务中心，开展物资和人力的支持以及物资的管理，并向灾难幸存者提供食物、御寒衣物等基本生活必需品；可协助专业医疗救护人员向灾难幸存者以及受伤人员提供医疗服务；可对生还人员开展心理支持和危机干预服务；还可协助政府及相关人员发放慰问金，开展逝者后事处理以及逝者家属的哀伤辅导等工作。

4. 助力恢复与重建

这一阶段，社会工作者可负责登记灾民家庭的受灾情况、财产损失情况，并根据这些基本的信息配合灾区已经恢复的房管、建设、民政、公安

---

①② 国务院办公厅．关于印发国家综合防灾减灾规划（2016—2020 年）的通知［EB/OL］［2016-12-29］. http://www.gov.cn/zhengce/content/2017-01/13/content_ 5159459. htm.

等部门和各级人民政府以及各级管委会等管理机构进行过渡安置资源的申请、审核、配给等管理工作；可进一步开展救灾物资、资金的募集工作。需留意的是，灾后重建情况复杂，不同的个体和群体存在不同诉求，重建工作因地域不同而各具特点，需要平衡和协调各方关系，不能简单重复。灾后重建不只是建楼修路，而是要重建生产生活秩序和让灾民重拾生活信心，使灾区实现正常的可持续发展，持续的时间更长、范围更广。

三、“五社联动”与农村社区治理

2019 年 11 月，党的十九届四中全会通过《中共中央关于坚持和完善中国特色社会主义制度　推进国家治理体系和治理能力现代化若干重大问题的决定》，提出要构建基层社会治理新格局①。城乡社区是社会治理的基本单元，城乡社区治理事关党和国家大政方针贯彻落实，事关居民群众切身利益，事关城乡基层和谐稳定；农村社区治理要充分发挥社会力量协同作用，通过孵化培育、人才引进、资金支持、落实税费优惠政策等多种方式培育多方治理主体，发挥社区社会组织和其他社会组织在纠纷调解、健康养老、教育培训、公益慈善、防灾减灾、文体娱乐、邻里互助、居民融入及农村生产技术服务等领域的作用②。通过建立健全以社区为平台、社会组织为载体、社会工作者为支撑、社区志愿者为依托、社会慈善资源为助推的新型社区治理机制，完善发现村民需求统筹设计服务项目、支持社会组织承接、引导专业社会工作团队参与的工作体系，不断满足村民日益增长的美好生活需要。

（一）需求与问题分析

基层社区治理的核心要义在于实现社区和村民的自我管理和自我服

---

① 中共中央．关于坚持和完善中国特色社会主义制度　推进国家治理体系和治理能力现代化若干重大问题的决定［EB/OL］［2019－11－15］．http：//www. gov. cn/xinwen/2019－11/05/content_ 5449023. htm.

② 中共中央、国务院．关于加强和完善城乡社区治理的意见［EB/OL］［2017-06-12］．http：//www. gov. cn/zhengce/2017-06/12/content_ 5201910. htm.

务。当前，农村人口参与社区政治、经济、文化和社会生活的意识和能力相对薄弱，农村社区内的社会组织和企业等其他社会力量缺乏，本土民办社会工作服务机构和社会工作专业人才不足，这些都制约着农村社区自治目标的实现。

1. 村民参与社区治理的意识和能力不足

首先，农村社区的公共生活相对较单一，村庄公共事务主要由村委会和村中能人掌管，村民缺乏参与公共事务的机会和途径；其次，村民大多忙于生计，青壮年村民外出务工，留守村民则要承担农活、家庭照顾等家庭事务，没有时间和精力参与村庄公共事务；再次，村民一般认为村庄治理是政府（各级政府部门、村委会）的事情，参与社区公共事务的主体意识不足；最后，尽管村委会是村庄治理的关键主体，但由于自身也是利益相关方、工资待遇保障不足及受教育水平相对偏低等原因，家长作风、村务公开不足以及对村庄公共事务关注不够等现象较为常见。

2. 社区服务类社会组织和企业等其他社会力量缺乏

政府机关和企事业单位、社会组织等是社区治理的重要参与主体，为社区治理提供各类组织支持、人员和智力支持以及资金支持等。但政府机关、企事业单位和社会组织多集中分布在城区和集镇，村庄中缺乏这些支持力量；同时，农村社区的基础设施和社会服务投入不足，社区服务类社会组织在农村社区中缺乏生长空间，只有零星的老年协会、红白理事会、文艺队等社区社会组织。

3. 本土民办社会工作服务机构和社会工作专业人才不足

由于缺乏工作岗位、生活条件相对艰苦以及交通不便等原因，社会工作毕业生很少在农村社区就业，民办社会工作服务机构和社会工作专业人才基本上分布在城区。另外，农村社区的公益服务单位，如村“两委”、村卫生室和村小等，尚未明确要求其工作人员接受社会工作继续教育或考取社会工作职业资格证书，更谈不上社会工作专业技术岗位设置和聘任。

（二）服务资源

1. 相关政府部门

民政部门。基层政权建设与社区治理司（处、科、股）负责城乡基层群众自治建设和社区治理政策，指导城乡社区治理体系和治理能力建设，提出加强和改进城乡基层政权建设的建议，推动基层民主政治建设；社会组织管理局（社会组织执法监督局）负责拟订社会团体、基金会、社会服务机构等社会组织登记和监督管理办法，按照管理权限对社会组织进行登记管理和执法监督，指导地方对社会组织的登记管理和执法监督工作；慈善事业促进和社会工作司（处、科、股）负责拟订促进慈善事业发展政策和慈善信托、慈善组织及其活动管理办法。拟订福利彩票管理制度，监督福利彩票的开奖和销毁，管理监督福利彩票代销行为。拟订社会工作和志愿服务政策，组织推进社会工作人才队伍建设和志愿者队伍建设。①

除民政部门外，各级党委、政府在基层都有相应的服务机构和服务力量，如组织部门在每个村设立党建联络员，负责协助做好村庄的党建工作；教育部门在农村社区开办幼儿园和村小，配备乡村教师提供学前教育和初级教育服务；卫健部门管辖村卫生室，配备村医提供医疗卫生服务等。

2. 社会力量

企业、社会组织、基金会和爱心人士等是农村社区治理的重要参与主体。如三一集团发起的北京三一基金会，积极响应国家乡村振兴战略，在湖南省涟源市道童村推动整村发展，从基层公共卫生服务和可持续教育切入，建成道童村老年公共卫生空间和三一学校，配备村医、教师和专业社会工作者等专业技术人员，持续提供优质医疗、教育和社区服务②。

（三）服务内容

社会工作助力乡村振兴和基层社区治理，要以解决农村社区的切实问

---

① 中华人民共和国民政部．机构设置［EB/OL］［2018-12-31］．https：//www. mca. gov. cn/article/jg/jgsz/jgsj/201901/20190100014613. shtml.

② 三一基金会．乡村振兴［EB/OL］．http：//www. sanyfoundation. org/rural-development/.

题、实现乡村自治和可持续发展为目标，充分调动各类正式和非正式资源，并注重发挥农村社区和村民的主体性和能动性，推动形成以社区为平台、社会组织为载体、社会工作者为支撑、社区志愿者为依托、社会慈善资源为助推的“五社联动”机制，不断满足村民日益增长的美好生活需要。

1. 提升村民社区参与意识与能力

社会工作者可盘活村内已有公共活动场地，将其打造成为村民休闲和议事的场所，为村民参与社区公共事务提供场所和设施设备；可结合村民的农闲时间，利用村庄传统节日、重大事务，动员更多村民参与社区活动的筹备和开展，调动村民参与村庄公共事务的积极性；可联合村民骨干和社区社会组织，为村内儿童、老年人和残疾人等群体提供社区照顾服务，培育村民的自我服务意识，增强恢复和重建社区互助传统；可在上述过程中有意识地教授村民关于活动组织、团队协助、对外联系的技能和技巧，逐步培养村民骨干和社区社会组织自行策划和开展活动的自我服务能力。

2. 培育社区社会组织

由于农村社区缺乏正式登记的社会组织为村民提供服务，社会工作者要大力培育社区社会组织。社会工作者要充分利用自身和所在民办社会工作服务机构、相关政府部门以及村庄关键人物的社会资源网络，链接一切可服务于村庄和村民的社会力量，动员他们支持和参与村庄事务。如申请中国扶贫基金会的乡村振兴项目落点村庄，邀请民政部门在村庄开展党建活动和学雷锋活动等；可在服务过程中培育村民骨干和村民自组织，支持他们参与社区公益事业和其他公共事务。如依托生态种植的小组活动，成立妇女生态种植小组，鼓励妇女成员关注自身发展，同时考虑社区福祉，包括定期探望村中孤寡老年人、从生态种植所得利润中拿出一部分资金修缮村庄公共空间等。

3. 链接社会慈善资源

社会工作者可引导、鼓励各级各类企事业单位、社会组织，尤其是慈善组织，将更多人力、物力和财力资源投入农村社区，完善农村社区基础设施和社会服务，进一步做好民生兜底、村民能力建设和社区可持续发展工作；可动员村庄内部的公益慈善资源，如祠堂理事会、社区能人等出钱出力，设立慈善超市、志愿服务“时间银行”以及社区基金（会）等，搭建农村社区互助平台和网络①。

4. 完善农村社区本土社会工作人才培育机制

社会工作者可面向乡镇工作人员、村委会成员、各级党委、政府下派基层锻炼的干部、大学生村官和村民骨干等农村工作力量，宣传普及社会工作知识，并为其链接相关社会工作继续教育资源，进一步提升其服务村民的意识和能力；可倡导乡镇政府所属事业单位、乡镇卫生院和乡村小学的农村公益服务单位，参照民政部《关于民政事业单位岗位设置管理的指导意见》及省、市、县级民政部门关于社会工作专业技术岗位设置和聘任的文件，设立社会工作专业技术岗位，并聘任相关职业资格的人员到相应等级的社会工作专业技术岗位。

① 许娓．“3+2>5”，为社区居民谋更多温暖幸福：一谈“五社联动聚合力、社工服务暖基层”［EB/OL］．［2022-03-18］．https：//www.mca.gov.cn/article/xw/mtbd/202203/20220300040651.shtml.

第四章　农村个案工作

第一节　农村个案工作概述

一、个案工作

1. 农村个案工作

个案工作是社会工作者基于社会工作专业价值理念、使用专业知识和技巧，以个别化的方式，为个人和家庭提供物质和心理方面的支持与服务，帮助个人或家庭减轻压力、解决问题、挖掘潜能，不断提高其社会福利水平。个案工作最重要的特征就是以个体或家庭作为服务对象，提供“一对一”的个性化专业服务，帮助个人和家庭解决面临的问题，促进其能力发展和社会适应。

农村个案工作是以村民个体或家庭为对象，提供一对一的心理疏导或物质帮助服务，帮助其解决生活中的困难，提升其解决问题的能力，适应农村社区生活的服务过程。

2. 个案救助

个案救助是个案工作的一种类型，目前我国农村社会工作中主要开展的个案服务大多属于个案救助。社会工作者依据国家的救助政策，对民政救助对象进行一对一的救济和帮扶。帮扶内容主要包括：灾害救济、贫困救济、大病医疗、残障救济等社会福利政策方面的内容，尤其是农村的低保户、特困供养人员、困境儿童等都是进行个案救助的重点对象。个案救助的特点是聚焦个人或家庭在某个方面的物质需求，为其提供经济性的救助。例如，为没有申请低保但是符合低保政策的家庭申请低保，为农村特困人员申请供养，为受灾人员申请救助，为受大病影响的个体申请医疗救助，对因经济困难而失学的儿童申请教育救助等。个案救助的弱点在于服务内容比较单一，无法深入了解个人和家庭问题产生的根源，缺少从心理、社会层面的支持和帮助。

3. 个案管理

个案管理是在个案救助的基础上对服务对象进行长期的跟踪和服务，尤其是对于面临多重困境的家庭和个人，个案管理可以提供更全面、更深入和持续的资源链接服务。例如，在受到泥石流灾害影响的一个家庭案例中，13 岁的儿子是肢体残疾，母亲是精神障碍，灾害中又失去了房屋，这个家庭面临灾后家园重建、儿子的残障补助申领、入学、母亲的精神障碍认定和治疗等多重问题，就需要社会工作者采用个案管理的方法来帮助这个家庭。对于专业能力较强的社会工作者，可以在个案管理的基础上提供专门的心理辅导，或者将心理疏导和心理治疗融入个案管理过程，尤其是对服务对象的增能过程，心理支持是非常重要的环节。

可见，农村个案工作通过解决村民个体和家庭面临的心理和生活问题，健全了个体人格，预防了新问题的产生，一定程度上消除了社会不稳定因素。同时，个案工作强调公平与平等，维护了全体社会成员的平等权利，干预和影响不合理的社会政策，在一定程度上避免了社会矛盾的激化。

二、个案工作与其他方法的整合

从社会工作“人在情境中”的视角看，个体的问题也是社会的问题，要从根本上解决社会问题，必须将个案工作与其他社会工作直接工作方法（小组工作、社区工作）和间接工作方法（社会政策、社会行政和社会工作研究）相结合，最大化地提升专业服务的质量。

大部分农村人不习惯向家庭以外的陌生人求助，开展农村个案工作的一个主要挑战就是难以建立专业信任关系，特别是在服务初期。因此，将个案工作与小组工作、社区工作进行整合，能够促进专业关系的建立。通过社区动员、社区宣传和社区活动，社会工作者可以先与潜在服务对象有更多相互了解，再开展个案工作就会相对容易。例如，社会工作者在进行低保户审核中发现一个家庭中的留守儿童存在明显的心理问题，可以通过低保审核的过程与家庭进行一些初步的接触，然后再专门针对儿童心理健康问题开展个案服务，由于家庭对社会工作者已经有一定了解，服务对象和家庭对后续的个案工作不太会抗拒。又例如，社会工作者通过长达两年的个案管理服务与某精神障碍家庭，已经建立了良好的关系，精神障碍者也获得了明显的康复。在世界精神卫生日的社区倡导活动中，社会工作者邀请这个家庭进行分享，因为之前的一对一服务中，社会工作者与该家庭建立了较好的信任关系，同时也对精神障碍者有很强的支持，所以精神障碍者家庭愿意接受邀请，这样的整合性服务一方面让精神障碍者及其家庭有机会走入社区；另一方面也能更好地在社区中创造平等、尊重和接纳的氛围。

社会工作专业服务中的几种方法从来都不是孤立的，一线社会工作者一定要注重个案工作与其他工作方法的整合。

三、农村个案工作过程

1. 接案

中国农村人口不习惯向家人之外的陌生人寻求帮助，农村地区的个案工作服务对象较少是主动求助，更多的是他人转介或者社会工作者通过入户走访等方式发现潜在的个案，之后通过专业关系建立，将潜在的服务对象变为现实的服务对象。农村社会工作者可能经常会站在自己的角度认为某个家庭需要帮助，但是这个家庭可能对社会工作者的进入是不信任的甚至是拒绝的，尤其是受“家丑不可外扬”的传统家庭文化的影响，服务对象对社会工作者吐露心声的可能性并不高。所以，农村社会工作者在个案服务中最大的挑战就在于如何主动走近服务对象并建立良好的信任关系。

通常情况下，最开始寻找个案的时候，如果能有一个服务对象较为信任的中间人与社会工作者一起进行入户走访，那么社会工作者与服务对象建立信任关系的时间会大大缩短。这个中间人可能是服务对象的重要他人、村委会成员、热心的邻居，或者是受人尊重的乡贤等。此外，信任关系的建立需要基于更多的生活接触，例如，社会工作者通过参与服务对象的生产劳作、社区聚会等方式，可以增加彼此信任。在开展农村个案工作时，社会工作者需要主动地寻找潜在个案，在服务对象熟悉的生活场景中，循序渐进地与服务对象建立信任关系。

2. 问题识别与需求评估

通常情况下，农村社会工作者对于有需求的个人和家庭的问题识别主要是从经济收入、日常生活、身体健康、心理健康、家庭关系、子女教育、社会交往及创伤性事件 8 个主要方面进行。通常服务对象的问题不是单一的，可能是多个方面或多或少都有一些问题，因此，社会工作者要学会分清根源性问题和次生问题，确定问题的轻重缓急来决定介入的先后次序。当社会工作者把时间限制在当下时，就会呈现出某个或者某些问题更为突出，而且当某一个或者某几个领域的问题已经出现对其他领域的严重影响时，尤其是对日常生活秩序造成冲击时，社会工作者就必须要进行介入或者进行转介。例如，问题已经影响了服务对象正常的吃饭、劳作、学习、睡觉和社会交往的时候，甚至是产生伤人、伤己及犯罪等严重行为的时候。

问题识别之后需要对服务对象的需求进行评估，需求评估一定要服务对象参与，需求以服务对象为中心，避免社会工作者代替服务对象界定需求。需求评估不是一蹴而就的，社会工作者需要定期对实际服务对象和潜在服务对象进行需求评估，不断更新介入计划，见表 4-1。

表 4-1 **服务对象主要问题识别**

<table>
<tr><td>主要领域</td><td>基础问题</td><td>以下情况下必须介入</td><td rowspan="9">无论哪个领域的问题，如果服务对象出现伤害他人、自我伤害、自杀及犯罪等行为，社会工作者必须立刻介入或进行转介</td></tr>
<tr><td>经济收入</td><td>是否有足够的、稳定的收入</td><td>无法满足基本生存（吃不饱、穿不暖、居无定所）时</td></tr>
<tr><td>日常生活</td><td>是否有稳定、安全、舒适的居住环境、生活安排以及固定的照顾者</td><td>没有规律的、基础的日常生活安排（吃饭、睡觉、日常生活都没有保障）时</td></tr>
<tr><td>身体健康</td><td>是否经历大病、残障、先天性疾病</td><td>罹患疾病并造成了日常生活的严重损害时</td></tr>
<tr><td>心理健康</td><td>是否存在精神疾病或焦虑、抑郁等精神症状</td><td>心理问题造成了对日常生活的严重损害，例如，出现彻夜不睡觉、不上学、正常生活被打乱，或是伤人、自伤、自残情况，或是毫无自制力、幻听、被害妄想等精神症状时</td></tr>
<tr><td>家庭和亲密关系</td><td>家庭关系或亲密关系（配偶、男女朋友等）是否存在问题</td><td>家庭关系的问题造成了日常生活和基本功能的损害，无法独立进行基本的生活和社会交往时</td></tr>
<tr><td>教育情况</td><td>是否获得了相应的受教育机会、是否存在学习困难情况</td><td>辍学、学业困难造成了对其他领域的损害，例如，出现家庭关系紧张、心理健康等问题时</td></tr>
<tr><td>社会交往</td><td>是否有除了家庭之外的社会交往和社会支持</td><td>社会交往问题带来了对日常生活的严重损害，如因为结识犯罪团伙而跟随犯罪，又如因为社交障碍而造成心理困扰和难以找到对象时</td></tr>
<tr><td>创伤性事件</td><td>是否经历家人去世、入狱、罹患大病或精神疾病，或自己遭受身体和心理的侵害等创伤性事件</td><td>重大创伤性事件带来的对生活、生理及心理的冲击，例如，儿童在地震中失去父母时</td></tr>
</table>

3. 干预计划制订

干预计划的制订遵循以下原则：

（1）目标性。干预计划必须有明确的目标和效果评估方式，可以将干预目标具体化和使用相应测量工具的方式达成。例如，在希望通过社区活动中提升妇女的自信心这一大的目标下，可以采用具体化的方式，将妇女自信心提升设定为：部分妇女主动参与乡村卫生建设的讨论；部分妇女成为志愿者的领导者等。或者通过问卷调查，勘测活动前后妇女自信心的改变情况。此外，目标必须区分为短期目标和长期目标，将服务对象的需求进行轻重缓急的排序。

（2）系统性。干预计划一定是一个系统的服务计划，切忌进行一次性的服务，每次服务之间应该有层次性，逐步递进，相互关联。因此，社会工作者很重要的一个能力是将服务对象的需求转化为不同层次的服务。

（3）可操作性。干预计划中所纳入的服务必须是可以实际操作的，对于社会工作者暂时无法实现但又是服务对象比较突出的需求可以放入长期计划中，或者进行备注，说明当前无法提供服务的阻碍以及可能需要的外部条件等。

（4）协商一致性。干预计划必须是由社会工作者和服务对象共同讨论决定的，而不是社会工作者单方面决定。

（5）动态性。干预计划是需要随着服务对象所面临的主要矛盾不断进行调整的，社会工作者需要在服务过程中不断进行“行动—反思—再行动—再反思”的这样一个循环过程。

4. 介入

个案的介入服务形式从服务地点上可以分为：入户式服务、社会工作站的服务、社区内的服务 3 种。对应社会工作者分别在服务对象的家中、社会工作服务站点和社区内任一地点所进行的服务。从服务的内容上可以分为：谈话式服务、行动体验式服务以及两者结合的服务。谈话式服务是通过语言的方式就服务对象所面临的问题进行厘清或者进行一定的心理支持服务。行动体验式服务就是借助非语言的方式，在实际的情境中，让服务对象体验和参与一些活动来达到服务目标。例如，对焦虑明显的农村妇女进行放松训练，或者协助智力残障儿童办理入学手续等都属于这一类。而两者的结合则是非常有效的一种服务方式。通常如果能够在行动体验式服务的前后与服务对象进行一些关于行动的讨论，包括行动开始前可以讨论服务对象可能会面对的问题以及演练应对方式，在服务结束后讨论对整个行动中的感受和体验，这样构成一个有协助和支持的行动和一个有情境的对话，在秉持心理咨询和社会行政的传统优势下，既能够弥补传统心理咨询脱离服务对象生活的不足，又能够弥补社会行政工作对心理支持和行为改变的忽视，从而极大提高社会工作服务的效果，也能够巩固与服务对象的关系。

5. 评估

个案工作中的助人计划是否得到有效执行？介入行动是否实现了介入计划的目标？实际效果如何？都需要通过一个系统的评估才能实现。评估的类型主要有过程评估和效果评估。过程评估是对整个介入过程的监测评估；效果评估是对整个介入过程的最终阶段进行的评估，包括目标达成的结果和理想结果。评估的常用方法有：基线测量评估、对服务对象影响的评估、任务完成情况的测量评估和目标实现程度的评估。

6. 结案

结案通常发生在社会工作者通过评估后，发现服务对象已经实现了最初的服务目标，在与服务对象进行协商后，确定不再进行服务。有的结案也可能是不完整服务的结案，如服务对象主动要求结束服务，服务对象因为搬家、去世及入狱等情况导致服务无法进行，服务提供者离职导致服务提前结束等。无论哪一种情况的结案，结案时都需要有完整的对个案服务过程、结果和评估的描述记录，并对所有相关的文档进行归类和妥善保管。

第二节　农村个案工作的方法与技术

一、会谈法

会谈，也称面谈、约谈、晤谈等。会谈是一种有意识、有目标的人际互动。会谈可以说是一种特殊的沟通形式，是一种特殊的谈话方式，通过会谈能够交换经验，表达态度和看法。社会工作中的会谈（简称会谈）是社会工作者与服务对象之间一种面对面讨论问题的过程。会谈是社会工作者的主要工作方法。社会工作者在搜集资料、进行诊断、处理问题的过程中，都以会谈为主要工具来进行。社会工作者通过会谈观察服务对象的行为，提升服务对象的动机，帮助服务对象呈现其困扰问题，了解服务对象的处境，给予必要的支持，协助服务对象处理其面对的问题。

1. 会谈准备

开展个案会谈前，社会工作者应进行适当的准备。

（1）社会工作者的自身准备。个案会谈开始前，社会工作者应掌握服务对象的问题、需要及服务对象的基本情况，尽可能地想到个案会谈中可能出现的各种情况并做好预案。个案会谈前社会工作者也应了解服务对象所在农村社区和农村居民的特点。

（2）个案会谈场所安排。个案会谈要选择合适的场所。应注意农村个案会谈很多时候可能不是在室内固定地点进行的，田间地头、村民家中、路上都可能是个案会谈的地点，社会工作者要灵活把握，不拘一格。

（3）社会工作者的仪表。人的仪表是人的气质和修养的外在表现，社会工作者的着装应以端庄、典雅为宜，同时要根据服务对象的年龄、性别、职业和文化等因素的不同选择合适的着装。

（4）建立专业关系。良好的专业关系对个案会谈非常重要，专业关系的建立可以从与村民聊天，帮村民干农活，陪村民打牌，带孩子做游戏开始，应该注意了解和学习当地的风俗习惯，善于运用中国传统文化中的俗语、典故与村民拉近关系。

【例】

一起玩电子游戏建立信任关系

服务对象小D，深圳东和村人，重度地中海贫血症患者。再见小D的时候已经是两个星期后的事情了，小D一个人坐在凳子上玩着“吃鸡”游戏，社会工作者拿出手机，也打开“吃鸡”然后跟他一起玩了起来。小D慢慢放松下来，跟社会工作者熟络起来。

2. 主要技巧

（1）积极倾听

个案会谈中的倾听是积极倾听，即倾听与观察服务对象口语所表达的内容及非口语行为所蕴含的意义，积极倾听包括如下内容：

第一，倾听服务对象的口语表达内容，从中了解服务对象的情绪、事情的经过和服务对象的困扰。

第二，观察口语行为所蕴含的意义，注意服务对象手势、表情、神态、身体动作、语调、语气及语速。

对于所听到的、观察到的言语和行为，社会工作者要及时给予适当而简短的反应。让服务对象知道你已经对他的感受、行为或叙述的事件有所领悟和明白。例如，我懂……原来如此……对的……难怪你生气……或者点点头等，社会工作者在表达自己的领悟和明白时要注意不要让对方觉得被分析、被评价，只需让他觉得被理解和接纳。

（2）同理心

同理心是指社会工作者能够体会服务对象的感受，也能够敏锐地、正确地了解这些感受所代表的意义，并且能够把这种了解传达给服务对象。所以同理心包括两个方面：一是体悟；二是体悟的传达。

在个案工作中对同理心的了解有十分重要的意义。一是同理心是社会工作者与服务对象建立良好关系的必要条件；二是同理心是社会工作者了解服务对象的必要途径；三是同理心也是社会工作者协助服务对象进行自我表达、自我探索和自我了解的方式。

通过反映或道出服务对象此时此地的感受，尤其是那些服务对象极力想避开、不敢承认的感受，如恼怒、嫉妒等，服务对象会感到社会工作者很明白他们，从而有一种舒畅和满足感，而这种感受会促使他继续作表达，从而协助服务对象表达一些较为隐晦的感受和服务对象未清楚意识到的情绪，扩展其所能感受到的领域。

【例】

小川是一个3年级的学生，妈妈去世，爸爸遭遇车祸留下残疾，有一个嫁到外地的姑妈，姑妈会在学校放假时回到家乡看望母亲和小川。小川对社会工作者说："姑妈家在四川，很久才回来一次，会给我买衣服，我生病住院她来照顾我，可是感觉她很遥远，好像不是一家人，有些陌生，不知道可以和她说些什么。"

社会工作者1："你和姑妈见面很少，尽管她给你买衣服，你还是觉得她很陌生，和你不亲，对吧？"（初级同理——情绪感受）

社会工作者2："你和姑妈不太熟悉，想和她更亲近一些，但又不知道该怎么做，感觉不太有信心能做好，对吗？"（高级同理——对情绪后面的心理状态、观点、期望的感受）

（3）摘要

摘要是指社会工作者将服务对象所谈的内容和所涉及的情感进行整理、归纳和总结，以帮助服务对象进一步了解他对事情的整体看法，并分析下一步该如何做。做摘要时，社会工作者应以简单明了的方式，将服务对象最突出的观点、感受进行归纳概括，并用简洁的语言表达出来。社会工作者也可让服务对象对自己的反应做一个确实的摘要。

【例】

服务对象："我越来越不相信我丈夫说的话，他说他每月打工赚的工资除了生活费之外都交给我了，但我却发现他常常和朋友去喝酒。他怎么可以这样欺骗我！"

社会工作者："你怀疑你丈夫没有把钱全部交给你，你生气他对你不老实，对吗？"

（4）澄清

澄清包括两个层面的意思：一个层面针对服务对象的表达作澄清，以提升服务对象的自我了解；另一个层面的澄清是针对社会工作者的角色、社会工作者与服务对象的关系作澄清，以化解期待的落差。

【例】

服务对象："我完蛋了，没有指望了。"

社会工作者："发生了什么事情让你觉得没有希望了？"

（5）赞赏和鼓励

赞赏是指社会工作者通过适当的话语和身体语言，去鼓励服务对象继续表达他们的感受和看法。包括对服务对象能力和努力的肯定、欣赏和鼓励。在辅导初期，赞赏有利于双方为共同解决问题建立合作关系，同时引发和强化服务对象参与引导的动机。在辅导的中段和尾段，赞赏可以让服务对象明白自己正在向着正常的辅导目标前进，强化服务对象解决问题的信心及动机，维持辅导效果或促进服务对象问题的改善。

使用赞赏时要注意以下内容：

第一，赞赏要清楚具体。

【例】

社会工作者："上周你按时上学，你每天都交齐作业，做得很好呀！"

第二，赞赏的范围可包括服务对象的行为、感受、态度及观点。

【例】

社会工作者："看到邻居有困难，你愿意帮忙照顾她家的孩子，这种想法很值得赞赏！"

第三，赞赏要真诚，发自内心。

第四，赞赏要恰如其分，不要增加服务对象的压力。

社会工作者常以赞赏带领服务对象找出解决问题的方法，从而维持或强化辅导效果。

（6）自我暴露

自我暴露指社会工作者通过口语或非口语的方式，有目的地把自己个人的有关信息讲出来，让服务对象知道。使用这一技术的优点是可以使服务对象的自我暴露增多；使服务对象感到更多的同理、温暖和信任；增加社会工作者的吸引力，提高服务对象对会谈的兴趣；具有强化作用，社会工作者的自我暴露更有效，是因为社会工作者的自我暴露是对服务对象同样行为的强化。自我暴露的方式有以下几种：

第一，社会工作者表明自己在治疗会谈当中对来访者的言行问题的体验。

【例】

面对家访而外出的服务对象，再次见面时，社会工作者："按照预约时间去你家，你不在家，我有点失望，但我想你也许有你的原因。"

第二，告诉对方自己过去的一些有关的情绪体验及经历。

【例】

社会工作者："你说你感到一种可怕的孤独，我可以想象得出，我也有过类似的体验……"

在使用自我暴露技巧时要注意：一要简明扼要，过于冗长、详细则容易偏离服务对象的中心问题；二要为了服务对象的利益而进行自我暴露，不是为了社会工作者自己的需求而做自我暴露；三要将自我暴露的重点放在社会工作者从过往经验中得到的学习、体验和收获上，避免暴露社会工作者无法突破的困境，否则会让服务对象感到社会工作者也被问题困住了。

二、个案访视

在个案工作实施的过程中，有时为了了解服务对象的有关情况，有效地制订服务计划和目标，社会工作者常常要到服务对象的家庭、学校、单位或所在社区拜访相关人员，这种专业性的访问称为个案访视。

1. 入户的准备

社会工作者入户走访前，应进行一定的准备工作。

（1）认识农村社区。了解农村社区的基本情况是入户前非常重要的步骤，这样既有利于与村民建立信任关系，又有利于制订农村社会工作的服务计划。社会工作者应该了解村庄的历史、自然地理、公共设施、文教卫生、商业设施与村民的基本情况，了解农村的组织状况并争取获得农村组织、村民的支持。

（2）着装适宜。社会工作者入户走访时，最好穿着社会工作机构的制服或佩戴社会工作机构工作证，这样既能够告知服务对象自己的社会工作者身份，还可以起到宣传社会工作机构的作用。社会工作者着装宜简单轻便，可以考虑穿长裤、平底鞋，在农村入户走访可能需要坐车、长距离行走和上下楼梯。此外，入户走访时社会工作者不应该佩戴贵重的首饰，不应该化浓妆和喷香水，最好素颜并保持和善的微笑，容易拉近社会工作者和服务对象的距离。

（3）检查外出随身物品。社会工作者入户走访时需要带办公手机或私人手机，以便与外界联系并应对入户走访时的突发状况。除此之外，还应携带纸笔便于记录，应携带社会工作机构各类宣传单与宣传手册，便于向服务对象介绍社会工作机构的情况，还应携带纸巾、水壶和伞等日用品，以应对入户走访时的突发天气等。

（4）确定走访时间、路线与目标。社会工作者入户走访前最好提前和服务对象约定时间，确保探访时服务对象在场，不会白跑一趟，入户走访的时间可以灵活处理，如有需要，社会工作者可以在节假日、周末或晚上进行入户走访，同时要查清相关路线。社会工作者在入户走访前需要明确走访目标，在走访过程中按照目标进行走访，还可以根据走访目标预先拟定访谈提纲。

2. 入户走访

进行入户走访时，社会工作者需要按照与服务对象约定的时间准时到达，保持守时的社会工作专业形象，若遇上特殊情况无法按照约定时间到达时，一定要及时告知服务对象。进门时要先敲门，询问是否有人，经过服务对象允许后进屋，进屋时应面带微笑、礼貌地作自我介绍，自我介绍的内容通常包括姓名、职业、入户走访的目的和入户走访所需的时间，等等。

在社会工作者进屋之后，应观察入户走访的场合。选择坐在靠近门或面对门的位置，方便应对入户走访时的突发情况。交谈的地点最好选择在客厅，若服务对象邀请社会工作者进入卧室或坐在床上时，社会工作者可以以自己刚从外面进来，怕灰尘和细菌沾到床上影响服务对象的健康等理由，委婉拒绝服务对象的邀请。

社会工作者一般可以通过天气、热点时事、新闻、健康状况、兴趣爱好和农事活动开启话题，也可以通过在家中看到的一些物品、装饰等开启话题。不必严格按照访谈提纲的顺序发问，而应该根据入户走访的实际情况，在服务对象提到某项内容时自然深入下去，谈话不应过于僵硬。在交谈过程中要有意识地运用社会工作的技巧。

社会工作者要把握好入户走访的时间。结束入户走访时，可以使用礼貌用语和正向词语，比如，今天和你聊得很开心，但又怕耽误你太多时间；耽误你这么长时间，你也累了，我们下次再继续，等等。结束入户走访后应该及时记录入户走访的内容。

因为村民通常较为热情，入户走访时可能会出现如下情况：服务对象邀请社会工作者用餐或赠送给社会工作者礼品。此时社会工作者应该了解服务对象邀请自己用餐或给自己赠送礼品的原因，如果仅仅是为了表达感谢，可以酌情考虑，如果是超出社会工作者服务范围之外的目的，应该向服务对象表达感谢，同时委婉拒绝。服务对象如果想要社会工作者的私人电话，社会工作者可以留下社会工作机构的电话，同时告知服务对象非工作时间可能无法接到电话，但上班后会第一时间回电，取得服务对象的理解。

3. 入户的后续跟进

入户走访结束后，社会工作者需及时整理入户走访的情况，填写完整的服务记录。若在入户走访的过程中发现服务对象有进一步的服务需求，应该与服务对象保持联系并制订合理的服务计划。

三、危机干预

危机是指一个人的正常生活受到意外危险事件的破坏而产生的身心混乱的状态。显然这样的状态不利于服务对象有效地面对和处理危机带来的挑战。危机介入模式就是针对服务对象的危机状态而开展的调适和治疗的工作方法。

【案例】

王大爷，71 岁，农民。最近由于征地拆迁，成为失地农民。王大爷目前所面临的困难包括：一是失去土地后没有生活来源，居住到城镇后生活不习惯，压抑的心情得不到释放，对生活失去信心，有轻生的念头；二是养老等社会保障得不到落实，生活拮据，身体每况愈下；三是城市户口得不到解决，身份纠结。

根据王大爷的情况，社会工作者制定的服务策略见表 4-2。

表 4-2 服务策略

目标	策略
释放服务对象长期重压生活下的抑郁情绪，解除心理危机，杜绝轻生的念头	通过谈话治疗，树立积极的生活态度，唤起对生活的热情
协助服务对象去医院看病治疗，改善身体状况，缓解害怕疾病复发的焦虑情绪	联系服务对象的子女以及社区人员，为老年人提供生活照料等帮助
寻求社会支持，争取失地后应得的权益，并努力融入城市生活	与社区工作人员交流，向有关部门反映老年人的情况，使老年人的权益和生活得到关注和尊重

通过分析以上案例可知，危机介入模式的基本原则如下。

一是及时处理。由于危机的意外性强、造成的危害性大，而且时间有限，需要社会工作者及时接案、及时处理，尽可能减少服务对象对自己以及周围他人的伤害，抓住有利的、可改变的时机。

二是限定目标。危机介入的首要目标是以危机的调适和治疗为中心，尽可能降低危机造成的危害，避免不良影响的扩大。只有把精力集中在目前有限的目标上，社会工作者才能与服务对象共同协商和处理面临的危机。

三是输入希望。危机发生以后，服务对象通常处于迷茫、无助与失望的状态，所以在危机中帮助服务对象的有效方法是给服务对象输入新的希望，让服务对象重新找回行动的动力。

四是提供支持。在帮助服务对象面对和处理危机的过程中，社会工作者需要充分利用服务对象拥有的周围他人的资源，如父母的关心、朋友的支持等，为服务对象提供必要的支持，同时也需要培养服务对象的自主能力。

五是恢复自尊。危机的发生通常导致服务对象身心的混乱，使服务对象的自尊感下降。社会工作者在着手解决服务对象的危机时，需要了解服务对象自己的看法，帮助服务对象恢复自信。

六是培养自主能力。危机是否能够解决，最终取决于服务对象是否能够增强自主能力。虽然服务对象在危机中自主能力有所下降，但社会工作者不能认为服务对象缺乏自主能力。实际上，整个危机介入过程就是社会工作者帮助服务对象增强自主面对和克服危机能力的过程。

四、心理咨询

心理咨询从广义来说，就是社会工作者或心理咨询师采用心理治疗的理论和技术帮助服务对象解决心理问题的过程。心理咨询要解决的问题主要是心理问题，或者由心理问题引发的一系列行为问题，而不包括除此之外生活中遇到的具体问题。如长期受到父亲醉酒后打骂的小军，上课注意力不集中，情绪低落，不愿意与同学交往。社会工作者采用心理咨询的方法帮助小军改善情绪和认知，重新树立自信和对未来生活的信心。

五、个案救助

农村社会救助制度是社会救助体系的重要组成部分之一，主要是与城镇社会救助制度相对而言的，救助对象是具有农村户口的暂时或者长期处于困难状态的农村居民。社会救助以农村家庭的经济状况调查为基础，由政府和社会为陷入困难处境的农村家庭和个人提供物质救助和社会服务，帮助其解决基本的生存问题。社会救助包括经济救助（如最低生活保障制度）、特困人员供养（如农村五保户）、教育救助、医疗救助、住房救助、就业救助和临时困难救助。

【案例】

罗婆婆，87 岁，五保户，在 2019 年 7 月因身体不适送医院就诊，被检查出患上了右侧乳腺癌，同时并发有双侧肺炎、继发性肺结核等一系列疾病。罗婆婆的丈夫很早已经过世，夫妻俩无儿无女，罗婆婆年老后，由霞姐（罗婆婆的远房亲戚）的公公一家代为照顾。在这次罗婆婆住院治疗之后，霞姐得知东成镇设有社会工作站，请求社会工作站帮助一下罗婆婆，完成她的心愿。

东成镇社会工作站的社会工作者来到位于东成镇十里村霞姐鱼塘边的小屋，在与霞姐、霞姐的大伯交谈的过程中，社会工作者得知这里平常是霞姐的公公白天看守鱼塘的地方，日常在这里做两餐饭、放一些鱼塘的杂物。但由于前几年罗婆婆的房屋年久老化严重，所以暂时让罗婆婆在这里居住，这一住也就住了好几年。鱼塘边的小屋已经有一些年份了，在雨水不多的季节还基本安全，在雨水多发的季节小屋就不安全了，霞姐的大伯有时候很晚还要出来把罗婆婆转移到安全的地方去。

社会工作者第一次见到罗婆婆时，由于其刚出院没多久，精神状态不是很好。霞姐告诉社会工作者，因为罗婆婆年事已高，医生不建议手术治疗，毕竟手术治疗也是有风险的，只能让罗婆婆在平常定期服用药物维持。但罗婆婆觉得自己可能坚持不了多久，希望在最后的时光能居住在自己家里。

接着社会工作者跟随霞姐来到罗婆婆家，罗婆婆家里虽然大门上着锁，但是门板已经松动，进入房屋里，社会工作者发现房屋没有厕所，房屋的瓦片有些已经断裂，甚至横梁也有发霉的情况，的确已经不能正常居住。

【社会工作者介入】

社会工作者与罗婆婆初次接触后，回到社会工作站立即制订了相关救助方案。首先社会工作者将罗婆婆的情况反映到东成镇政府相关部门，并了解危房改造的相关政策；其次社会工作者通过与东成镇政府宜居办沟通，得知罗婆婆的申请已经审核通过，纳入 2019 年东成镇十里村的危房改造名单。当时在东成镇宜居办协助 2019 年合医工作的李社会工作者，直接跟进了罗婆婆的危房改造事宜，并在危房修缮时期与霞姐保持线上和线下沟通。最终罗婆婆收到了由东成镇政府发放的 2 万元房屋修缮款，完成危房改造并通过了验收。

通过分析以上案例，社会工作者在使用个案救助的方法时，应熟悉相关救助政策，将救助对象的利益放在首位，运用专业方法评估救助对象的需要，明确救助对象的致贫原因，根据不同对象的救助需要制订科学合理的服务计划；在为救助对象提供救助的同时，注重救助对象自身能力的提升，增强救助对象的发展及适应社会的能力。

六、个案管理

个案管理模式是20世纪七八十年代开始在美国社会工作界推广的一种个案社会工作模式。个案管理强调的重点有6个方面：

（1）一个来自不同职业和机构的专业人员组成的团队，提供满足服务对象长期性、综合性需求的“一揽子服务”。

（2）一种对多重服务进行协调、整合的过程和总体措施。

（3）服务的对象一般是具有复合需求的服务对象，他们的问题较为复杂，需要服务的时间较长。

（4）将多重的服务资源通过服务体系输送给服务对象，增强服务对象获得和使用资源的能力。

（5）一定的服务成效与成本效益，通过提供持续性的服务，以确保对服务对象的服务质量。

（6）社会支持网络资源的开发、协调与管理。

【案例】

服务对象J阿姨，常年居住在Q村，年轻时老公已经去世，独自一人拉扯儿子长大，娶妻生子，儿媳是外地人，先后生了两个孩子，一男一女，但是孙子孙女均患有先天性小儿麻痹症，长期依靠药物治疗，需要做康复锻炼。J阿姨感到生活很艰难，一方面觉得儿媳妇不能给家里带来经济收入；另一方面觉得是儿媳妇导致孙子孙女患上这种疾病，所以对儿媳妇颇有不满。

根据J阿姨的基本情况与实际需求，社会工作者制订了如下的服务计划。

表4-3　　　　J阿姨的服务计划

服务计划		
服务阶段	服务目标	服务内容
建立关系	建立友好信任的稳定沟通关系	1. 从日间照料中心入手，初步接触服务对象，给服务对象留下良好的印象； 2. 在访谈中运用同理心、接纳和倾听等技巧获得服务对象的信任，确定专业关系
介入服务	1. 减轻经济负担 2. 寻找康复训练场地 3. 调整服务对象心态	1. 与服务对象所在社区进行沟通，帮助服务对象找一份轻松、力所能及的工作，增加其收入，降低经济压力； 2. 在社区内发掘资源，为服务对象的孙子寻找一个可以自己进行康复训练的场地，减轻服务对象的负担； 3. 与服务对象的儿子儿媳进行交流，要求他们多与服务对象沟通，再通过社会工作者的介入疏解服务对象的内心郁结，调整服务对象的偏差认知，改变对儿媳的偏见，积极面对生活的压力
评估阶段	评估服务计划是否对服务对象形成积极的影响	通过访谈了解服务对象的精神状况变化，并进行判断

通过分析以上案例，社会工作者在使用个案管理方法时，应注意以下方面。

（1）服务对象的选择。个案管理方法比较适合于情况复杂、有多重问题或需要多重机构提供服务的个案，或是一个家庭之中有多位成员需要接受相同或不同机构的帮助。

（2）对服务对象的初期评估。对服务对象的初期评估阶段需要确认 3 个问题：一是服务对象需要解决的问题；二是服务对象认为解决问题可能有用的资源；三是服务对象在使用这些资源时的障碍。根据这 3 个问题，个案管理者需要确认服务的条件和成本，服务对象的能力、需求和资源，界定评估个案管理服务进展的指标，为在最少限制的环境里制订、提供个别化的服务方案做准备。

（3）制订服务计划。计划的制订应该考虑 3 个因素：一是充分掌握各种可用服务的品质和价格信息；二是资源的取得应该富有弹性；三是明确各部门间的财务责任配置与链接。除此之外，制订服务计划时还应该注意目标的确认以及选择达到目标的方法，同时鼓励服务对象积极参与。

（4）计划的执行。计划的执行是一个服务输送的过程，也是一个协调、介入和干预的过程。在这一过程中，个案管理者所承担的主要是协调者、倡导者和服务提供者的角色，计划执行的过程中应注意服务对象的自助，尽可能使服务对象的控制力量最大化。

第三节　农村个案工作案例

一、案例描述

（一）案主基本情况

阿川，男，11 岁，某农村小学三年级学生，身材瘦弱、个子矮小。父母在其 1 岁时外出打工，每年春节回家一次。阿川的奶奶说，阿川小时候身体比较弱，爱生病，疑似癫痫，曾长期服用保健品“完美”，照顾者认为阿川的身体是因为服用“完美”才好转起来的，现在身体基本健康，孩子易怒，情绪极其不稳定，不合群，嫌同龄人幼稚。阿川的言语表达能力较弱，想得比较多，但不知道怎么去表达。

（二）家庭基本情况

阿川的父母在其 1 岁时外出务工，父母每年春节回家一次，父母有时

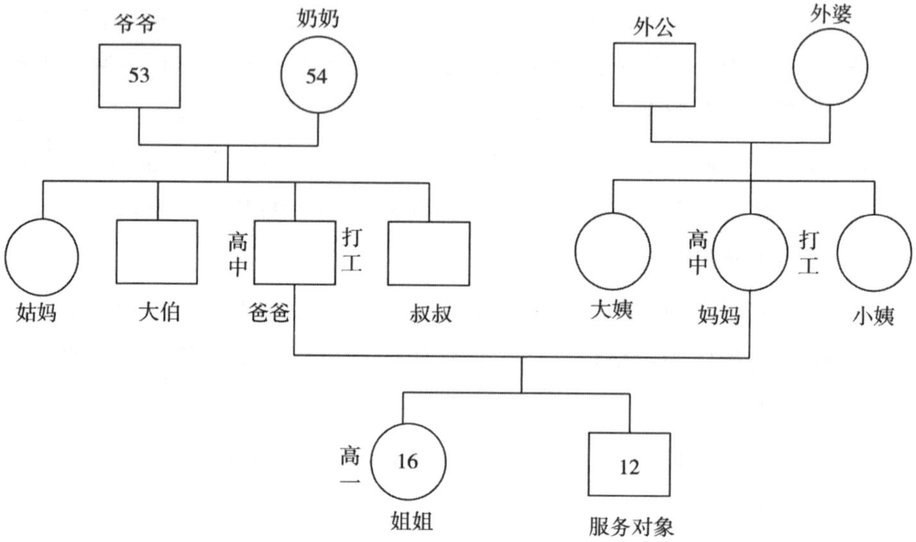

图 4-1　家庭结构图

候是轮流回来。父母与阿川每周打一次电话。阿川的父亲属于入赘其母亲家，一家人与阿川的外公外婆生活在一起，家里还有个姐姐在上高一，成绩比较好，性格比较内向。阿川的姐姐也会教他一些初中甚至高中的知识。外公 50 多岁，平常在镇上打零工。外婆身体不好，患有心脏病，需要长期服药。阿川的家庭经济条件一般，房屋比较简陋，和周围的自建楼房有明显的差距。

二、服务过程

（一）接案与专业关系建立

阿川由于情绪不稳定，之前接受过某公益组织提供的心理咨询服务，但未取得明显的效果。社会工作实习生来到阿川的学校开展学校社会工作，学校领导把阿川转介给社会工作实习生，希望继续帮助阿川。

和服务对象的首次见面时间是在课间休息时，由班主任老师通知阿川来学校的温馨小屋见社会工作者。前期和服务对象专业关系的建立并不是很顺利，服务对象一直找各种理由逃避与社会工作者见面。专业关系建立

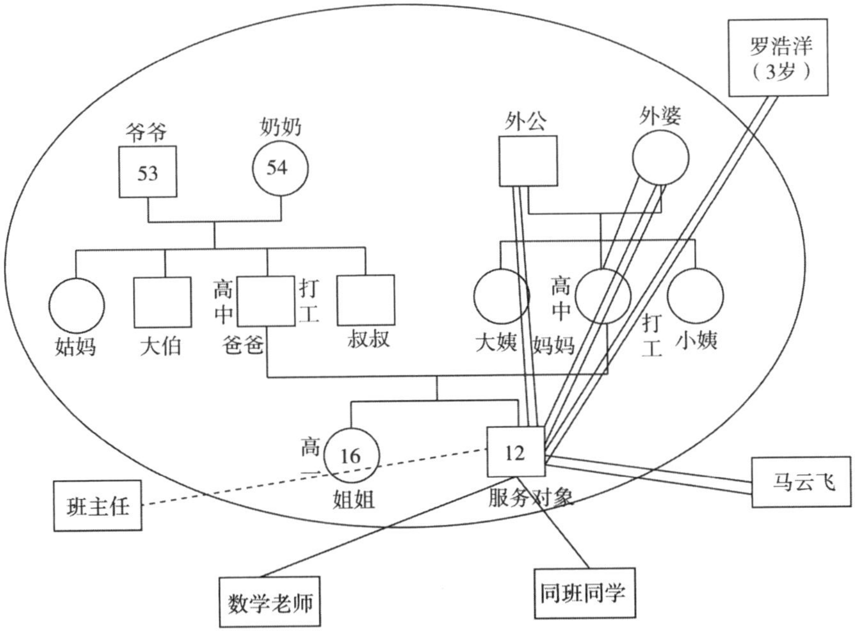

图 4-2 生态图

的转折点是在社会工作者到阿川家家访之后，社会工作者在听到服务对象进行了疝气手术之后，觉得应该去阿川家进行家访。家访中社会工作者见到了阿川一家人，阿川的父母也从外地赶回来看望孩子。社会工作者在说明了自己的身份和来意后，得到了阿川家人的支持。此次家访之后，社会工作者和服务对象的关系明显拉近，专业关系好转。

（二）预估

阿川面临的主要问题是：

1. 情绪波动大、易怒。阿川不会管理自己的情绪，常常对一些讨厌他、喜欢对他进行恶作剧的同学或者冤枉他的人表现出极度的愤怒，他说只有“修理”这些人一顿，别人才不敢惹他，才会老实。

2. 同伴关系比较差。由于阿川情绪不稳定，常常发脾气，导致同学不喜欢他，朋友比较少。他说自己最好的朋友是隔壁邻居家一个 3 岁的小弟弟。

3. 母子关系不良。阿川与妈妈的关系比较冷漠，他认为妈妈不喜欢自己，自己也不愿意和妈妈交流。妈妈为人比较强势，阿川在妈妈那里得不到表扬。阿川和爸爸的关系比较好，自己想打乒乓球，不论什么时候爸爸都会陪他一起打。

三、干预

（一）目标设定

1. 总目标：帮助阿川学会管理情绪、改善同伴和母子关系，提高社会适应能力。

2. 分目标：

（1）引导阿川学会调节自己的负面情绪；

（2）引导阿川认识到与人交往的重要性，积极与同伴交流；

（3）鼓励阿川多和妈妈沟通，增进交流，改善母子关系。

（二）服务过程

1. 改善同伴关系

针对阿川同伴关系比较差的问题，社会工作者采用理性情绪疗法，帮助阿川找出“同伴交往对我来说没有任何作用和意义”这一非理性信念，通过引导其进行态势分析（SWORT），形成“与人交往是可以从中获得快乐和好处的”新信念，促进其与同伴交往，并强化其在人际交往中的乐趣。

社会工作者：上次你说人际交往对你来说是不重要的，没必要与他人进行沟通交流，是吗？

服务对象：对啊，为什么要和他们一起玩？哼。

社会工作者：人际交往是不是随时都在发生，我们现在这样算不算呢？

服务对象：嗯……算吧。

社会工作者：那我们之前和这次交流对你来说有什么作用吗？

服务对象：（想了一会儿）有一点吧，放假的时候我就不那么孤独了，你还可以陪我一起打乒乓球。

社会工作者：嗯，很好。比如，你想打乒乓球时马云飞（服务对象的好朋友）生病了，那你怎么办？难道不去打乒乓球了，一直等着他回来再打？

服务对象：不是啊，我可以和别人打啊，但是他一回来我就去和他打。

社会工作者：你看，这不就是人际交往吗？当你约你的同学一起去打乒乓球的时候，和别人的交往就已经发生了，他还是可以帮你解决一些实际问题的，是吧？

服务对象：嗯，是的。

社会工作者：不论你和马云飞打还是和别的同学一起打，我们都是在和别人交往，正是因为我们和别人交往，别人才会了解我们，我们也能更好地了解别人，从而促进自己进步。比如，你想要进校乒乓球队，要是只和一个人打，就不会了解其他队员的技法，你的球技就很难得到提升，在参加比赛的时候得第一名就比较难；而且即使你符合校队的条件，你不愿意和别人交往，校队也不会要你的，因为队员之间会有交流和探讨，你不愿和他们交往，你的球技就不会进步，是吧？

服务对象：（思考了一会儿）是的。

社会工作者：我想请你思考，如果你继续坚持“同伴交往不重要”的想法，你觉得你会失去什么？

服务对象：（想了很久后）我不跟别人玩，球技就不会进步，别人也不愿意帮助我，就不能进校队，参加比赛。

社会工作者：如果你认为“同伴交往是非常重要的”，那么你又会怎么做？会得到什么？

服务对象：我会去跟大家沟通交流，会认识很多朋友，和他们一起打乒乓球，我就能够学到更多的球技，球技越来越好，对我的学习和生活都会有帮助吧。

社会工作者：是的，只有我们和别人沟通交流，我们才能从别人那里学到更多的知识，也许这些知识是你姐姐不知道的，比如，怎么打乒乓球，你姐姐的知识仅限于某一方面，在其他方面我们要和别人一起分享、交流，我们进步得才会更快，是不是这样？

社会工作者在和服务对象几次交谈之后，阿川已经能在夏令营中和其他同伴交往，也能够主动加入小组讨论中，在同伴关系方面也有一些改变，和新同伴一起打乒乓球的次数逐渐增加。

2. 改善母子关系

社会工作者：你和妈妈在一起最幸福的事有哪些？

服务对象：没什么事（小声）。

社会工作者：那你觉得什么时候最幸福，比如你和妈妈在一起的时候，有哪一个片段？让你觉得幸福？

服务对象：什么时候都不幸福。

社会工作者：意思是任何时候都不幸福啊？

服务对象：是，跟爸爸在一起的时候最幸福。

社会工作者：你和爸爸在一起做什么的时候最幸福？

服务对象：打乒乓球的时候。

社会工作者：你喜欢和爸爸一起打乒乓球？

服务对象：是的，只要我想打，爸爸什么时候都可以陪我。

社会工作者：那妈妈不是也可以陪你打乒乓球啊？

服务对象：哼，我妈很不珍惜我，比如，我做了什么吃的东西，她就说："这东西很难吃，我不要你整（做）。"

社会工作者：你妈妈对你给她制作的食物说不好吃，对吗？

服务对象：她做的东西难吃，我都不说她，我做的东西难吃她就说我。

社会工作者：就是你辛辛苦苦做出来了，然后你妈妈就说比较难吃，你就比较失望，对吧？

服务对象：嗯，我妈做的东西难吃，我什么都不说，我就说我没有胃口，不想吃了。

社会工作者：你还是很委婉和她说，没有直接说食物难吃，你不想伤她的心，是不是？但是你妈妈就直接说不好吃，让你很伤心，是不是？你还是想要对她好，让她也吃一点，但是她吃了之后呢，又不表扬、鼓励你，就说难吃，你就很伤心！对吧？

服务对象：嗯。

社会工作者：你希望你妈妈能够理解你的心意，理解你对她的爱，然后给你鼓励，是不是？

服务对象：嗯。

社会工作者：你希望妈妈能鼓励你、表扬你，你有没有把这个期望告诉你妈妈？

服务对象：没有。

社会工作者：你可以把你的想法和愿望告诉她，你希望她怎么说怎么做，也许她就会努力地去做、去改变，你就不会这么失望了。但是你没有把想法告诉她，她不知道，是这样吧？

服务对象：嗯。

社会工作者：上次去你家的时候，奶奶说你妈妈没有读过书，可能是她不知道怎么和你去沟通，如果你能把自己的想法告诉她，她也许会很愿意去改变自己。

服务对象：嗯。

由于服务对象的母亲比较强势，感觉什么都是自己做得最好，看不起别人，也缺乏和孩子相处沟通的技巧，导致母子关系比较僵。此外，服务对象自小就和奶奶生活在一起，和妈妈生活的时间很少，和妈妈的关系比较疏离。在这次服务中，社会工作者建议服务对象应该尝试着和自己的妈妈沟通，把自己的想法和希望告诉妈妈，也许妈妈就会出现改变。之后，阿川和妈妈进行了电话沟通，向妈妈说明自己的希望和想法，妈妈说自己以前没有注意到这些，以后会注意这些方面。

3. 改善师生关系

一次上课的时候，阿川的姐姐买给他的面包被一个低年级的学生吃掉了，他大发脾气，把自己的课桌搬起来摔在地上，随后又去摔前面同学的桌子，导致两个同学受伤。社会工作者针对这个突发事件进行了介入。

社会工作者：面包被同学吃掉，你很生气，这个是可以理解的，发生在谁身上都会生气。你觉得老师不理解你这种难过的心情，老师说吃掉就吃掉了，也没什么。你有和老师说过这个是姐姐省下自己的零花钱买给你的吗？

服务对象：（很激动）这个不是老师的东西，她自然觉得不珍贵……

社会工作者：你觉得老师不够理解你，才大发脾气，是不是？

服务对象：嗯……如果老师要来打我骂我，我是要复仇啊（有点狠）。

社会工作者：老师不理解你，你难过，我觉得是正常的。那天你和老师解释过你为什么难过吗？

服务对象：……

社会工作者：有解释过吗？

服务对象：……我想和她说，她根本不理睬我啊！

社会工作者：发生这种事情，就要和老师或者其他同学好好地说。找机会复仇是没有用的，而且也是不合法的。你打了同学也没有用，你不但伤害了他们，你们家也要赔钱，外婆他们会更难过，是不是？

服务对象：……

社会工作者：你觉得有什么更好的办法既能够让老师理解你，而且也不会伤害到同学和家人吗？

服务对象：……没有什么办法，打就是了。

社会工作者：老师不理解你，是因为她不理解这个面包对你的重要性，要告诉她这个面包对你的重要性，是姐姐攒了好久的钱才给你买的，你很珍惜，他们把面包吃掉，你很难过。有时候就是不了解情况才会那样说，你解释给她听听，她就理解了，你下次可以试试这种办法。

社会工作者：但是你如果打她或者复仇呢，她还是不懂你心里是怎么想的，是不是？

服务对象：……

社会工作者：你刚刚说的复仇这个行为，我可以理解，但是这不是一个理智的想法，如果复仇的话你想想会有什么后果？

服务对象：（激动）她（老师）整我，还不是对我不好的。

社会工作者：如果你要复仇的话，是解决不了问题的。重要的是让别人知道你的感受，只要你说了原因，别人就会理解你，对吧？

服务对象：（沉默、想哭）

社会工作者：我知道你没有被理解，你心里很委屈，但是你这种处理的办法可以改进，用更好的办法去处理，既不伤害你自己也不会伤害到别人，你也可以被别人理解。

服务对象：嗯。

除了对阿川开展个案工作之外，社会工作者推荐他参加暑期夏令营服务，阿川参加了其中的自我认知和朋辈关系辅导小组。在小组活动中，阿川在前期是有些抗拒小组的，随着小组的进行和个案工作的开展，服务对象逐渐接受小组工作，后期积极参加小组讨论，也能表达自己的想法，发脾气的次数明显减少，结交了一些新朋友。

四、评估

经过20次的个案面谈，阿川有了积极的变化。其中，改变最明显的是情绪管理方面，在服务结束后的回访中，服务对象发脾气的次数明显减少，自己不开心的时候会去打乒乓球，也通过打乒乓球认识了好几个新朋友，到四年级还可以代表学校去参加县级的乒乓球比赛。社会工作者在对其父母的回访中了解到，妈妈开始注重和他的沟通方式和方法，学会积极鼓励孩子了，母子关系有了改善。此外，在小组活动后，阿川会表达自己的感受，他说："今天的这节活动我很快乐，让我感到了自己不是十全十美的人”“我知道要怎样控制自己的情绪”“这节课我学会了怎样安慰别人”“这节课让我学到了朋友之间要相互帮助”，等等。

五、结案

社会工作者在对阿川开展了服务效果评估之后，发现阿川的情绪和人际交往方面都发生了积极的改变，双方同意结案。社会工作者也对阿川承诺，如果出现新问题可以再来找社会工作者，有空时也可以和阿川一起打乒乓球。

第四节　农村个案工作的注意事项

一、隐私保护

在个案工作中，社会工作者会了解到很多服务对象私人化的信息，如服务对象的联系方式、住址、身份证号、经济收入、婚姻信息和个人肖像等。社会工作者要对服务对象的隐私进行保护承诺，妥善保管有关服务对象的资料。服务过程中，在没有征得服务对象同意的情况下，不允许将服务对象的信息泄露给第三方。农村社会工作者需要加强对服务对象隐私的保护意识，尤其是在向上级汇报工作和督导中，如果涉及服务对象的隐私，必须征求服务对象的同意，且进行匿名处理。活动过程中如果需要拍照、录音或录像，一定要征得服务对象同意并告知服务对象资料的使用去向，拍照时要注意尽量不拍服务对象的正面特写。

二、尊重农村的传统文化

文化是指人们在生活中持有的观念、意识、价值理念、生活方式及行为准则等。尽管社会工作者在专业训练中被不断强化要尊重服务对象文化，但还是很容易从自身文化出发，对服务对象所持有文化进行否定。传统农村社会是人情社会，费孝通的“差序格局”就折射了这种由人情、血缘决定的社会亲疏关系。大部分村民在遭遇困境的时候，不习惯求助于外人，尤其是外来的陌生人。“家丑不可外扬”的文化观念，造成很多受虐妇女不愿意向社会工作者寻求帮助，也不太愿意用离婚的方式来摆脱家庭暴力，社会工作者切忌以否定的态度来看待服务对象，认为服务对象不自立、不自强，甚至“恨铁不成钢”，而应该多思考为什么农村妇女面对家暴会选择“忍耐、认命”，从更多的层面开展反家暴服务，让女性有资源和能力去摆脱家庭暴力。

三、保持专业边界

社会工作者是专业的服务者，要保持与服务对象的专业界限，从而保证专业关系不受到其他关系的影响，并做到以服务对象为中心。社会工作者与服务对象之间不能发展除服务关系之外的其他关系。例如，有服务对象因自己母亲生病向社会工作者借钱，社会工作者首先要核实情况，如果情况属实，可以求助当地的相关组织或联络服务对象的亲戚朋友施以援手，不要与服务对象发生经济上的关系。中国人有热情好客传统，尤其是农村地区和少数民族地区，民风淳朴，村民间常常通过请客吃饭来拉近彼此关系，因此，社会工作者如果在信任关系建立初期一味拒绝这样的盛情邀请，可能会带来信任关系的建立困难。社会工作者可以从礼尚往来的角度，在答应一般吃饭邀约的同时，准备一些小礼物，表达自己的谢意。

对专业边界判断的主要原则在于是否会影响到以服务对象为中心的服务提供，如果威胁到了，就是不可以触碰的边界。

四、倡导社会性别平等

在当前的农村地区，社会性别文化面临着传统与现代的双重影响。新中国成立以后，男女平等，生男生女都一样的思想开始逐步在农村中普及。对女性“从一而终”的观念在日益淡化，婚姻也从“以经济条件为基础”的传统婚姻向“以爱情为基础”的现代婚姻转化。女性开始与男性一样参与公共事务。但是，在很多农村社区，男权制依旧根深蒂固地影响着村民的思想，女性的社会地位依旧明显低于男性。

这种社会性别不平等主要体现在家庭制度中。女性被视作传宗接代的工具，而且生育文化中重男轻女的思想突出，只生育了女孩而没有生育男孩的女性被认为是低人一等的。无法生育的女性会被认为是不孝，被人看不起。男权社会中，孩子也被视作是男方家的人，母亲一方的亲戚对于孩子而言都是外戚，是不如父亲一族的亲属更为亲近的。女性的主要社会职责就是照顾家庭、负责家务。尽管男性被认为是家庭中经济来源的主要贡献者，但是，即便那些对家庭经济没有贡献的男性也很少操持家务工作，甚至有的男性承担了一些家务劳动，还可能遭到其他村民的嘲笑，认为他的妻子不够贤良。

随着经济社会的发展，农村女性不但参与外出务工队伍，经济地位得到提升，也逐步开始获得在家庭和社区中的话语权。因此，社会工作者在开展农村个案工作时，要重视社会性别文化对服务对象行为和心理的影响，不断推动社会性别平等，才能真正实现对女性的赋权。

第五章　农村小组工作

小组工作作为社会工作服务中重要的方法之一，无论在城市社区还是农村社区都被广泛使用。尤其是在农村社区中，村民们基于地缘、血缘组带形成的传统互助互惠网络和熟人关系网络为小组工作的开展提供了有利的条件，能够帮助小组成员更好地互动，形成凝聚力和团结感，从而解决群体遇到的共同问题，促进小组成员健康成长，推动社区发展和社会进步。

第一节　农村小组工作概述

一、农村小组工作概念

（一）小组工作

小组是由两个及以上具有同质性需求和问题的成员组织在一起开展互动性活动的团体，小组拥有共同的目标和利益，在小组成员互动的过程中会形成小组的文化、气氛和规范，小组成员也会有不同的地位和角色分工，在小组发展的过程中，小组亦会形成共同的规范、文化和独特的氛围，成员对小组有归属感。

在理解小组含义的基础上，小组工作被界定为：在小组社会工作者的带领下，通过组员间的互相支持、充分互动和分享，激发组员的能力和潜能，改善组员的态度、行为，提升他们的社会功能性，解决个人、群体、社区和社会问题，促进个人、小组和社区的成长和发展，实现社会和谐、公平、公正发展，这种活动被称为小组工作。

上述概念既强调将小组工作视为实现小组成员共同目标和利益的方法和过程，也突出在小组活动中，小组成员之间的互动和小组成员自主性发挥对小组成员态度和行为改变、人际关系改善、能力提升等目标实现的核心意义。

（二）农村小组工作

农村小组工作是农村社会工作的直接方法之一，是指在农村社会工作者的协助和小组成员的支持下，通过小组过程和小组动力去影响小组成员的态度和行为，参与小组的村民获得态度和行为的改变，社会功能的恢复与发展，进而促进村民个人和社区发展的活动过程和方法。

农村小组工作具有小组工作的一般性和特殊性的双重特征。一般性特征包括：

（1）体现了小组工作的科学性，要求遵守小组工作的价值理念和工作原则，运用小组工作的基本知识和技巧为不同群体提供服务。

（2）强调小组工作是一个多元互动的过程，包括社会工作者与小组成员、小组成员之间、成员与家庭、社区、社会等环境之间的互动。

（3）突出小组发展过程和小组动力对促进目标实现的重要意义。

农村小组工作的特殊性主要从小组工作的艺术性层面来体现，即农村小组工作都是根据农村社区和不同村民的实际问题和需要进行策划和开展的，农村社区与村民所面临的问题和需求相较于城市社区和城市居民而言，具有较大的差异性和独特性。这决定了农村小组工作在功能、类型、目标、活动内容等诸多要素上将有别于在城市开展的小组工作。

（三）农村小组工作的功能

农村小组工作作为农村社会工作开展的重要微观方法之一，不仅能促使个人问题的解决和群体处境的改善，也会通过链接社区内外资源、改善环境系统来促进社区发展、基层社会治理创新和社会进步。其具体的功能可概括为以下 6 个方面。

1. 解决群体问题

农村小组工作是围绕着村民面临的共同性问题或相似性需求，而开展的互动性活动。如留守妇女受教育程度低、生活压力大、缺乏生计发展出路；留守儿童缺乏关爱、亲子关系不畅；针对老年人缺乏基本照顾、精神文化生活形式单一等而开展服务。在小组过程中，小组社会工作者运用小组工作专业的知识和技巧协助组员发现自身的问题，通过成员间的互动互惠和民主决策找到问题并解决的途径。小组工作的过程是通过挖掘小组成员的潜能和主动性，运用集体的力量解决实际困难的行动过程。

2. 促进成员改变

小组工作过程可以影响个人的价值观、态度和行为的改变，使其成为家庭、社区和社会中负责人的积极角色。同时，在农村社区开展教育小组、成长小组与支持小组等不同类型的小组，通过生活技能、人际沟通技能、种植养殖技能及健康知识等培训和自信心、自尊感的培养，提升村民个体应对生活和发展问题的能力，达到促进个人改变和成长的目的。如在一个“手拉手·改变”的成长小组中，社会工作者针对留守儿童存在的学习不够专注、学习习惯差、打架斗殴、不尊敬老师、不讲卫生和爱讲脏话等偏差行为开展了6期小组活动，帮助参与的留守儿童重新认识自我，增强了其改变偏差行为的信心和方法，组员之间的信任和沟通增强了留守儿童改变偏差行为的动力。

3. 激发参与意识

小组作为一个临时性的社会性团体，小组成员的共同性问题或相似性需要是小组形成的基本前提。但是，决定小组工作能否顺利运转和不同阶段发展目标能否实现的根本条件是成员的主动参与。小组成员在小组工作过程中不能主动参与，主观能动性不能发挥出来，没有形成共同体意识，小组工作的开展会举步维艰，小组目标也难以实现。尤其是在农村社区，受地理位置偏僻、外出机会少、缺乏与外界交流等现实状况的制约，村民在小组工作中的参与更为被动，小组社会工作者需要有更多的耐心和方法去鼓励村民参与，去调动村民参与的积极性。如在农村空巢老年人的支持小组工作中，社会工作者不仅要密切关注组员的状态和情绪变化，给予适时的共情和情感支持；要不失时机地表达对组员点滴进步的赞赏；要在活动休息时间或者结束后与组员进行沟通交流，了解沉默组员的原因，以帮助组员克服分享的障碍；还需要在活动设计和组织环节中经常了解老年人的意愿和想法，将老年人的需求融入小组活动，增强老年人的参与积极性和主动性，唤醒老年人的主人翁意识，从而实现助人自助。

4. 赋予成员权能

赋能是指赋予权利和能力，使个体有能力认识自己面临的问题，有能力解决自身的问题。小组工作是一个赋能的过程，是一种通过教育和培训提升意识和自信心的过程，在教育小组、成长小组、支持小组、自助（互助）小组等不同的小组中，都强调小组成员通过持续性参与获得生计发展的能力、与人沟通的能力、学习的能力、团结协作的能力及健康成长的能力等的重要性。近年来，各地的学者、科研团队和社会工作服务机构在贫困农村地区开展的扶贫和社会服务实践，都采用小组工作的方法来对不同群体进行赋权，如针对留守妇女开展的生态种植养殖小组、生产互助小组、刺绣小组和意识提升小组等，为提升留守妇女的生计发展能力、改变妇女们的生存现状提供了有益的尝试。针对留守儿童的安全教育小组、人际交往小组，增强了儿童的安全知识和沟通技能。针对独居和空巢老年人开展的手工艺小组和互助支持小组等，帮助老年人建立了支持网络，起到了排解孤寂的作用。这些小组都实实在在提升了农村中不同群体应对生活困境的潜能和意识。

5. 打造支持网络

在小组工作过程中，通过小组成员之间、社会工作者与小组成员之间、小组成员与社区和社会环境之间的互动分享，打造了多元化、多层面的互助支持网络。小组成员之间如留守妇女之间、困境儿童之间、留守老年人之间形成的互助支持网络，能够帮助他们克服生活中的现实困境，帮助小组成员度过因为社会支持不足带来的无助、无力和自卑的心理危机，更重要的是，这种支持网络对每一位小组成员潜能的发挥、自我改变和提升都形成了持久性的影响。

6. 推动社区发展

小组工作鼓励集体参与，通过赋能提升村民参与社区事务协商和决策的意识和能力，并主张运用群体的力量改变社区的生存、生活和发展环境，通过集体行动，影响政府或相关行政部门调整政策和措施，进而促进社会制度的改变。如广东“双百计划”在揭阳市揭阳县京溪园镇协助留守妇女建立的生产互助小组，不仅构建留守妇女的社会支持网络，通过糯米酒酿造获得经济收益，增强了妇女的自信心，还传承了传统的糯米酒制作技艺，带动其他村民参与，通过社区互助基金的建立回馈了社区中的特殊群体，促进了社区发展。

二、农村小组工作类型

针对我国农村普遍存在的空心化、“三留守”、传统的互助互惠网络解体、经济发展落后、安全隐患激增等问题，社会工作者可根据小组工作的性质和目的选择以下几种常见的小组工作类型，为留守和困境儿童、空巢和独居老年人、留守妇女等不同群体提供小组服务。

1. 娱乐小组

娱乐小组是以满足和丰富服务对象的休闲娱乐生活、提升小组成员的愉悦感和幸福感为目的而组建的小组类型。如舞蹈小组、广场舞小组、球类小组、乐器演奏小组和美食小组等。在农村社区中，村民们的休闲娱乐活动以看电视和串门聊天为主，少部分村民会在闲暇时间跳广场舞、打牌和赶街，整体上休闲娱乐方式单一。因此，娱乐小组不仅是帮助村民丰富闲暇生活方式的重要载体，也是帮助社会工作者打开服务局面的重要敲门砖。在农村社区中，最常见的娱乐小组当数广场舞小组、歌唱小组和美食小组，将留守老年人和留守妇女组织起来跳广场舞，或者在传统节日制作美食，不仅可以帮助他们消磨时光，还可以增强群体间的情感交流，有助于支持网络的建立。如重庆仁爱社会工作服务中心 2016 年在渝北区兴隆镇协助农村老年人组建的“欢乐颂”歌唱小组，通过“幸福的歌声”“嘹亮的歌声”“趣味团队赛”“欢乐的歌声”“离别不用说再见”等活动主题，让老年人在唱红歌的过程中丰富了精神生活，提高了生活质量。

2. 教育小组

教育小组的目的在于通过培训、示范和讨论的方式帮助成员掌握一定的知识和技巧。在农村村民的平均受教育程度低于城市，接受初中及以下教育的人口比例最大，受过高等教育且选择回到农村生活的人非常少，年龄越大文盲半文盲率越高。村民们由于缺乏科学的生产知识和技能，生活容易陷入困境。针对受教育程度低、缺乏科学知识和技能的村民开展教育小组，如种植养殖技能培训小组、青少年性知识教育小组、留守儿童安全教育小组、留守老年人智能手机学习小组和留守妇女文化扫盲小组等，帮助村民掌握知识和技能。以留守儿童安全教育小组为例，可以为留守儿童开展防拐防骗、交通安全、消防、食品安全及防校园欺凌等知识的教育，提高留守儿童安全防护知识和自我保护意识。

3. 自助—互助小组

自助—互助小组是以成员自己的资源和能力为依托建立的志愿性小组类型，小组成员利用自身的资源和优势，在参与小组活动和与组员的互动中转变态度或行为，达到解决问题的目的。中国农村有着非常悠久的互助传统，亲戚、邻里之间守望相助曾是村民解决生活、生产困难的重要途径。然而，在现代化和城市化进程中，随着现代文化元素冲击农村地区、中青年劳动力向城市流动，传统的熟人关系互助网络发生了很大变化。传统的互助互惠精神日渐衰弱，留守群体之间的互助关系日渐薄弱，这导致农村很多群体之前通过乡土网络得以解决的问题难以解决，如留守老年人缺乏生活照料和情感慰藉、留守儿童缺乏关爱等问题。小组工作者将具有相似问题和需求的村民组织在一起，通过发挥村民的优势和发掘村民自身的资源，帮助村民构建社会支持网络，让村民依靠自身的力量来解决问题。如留守老年人互助小组、留守妇女互助小组、村民议事小组等。在各地开展的农村社会工作实践中，最常见的自助—互助小组是生计发展小组。该类小组以村民的生计发展为关注点，通过生产技能培训、资源链接、生计项目开发等方式帮助村民拓展生计出路，提高村民收入，改善村民生活水平，实现脱贫致富的目的。

4. 成长小组

成长小组的目的在于鼓励和支持成员的健康发展，包括生理和心理的健康成长。焦点在于促进个人的正常发展，不包括对发展障碍的处理。如帮助夫妻之间进行有效的沟通，包括学习倾听、理解、包容等技巧；帮助留守村寨的青少年制订职业生涯规划；为留守儿童建立起学习和人际交往的自信心等。随着留守儿童关爱保护体系的建立，农村留守儿童的健康成长成为国家和社会关注的热点。成长小组在儿童和青少年群体中更常见，如学校组织的留守儿童朋辈小组、留守人际交往小组和留守女童自信心提升小组等均属此列。

5. 支持小组

支持小组的组员通常会拥有相同的经验或者面临相同的问题，通过小组分享，组员可以了解他们的遭遇，逐步产生相似感，进而发展出组员间的一致性，培养同舟共济的感受，彼此之间相互支持。支持小组在农村留守妇女和留守老年人群体中更为常见，如针对独居老年人开展的支持小组、留守妇女关爱小组等。

第二节　农村小组工作的过程

结合农村小组工作的实务经验，大致可将农村小组工作的过程分为小组筹备期、小组第一次聚会、小组规范形成期、小组冲突期、小组成熟期和小组结束期 6 个阶段。

一、小组筹备期

社会工作者进入农村社区开展小组工作，需要进行深入的社区调研，在熟悉掌握社区基本信息的基础上，完成具体人群的需求评估，从而确定小组服务目标和方案。因此，小组筹备期的工作任务主要包括需求评估、招募和选择成员、制订小组服务方案等方面。这些内容均为社会工作者主导下的工作，因此，在本阶段，社会工作者扮演主要角色，位于中心位置。

（一）需求评估

需求评估是小组筹备期的首要任务，社会工作者需要根据服务对象存在的问题和真实需求来决定是否成立小组，以及成立什么类型和性质的小组。

小组社会工作者可以通过社区摸底、入户调研、参与式观察等方法评估不同群体的问题和需求。在留守老年人、妇女和儿童占人口多数的农村社区，入户走访和深入访谈相较于问卷调查更适用于需求评估。问卷调查在人口相对集中的学校和社区具有较强的适用性。而要全面、深入地评估服务对象的需求，小组社会工作者需要采用多种收集资料的方法，也需要从服务对象及其家人、朋友、邻居、同学和老师等多个系统中掌握有关服务对象问题和需要的信息。如要评估留守儿童在人际交往中面临的问题，需要采用深入访谈、问卷调查、参与式观察等方法，向留守儿童个体、留守儿童监护人、留守儿童的老师、留守儿童所在村社的村干部等人员多方了解留守儿童的交往现状和问题。

小组社会工作者能否准确抓住服务对象的真实需求取决于社会工作者是否与服务对象建立了良好的信任关系。“同行”的方法鼓励社会工作者扎根社区，走进服务对象的生活世界与他们建立信任关系，通过“同吃、同住、同劳动”等方式去聆听那些被忽视的声音，去体察他们的生活处境和他们对自己需求的理解，以此评估服务对象的真实需求。

（二）招募和选择成员

一个“伴你同行”的留守妇女互助小组采用了以下方式招募组员：在招募组员之前先与乡镇干部沟通，取得乡镇干部的理解和支持，由乡镇干部推荐当地妇女干部与社会工作者认识，社会工作者入户与妇女干部沟通，由妇女干部推荐潜在的活动对象。社会工作者再根据妇女干部提供的活动对象名单进行入户宣传，向妇女们宣传小组的目的和内容，了解妇女们的需求和期望，并在入户中邀请适当的留守妇女参加小组。然后采用滚雪球的方式，由决定参与小组活动的成员推荐其他的留守妇女参加。

完成小组成员招募后，根据同质性原则，选择具有共同或相似问题或需求并且积极性较高的留守妇女参与小组，小组成员的选择兼顾了不同性格的留守妇女，尽量避免私下小团体或具有亲属关系的妇女进入小组，减少次团体对小组产生的影响。

从上述案例中可以看出，农村小组工作的成员招募方法也是多元化的，向了解各村社的基层干部、村党支部书记或村委会主任、学校老师等人员咨询和沟通，获得他们的支持和帮助是开启组员招募的第一步，然后通过入户走访和宣传、服务对象推荐、海报和招募书宣传、社区广播通知等方式都可以帮助社会工作者完成招募的任务。

根据小组成员招募情况，社会工作者需要对报名参与的潜在小组成员进行逐一访谈、个别会面或者集体面谈，确认他们参与小组的目的、评估报名者的问题和需要，作出小组成员的最终选择。

小组成员的选择除了遵循同质性原则外，首先需要考虑成员是自愿参与还是非自愿参与。一般而言，自愿参与的成员参与积极性比较强，也更容易进入沟通和互动状态。而被迫参与（如被村党支部书记、老师或者监护人强迫参加）的小组成员需要社会工作者花很长时间说服参与。其次，还需要从性别、年龄、性格等各方面合理选择成员。如在一个留守儿童人际交往小组中，社会工作者除了选择人际交往困难的学生外，还选择了两位人际交往比较好的学生，以便在小组中起带头模范作用，帮助社会工作者活跃小组气氛，通过他们展示和分享交友经验与心得，促使其他成员正向改变。

（三）制订小组服务方案

确定了服务对象的需求和小组工作的目标后，就需要制订一份完整的小组工作服务方案。小组服务方案是社会工作者根据工作目标及人、财、物等方面的条件，精心制订出的可以实施的计划。

针对农村不同群体进行小组服务的方案设计，需要同时考虑服务对象的真实需要和群体特征。如针对农村留守老年人的小组活动设计，需要考虑老年人的身体健康状况和文化观念，如一般老年人对游戏有抵触心理，尤其是在男女共同参与的小组中，尽量避免身体接触性游戏和活动，或者过早的肢体接触的游戏。同时，对活动主题和活动规则的设计不能过于抽象，不好理解，活动内容要符合农村老年人的理解水平和文化水平。对农村儿童的小组活动设计中，则需要以游戏和体验性活动为主，通过多元性的活动设计增加儿童参与的积极性。而围绕农村妇女开展的服务，则需要突出妇女之间互助、情感支持、生计发展等方面的需求。

除了需求评估、小组成员招募和选择、小组方案设计之外，在小组筹备期，社会工作者还需要完成服务资源的申请和链接、协同领导者的安排、活动地点和时间的确定等其他准备工作。如果没有公共的服务场所，可以在村民家中、村委会会议室等场所开展。如果没有足够的社会工作者来协助开展小组活动，可以充分利用社区中的人力资源，如村委会的工作人员、在村的大学生、社区积极分子、社区党员等担任志愿者。

二、小组第一次聚会

小组对于个体来说，是一个从分到合的过程，就是由分别的个体纳入一个团体，成为小组的一部分。在小组第一次聚会时，成员之间会因为陌生感或者对小组活动的未知感而出现焦虑、恐惧、紧张、担忧或者好奇、兴奋、期待等两极情感。但在农村，村民之间多是熟人关系，在第一次聚会时的紧张、担忧等情绪反应多是因为对社会工作者和小组工作缺乏了解所导致的。

（一）小组成员的特征

1. 观望羞涩

村民们因为对小组不了解、对即将发生的事情不确定而对参与活动和参与效果持观望态度。表现为不轻易尝试游戏、分享、讨论等活动，需要社会工作者示范或者看看别人怎么做，再决定自己的做法。不敢轻易暴露自己的情绪和想法，对从未参与的活动、与他人牵手、公开场合分享自己的感受感到很害羞、很为难。

2. 紧张沉闷

村民们在第一次参加小组活动时会因为多种原因产生紧张的情绪，如留守儿童可能将社会工作者视为老师派来监督和教育他们的人，从而表现出紧张，气氛不够活跃，在介绍自己时也不会主动，声音会很小。空巢老年人可能因为被村干部请来参加活动而紧张，表现为参加活动不积极，宁愿与身边的成员聊天，也不愿意分享自己的经验和感受。

3. 依赖社会工作者

组员由于对小组的陌生，往往把社会工作者看成权威者，一切以社会工作者为中心，非常依赖社会工作者。例如，组员在说话的时候总是眼睛看着社会工作者，只与社会工作者交流，或者等待社会工作者的指示。

（二）社会工作者的任务

在小组第一次聚会时，社会工作者处于中心位置，扮演初级角色。社会工作者是小组的核心，小组活动的策划者和组织者，具有主宰小组的作用；小组第一次聚会的工作任务是固定的，其工作重点在于帮助小组成员彼此认识和熟悉，让小组成员之间建立信任感。其具体的服务内容见表5-1。

表 5-1　“编织快乐生活”农村空巢老年人支持小组第一次聚会活动内容

时间	目标	内容	备注
10 分钟	帮助组员对活动的整个过程有一个初步的了解	社会工作者作自我介绍，同时介绍小组的性质、目标和注意事项，以及小组建立的意义	
20 分钟	帮助小组成员更好地了解他人，拉近彼此间的距离，营造一种轻松氛围	小游戏：说你说我。 社会工作者对游戏规则作解释说明，游戏开始。取别称。游戏结束后请每一位组员（包括社会工作者）将自己对这个小组的期望写在向日葵花瓣的中心位置（不会写字的组员可由社会工作者代写）	椅子、采访提纲、笔、向日葵花瓣、胶水

续表

时间	目标	内容	备注
15 分钟	制定小组规范	社会工作者引导组员发挥想象和创意，共同讨论并制定小组规范和奖惩规则，内容可以包括出勤率、是否准点到达、是否早退、活动的参与热度、是否尊重和理解他人，等等	
15 分钟	分享经验及感受，约定下次活动时间	鼓励组员分享活动感受和对小组活动的意见，对第一个主动站起来的组员给予表扬，填写量表。之后与组员约定下次活动的时间、地点和内容安排	UCLA 孤独感测试量表

1. 协助成员彼此认识

协助成员相互认识、消除陌生感，是拉近彼此关系的第一步。在农村社区，需要根据村民们相互熟识的程度、群体特征等来设计有创意的活动，帮助组员彼此认识，加深了解。正如上表所示，编织小组的老年人皆来自同一个村庄，彼此知道名字，但缺乏对他人的深入了解，所以社会工作者省略了传统的自我介绍环节，改为通过小游戏“说你说我”来加深组员之间的认识。

2. 澄清小组目标

社会工作者要带领组员澄清参加小组的期望，引导大家订立共同认可的小组目标，并让小组成员对小组目标有清晰的认识。上表中“说你说我”的游戏既能增进组员之间的认识，也能帮助社会工作者了解组员的期待和目标。除此之外，社会工作者还可以通过愿景树、愿景墙等活动帮助组员设定期望和目标。

3. 建立小组契约与规范

小组规范是小组成立初期社会工作者和小组成员一起建立的适合管理和协调组员行为的准则。社会工作者需要协助和引导小组成员根据小组的特性和成员的想法制定出适合小组和小组成员的规范或契约，以约束、规范和引导小组成员的行为。在制定小组契约或规范的过程中，一定要考虑到老年人、儿童或妇女们的文化水平，对于不识字或者识字不多的群体而言，可以采取组员口述、社会工作者书写的方式将小组契约记录下来。而对于农村留守儿童或者困境儿童而言，还可以采取趣味性游戏如“魔箱的指示”等方式来制定契约。

4. 创造安全、信任的关系

帮助小组成员之间建立信任感是贯穿小组工作始终的工作。在小组成立初期，社会工作者塑造信任感的小组氛围方法包括：一是主动与组员沟通，积极倾听和回应组员，建立信任关系；二是创造机会让组员表达自己的想法，通过组员间的相互回应和关怀增强信任感；三是寻找并强调组员之间的相似性；四是澄清组员之间可能存在的误解；五是通过信任游戏，如不倒翁、盲行、信任背摔、信任天梯等创造安全、信任的气氛。

（三）工作技巧

在小组第一次聚会时，需要在引导组员之间互动上下功夫，具体的技巧包括：

1. 示范

社会工作者需要对如何参与游戏、如何分享、如何讨论等具体的行动方式给组员做出示范。如在一个留守妇女互助小组中，妇女们受教育程度低，对小组契约是什么不理解，不明白如何订立契约和订立什么内容的契约，于是社会工作者改变策略，先自己提出几条约定来做示范，然后引导组员独立思考，提出契约内容。

2. 引导互动

在第一次聚会中，组员倾向于与社会工作者谈话，社会工作者应制造话题使组员之间相互讨论。如农耕的情况、农闲的安排、社区公共空间的规划、节日活动的想法等话题，都能较好地引导组员开展讨论。社会工作者鼓励组员之间进行互动的方法包括：一是将组员的问题只作部分回答或根本不回答而抛给其他组员；二是直接指出组员间相互提供意见或给予回馈的重要性；三是协助肯定组员了解彼此之间的相似性。

对于小组中特殊的组员，如抵触情绪强的组员、沉默的组员、不善言辞的组员等，社会工作者需要通过耐心的引导和鼓励，采用多种方法帮助组员逐渐打开心扉，学会与其他组员分享。但一定要尊重组员的意愿，不宜操之太急，不能强迫组员表达。对于不愿意发言的组员，可以在小组活动结束后与之单独交流或者入户走访，了解组员不愿表达的原因，以帮助组员扫清顺畅交流的障碍。对于表达能力差的组员，社会工作者不宜在其还未准备和组织好语言之前就叫他发言，这样会使之焦虑和失态。

三、小组规范形成期

经过小组第一次聚会后，随着聚会次数的增多，小组成员的紧张、抗拒、担忧等情绪逐渐减弱，小组成员之间的亲密度增强，情感互动与交流增多，小组工作中逐渐形成了次团体，小组规范和小组结构逐渐形成。

（一）小组成员特征

1. 体现一种自我中心的期待

在这一阶段，每个组员都试图将小组带向自己喜欢的或想象的位置，期待自己的需求能够在小组中得到满足。

2. 组员开始用较肯定的方式来表达需求和满意

小组成员开始分享较深的情绪，可以通过积极的语言来接触对方，个人也可以经常与他人交流对事件的思考与感受。

3. 小组系统已经能够影响与控制组员的行为，使之逐渐达到目标

规范能够引导小组的行为、安排小组经验、管制小组的互动。

（二）社会工作者的任务

1. 评估管理小组的规范

小组规范不是由社会工作者制定的，组员才是规范的决定者和执行者，社会工作者在规范的形成过程中扮演着估量、评价和管制的角色。社会工作者需要协助衡量规范是否有价值、检视规范是否有助于小组发展，

当发现某些规范是负面的时候，社会工作者应采取不鼓励、改变和修正的干预措施，引导小组成员修改小组规范，并在小组活动过程中遵守小组规范。

2. 支持和鼓励组员参与互动

社会工作者的支持和鼓励具有两层含义：一是鼓励小组自我管理和自我约束。特别是对于不善表达的组员，应该给予特殊的注意。二是社会工作者要对组员的行为负责任，不仅应该帮助他们解决后顾之忧，还要鼓励组员参与，鼓励组员遵守规范，努力扮演好自己的角色。

下述为一个留守儿童人际交往小组的第二次聚会日志记录。

在本次集会的第三个环节，社会工作者引导大家对“穿报竞走”的热身游戏进行分享，例如，冠军组为什么会取得成功啊？其他小组为什么走得慢啊？社会工作者发现，在分享中部分组员过于积极，而有的组员则相对沉默。社会工作者建议过于积极的组员把机会让给其他组员，鼓励沉默的组员大胆说出自己内心的想法。有的组员在别人发言时窃窃私语，社会工作者及时提醒其要认真倾听别人讲话，并告诉组员这是对别人的礼貌和尊重，反问其是否也希望在自己说话的时候能够被别人认真地倾听。社会工作者向组员吐露当别人忽略了自己说的话时的失落感受，希望大家可以学会换位思考，互相理解。接下来，社会工作者向组员们阐释合作的重要性，并希望大家以后能够主动帮助别人，互相帮助共同进步。最后，社会工作者询问大家为什么不愿意跟 G 一起做“穿报竞走”的热身游戏，有的组员回答说“她自己都不过来找我，别人来找我了啊”。社会工作者由此引出一个“主动性”的问题，告诉大家在交朋友时，不要一直处于被动地位，等着别人先来跟自己交往，希望每个人都发挥自己的主观能动性，积极地去和别人接触。社会工作者鼓励 G 在以后的活动中能够主动和其他组员沟通、合作，G 点头表示同意。

上述案例中，社会工作者较好地引导了小组成员参与互动，并且让组员明白了倾听、换位思考、合作等技巧的重要意义。

在小组规范形成期，社会工作者位于轴承的位置，扮演可变的角色，为既中心又边缘的角色，当小组有需要时，社会工作者站在中心位置，当小组不需要时，社会工作者可以退居边缘位置，观察小组工作的过程。

四、小组冲突期

当小组的沟通日益深化、组员对小组的感情和角色投入加深，自我表露深化、与其他组员的交往增强，小组便进入了一个矛盾、冲突形成和公开化的阶段。

在农村空巢老年人支持小组中，老年人会因为没有得到第一名而产生冲突，相互指责；在留守儿童人际交往小组中，儿童们会因为某个组员性格内向而不屑与之交往，看到对方害羞会嘲笑；有些民族的妇女小组中，妇女们会经常悄悄在社会工作者面前说其他妇女的坏话，会为了各自利益大打出手。可见，冲突的类型是多元化的，既包括为了争夺资源和权力而产生的权力及控制冲突，也有因为性格不合、情绪问题所产生的心理及情感式冲突，还有因为小组的目标没有实现，为了达成小组的目标而产生的理性及秩序式冲突。

当然，并不是所有的小组都会经历冲突期，短期小组（12 次以内）较难经历冲突，而长期小组的组员产生冲突的概率更高。但小组的期限并非判断小组是否会产生冲突的充分条件，事实上，有些小组在第一次小组聚会时组员就会有摩擦和不快产生，冲突的产生与组员的特征、活动的内容等都可能相关。

（一）小组成员的特征

在小组冲突期，小组组员之间既表现出亲密、认同的一面，也表现出冲突竞争的一面。

1. 对小组具有较强的认同感

经过小组初期后，多数组员对于所参与的小组会产生比较明确的归属感和认同感，愿意与他人相处或沟通，也愿意在小组中表达自己的想法。组员之间的互动增多，感情交流加强，组员之间会产生较深层次的感受分享。

2. 冲突和攻击性行为

小组冲突期，一些组员希望更真实地表达自己不同的意见和分歧，有时也会对别人进行批评和指责。同时，随着自我意识和权力意识的增强，一些组员可能会通过权力竞争来争取自己在小组中的位置。为了竞争，有些组员可能会出现攻击性语言和行为。在这种情况下，有些组员可能因感受不到安全和满足，就会在这个阶段退出。此外，还有的组员会挑战社会工作者，对社会工作者的做法提出质疑，表现出不配合的态度。

（二）社会工作者的任务

社会工作者在小组冲突期的工作重点在于处理小组冲突。

1. 协调和处理冲突

在面对冲突时，社会工作者应该有包容、冷静和理性的态度。可以运用的具体措施有：一是帮助组员澄清冲突的本质，特别是澄清冲突背后的价值观差异；二是增进组员对自我的理解，如运用角色扮演的方法重现冲突情境，以增进自我了解和对他人处境的敏感度；三是重新调整小组规范和契约；四是协助组员面对和解决由冲突带来的紧张情绪和人际关系紧张；五是运用焦点回归法，把问题抛给组员自己解决。具体的方法包括：包容、冷静、理性、稳定、焦点回归等。如社会工作者在处理两个老年人因为没有得到第一名而相互指责的冲突时，在安抚双方情绪之余，主要利用了其他老年人的劝导来达到让老年人握手言和的目的。又如，在一个女性居多的小组中，因为制定了严苛的小组契约，导致组员们频繁触犯契约，女性成员相互包容彼此违规的行为；但到男性成员违规时，女性成员提出了惩罚措施，男性成员认为不公平，提出将所有违规成员都惩罚，否则不认可自己被惩罚的决定，由此组员之间产生了冲突。社会工作者采取了冷却的方法，等小组活动结束后，大家都冷静的情况下，让组员自己解决冲突，这是典型的焦点回归方法。又如，在留守儿童偏差行为矫治小组中，几个儿童联合嘲笑一个不善言辞的女孩，社会工作者会主动问他们在交流什么，邀请他们分享给其他组员听，从而打断他们的谈话，并同时运用小组规则和活动中的体会引导他们尊重其他组员。除此之外，社会工作者还可以邀请组员在冷静的前提下进行角色扮演，重现冲突情景，引发双方思考，帮助他们发现问题根源。

2. 保持组员对整体目标的意识

在冲突期组员之间的摩擦、争执、冲突常常会取代小组的整体目标。因此，社会工作者需要经常以各种方式提醒组员保持对小组目标的意识，使组员时刻注意小组目标或与小组目标一致的个人目标。

3. 适当控制小组的进程

在冲突期社会工作者需要适当控制小组的进程，引导组员以小组为中心进行互动，创造一个以小组为中心的环境，解决问题的情境，以期更好地实现小组目标。

（三）社会工作者的角色

在这一阶段，社会工作者在小组的权力和地位逐渐由中心位置向边缘位置转移，在处理冲突的过程中，社会工作者更多扮演协助者和引导者角色。

五、小组成熟期

当小组冲突顺利解决之后，小组达到了最高的结合和凝聚，其内外系统更趋于整合，小组成员的沟通基本达到理想状态，彼此之间的了解更深入，能进行深层次的理解和自我披露。

寻村苗族妇女赋权小组经历了多次小组组长的更换、成员的冲突后慢慢出现了团体的凝聚力，妇女们除了积极参加小组活动外，还开始关注村子里的环境卫生，首先制定了社区环境卫生清洁的排班表，自发为改善社区的脏乱环境而出一份力；其次为了美化文化活动室，妇女们利用闲暇时间做了许多刺绣作品挂到文化室；最后为了拉近与其他苗族村寨的关系，苗族妇女策划了一场声势浩大的联谊活动，包括文化知识竞赛、歌舞表演及游戏等多元化活动，妇女们扮演策划者、组织者、主持人、参与者等多种角色，得到了村干部、其他苗族村寨村民和大学生志愿者的好评。

（一）小组成员的特征

1. 信任与接纳

经历前一个阶段的内心冲突、挣扎和尝试，组员发现自己逐渐袒露了内心的真正自我之后，仍然能够被其他组员接受，即使意见不同也能受到欢迎，因而认识到小组的安全气氛和组员之间的真诚互动，认识到其他组员是可以被信任和接纳的，从而产生了信任感和接纳感。

2. 同理心与关怀的气氛

组员对他人的心情、感受很容易产生共鸣，组员之间能很好地倾听、真诚地同理，形成了开放和关爱的小组氛围。

3. 和谐一体感

组员感觉自己与小组是真正有关系的，从小组的边缘进入小组中心，认同自己是小组的一分子，甚至会对外人的批评、攻击奋起争辩，维护小组的利益。

4. 认同和承诺

小组成员不仅认同社会工作者，也认同整个小组，追求共同的目标和期望。有了认同之后，就会对小组承诺、奉献。组员必须愿意参与小组，才会有真正的行为改变，才会相信小组过程会使其受益，因而愿意为小组贡献力量，并为达成小组的目标而提供自己的资源、付出自己的努力。

（二）社会工作者的任务

小组成熟期社会工作者的工作重点在于社会情绪的维系与工作任务的完成两方面。

1. 协助组员进一步认识自己

在此阶段，因为开放、安全和关爱的小组氛围营造，组员更愿意深入探索自己、表露自己，社会工作者需要协助组员进一步认识自己，使其了解自己的问题和行为原因，帮助组员自我突破和自我发展。在一个留守妇女互助小组中，社会工作者设计了“我眼中的她”的活动，让小组成员围坐一圈，中间放一个凳子，小组成员轮流坐在凳子上，其他组员讲自己眼中的她是什么样子的，有哪些优点，帮助妇女们发现自己平时没能发现的闪光点，改变妇女对自己的认知，提升自信心。

2. 鼓励组员彼此尊重和关怀

在小组成熟期，社会工作者需适当地鼓励组员彼此支持、互帮互助，并向其他组员表达自己对他的关注和兴趣。彼此关怀和支持能令其他组员感到被接纳、被尊重、被关心，从而产生舒服和信任的感受。如一个农村独居老年人的互助小组中，社会工作者通过热身游戏“猜猜猜”、了解“身边的爱”、你问我答、“大转盘”等游戏活动，拉近组员之间的关系，让组员了解身边可利用的资源、拓展组员们的互助支持网络。

（三）社会工作者的技巧

1. 引导

包括忠告和咨商，是指导小组进程并使进程顺畅。不仅引导小组朝社会工作者所设计的方向去作建议和咨商，而且朝向小组发展的方向。

2. 支持

此时的小组发展依靠内在的角色分化、小组的规范服从、凝聚力来支持，同时以社会工作者外在的支持为条件，所以社会工作者需要促进组员之间的相互帮助。

3. 鼓励表达差异性

此时的小组同质性非常强，大部分组员会认同和同理其他组员的经历和感受，并且大部分组员不想去打破这种高认同感。此时，鼓励组员表达与其他人不一样的观点、需求和陈述就非常重要。

（四）社会工作者的角色

在维持阶段，社会工作者走向边缘的位置，扮演催化者的角色。例如，给组员提供全面的资讯，为组员争取部分资源，提供问题解决的可能方案，帮助组员消除困惑等。此时的小组是一个自我管理、自我决策、自我探索的小组，社会工作者需要具备的技巧主要是引导和支持的催化技巧。

六、小组结束期

当小组目标实现、任务达成时，或者约定的时间已到，任务没有实现时，小组面临着结束。

（一）小组成员的特征

1. 浓重的离别情绪

在分离的情景中，组员有积极和消极两种情绪反应，即“两极情感”，亦即肯定、有信心和否定失落。具体包括：一是正面的、积极的情绪。小组成员通过参与小组活动，增强了对自身的认识和了解，自我不断完善，组员的自我形象和社会功能有所提高，有能力去面对和支配自己的生活，也会热切期待在未来的生活中可以实践在小组中学到的东西，对自己的将来有一份美好的期待；二是负面的、消极的情绪。小组成员在面对小组结束时会担忧、失落、否认、逃避、行为倒退、对外面世界的担心等。尤其是在长期缺乏情感支持的农村“三留守”群体中，小组活动为留守老年人、留守妇女和留守儿童提供了相聚和交流的机会，帮助他们排忧解难、疏导情绪、缓解压力，促进他们之间建立良好的关系和进行情感交流，当小组面临结束时，分离情绪会更为明显，需要社会工作者做好情绪疏导和后期跟进服务。

2. 小组关系结构的弱化

小组后期，小组的影响力和小组规范的约束力都逐渐减弱，组员之间的联系也比较松散，互动频率和强度相对降低。同时，部分组员开始将部分精力向外界转移，为适应实际生活做准备。也有的成员因为害怕结束给自己带来伤感，会采取“自卫”行为，及早离组或对小组投入情感减少，从而降低由于小组分离对自身形成的伤害。

3. 社会工作者的任务

在小组结束期，社会工作者回归到中心位置，重新扮演初级角色，需要在该阶段完成固定的工作任务，工作重点在于处理组员的离别情绪，帮助组员保持在小组中获得的经验，见表 5-2。

表 5-2　“编织快乐生活”农村空巢老年人支持小组第七次小组活动

时长	目标	内容	备注
5 分钟	回顾上一次的活动内容，引出本次活动主题	社会工作者说明这是最后一次小组活动，然后开始本次活动	
30 分钟	活跃气氛，促进组员之间的交流与沟通	文艺表演。每位组员都可以走上前来表演自己最擅长的一项才艺，可以唱歌、拉二胡、画画等	音响等
15 分钟	对组员进行表扬与奖励，组员互赠小礼品	给予小组活动中表现优异的组员颁发小礼物。组员也可互赠自己亲手编织的小工艺品	小礼物
10 分钟	向组员宣布小组即将结束，处理离别情绪	回顾小组过程，说说在小组里的收获与感受，组员互送临别寄语。最后社会工作者鼓励老年人要在小组结束后也积极地参与村里的其他活动，度过一个愉快的晚年生活。最后社会工作者为大家拍照留念	UCLA 孤独感测试量表

从上述案例中可以看出，小组结束期的工作任务主要包括以下 7 个方面。

1. 处理离别情绪

社会工作者需要提前告知小组成员有关小组结束的信息，让组员提前做好结束的心理准备。社会工作者还需要与组员一起分享和处理自己和小组成员之间的离别情绪，帮助组员认识到离开小组进入现实生活的必要性和积极意义。

2. 协助组员整理学习成果

社会工作者需要协助小组成员梳理和总结从小组中学习到的经验和收获，包括小组各阶段的经验分享，学到了什么、小组的作用、组员的改变、各种学习和生活的技巧等。并对小组成员的收获和成果给予积极肯定，以增强组员对未来生活的信心。

3. 协助组员准备适应外界的情境

社会工作者带领组员讨论将来可能会遇到的各种事件和困难，引导组员释放对未来的担忧情绪，通过制订切实可行的计划，鼓励相互支持，增强组员面对未来生活和困难的信心和能力。

4. 处理未完成的工作

社会工作者需要对小组以前制订计划中没有实现或者还没有做的事情进行相应的处理，做好组员解释工作非常重要。

5. 回馈与祝福、提醒保密

社会工作者可通过角色扮演和成果展示的方法，帮助组员回忆自小组建立以来的重要事迹；或者重新介绍对方，以肯定或修改小组初期的印象，再表达肯定或修正的背景或经验，将小组各阶段的重要经验摘录下来进行分享。要求大家轮流发表数月或几周来的感言、对当初的感受和现在的印象进行对比，付出了什么、得到了什么、对未来的打算，等等，以及祝福的话。

6. 评估小组效能

社会工作者需要评估小组的效果和效率，评估小组目标达成情况、小组动力情况、小组成员对小组工作的满意和评价情况等。为了获得小组的量化资料，社会工作者应事先设计好评估量表，作为评估工具。评估量表的设计一定要针对本小组的目标和特性，不可随意抄袭他人的量表。如上述案例中，社会工作者采用 UCLA 孤独感测试量表对空巢老年人在小组结束时的孤独感进行测量，发现组员的孤独感量表的得分整体都有所降低。同时，通过组员对活动的满意度调查以及小组目标达成情况等评估，发现大部分组员对小组活动比较满意，只有个别组员觉得活动效果一般，没有预期的那样显著。可见，评估小组效果的方法可以采用定性和定量多种方法的结合。

7. 跟踪服务

跟踪服务的内容包括帮助小组成员链接资源、建立互助网络、提供转介的信息和服务，以巩固小组成员在小组中的收获和成果。在农村小组工作的具体实践中，跟踪服务是普遍被忽视的服务内容，这容易导致小组活动中取得的成效缺乏持久性，也无法具体帮助在实际生活中遇到困难的小组成员。

（二）社会工作者的角色

社会工作者重新恢复到初级的角色、中心的位置。因为此时，每个成员又变为一个个即将分离的独立个体，每个组员都有分离的感觉和失落感，社会工作者需要站在中心的位置来协助组员克服这些情绪困扰。

第三节　农村小组工作具体技巧

一、小组方案设计技巧

（一）方案设计前的工作

小组方案是在需求评估的前提下，围绕小组成员的问题和需要，在小组成立之前完成的服务计划。在进行小组方案设计之前，社会工作者需要完成以下准备工作。

1. 确定小组的目标

小组的目标是根据小组成员的问题和需要确定的。以留守妇女生态种植小组为例，其目标可以包括以下 3 个方面：一是通过传统作物的种植增加留守妇女的家庭收入；二是让留守妇女在小组活动的参与中提升生计发展的能力；三是使留守妇女在生态作物的种植中相互支持和帮助，建立起有效的互助互惠网络。

2. 明确小组的动力来源

小组动力是影响小组发展的所有因素和因素之间的交互关系，既包括小组成员的特征、社会工作者的领导风格、机构的目标等静态的因素，也包括小组的沟通和冲突、小组成员的互动、小组的不同发展阶段及其任务等动态的因素。社会工作者需要对影响小组发展的小组动力进行全面考量，如影响留守妇女生态养殖小组发展和目标实现的动力可能包括：留守妇女的意愿、年龄、对作物的了解、养殖的能力等；社会工作者与留守妇女之间的关系、动员宣传能力、带领技巧与风格、沟通技能、链接资源的能力等。

3. 明确小组方案的设计者

不是只有社会工作者才是活动方案的设计者，活动内容是社会工作者与小组成员互动的结果，应由社会工作者与小组成员一起来设计。让村民参与小组方案设计的方法有很多，如在社区调研、入户宣传、社区活动等过程中了解村民对什么样的小组活动感兴趣，希望组织什么样的小组活动。甚至在小组活动进程中，每一次活动结束时都可以就下一次活动征求小组成员的意见。如针对独居老年人开展的小组活动中，社会工作者征询老人们的意见才发现，老人们更愿意走出去参观和游玩，而不愿意一直在室内玩游戏和作分享。社会工作者支持老人们提出的新方案，活动取得了比预期更好的效果。

4. 了解成员的特征

社会工作者需根据组员的特性、情绪、智力、体力、参与的意愿、阶段性的偏好等进行方案内容的设计，制定适合小组成员参与的活动项目。不同特征的小组成员适合的小组活动不同，如留守儿童和困境儿童更喜欢通过游戏获得知识和技巧，留守妇女需要支持性和互助性的活动促进她们成长和发展，老年人更喜欢支持类活动等。

5. 收集与活动相关的资料

与活动主题相关的资料都需要收集，如游戏、方法、主持风格、相关的竞赛题目及知识等。

（二）活动方案内容

小组方案的结构如表 5-3 所示。

表 5-3　　小组方案内容框架

主要环节	内容和要求
小组名称	突出主题或理念，如“用希望点亮生活”困境儿童成长小组；“快乐驿站”留守妇女娱乐小组等
小组理论框架	理论框架作为宏观指导的思想，需要回应小组成员的问题和需求，需要诠释服务方案的设计思想和理念。适用于农村小组工作的理论主要有：优势视角、赋权理论、社会支持网络理论、需要理论、社会学习理论和小组动力理论等
活动目的与目标	目的是宏观的，目标是微观的可测量的，正面的目标陈述。如留守儿童阅读小组的目标为：①每位儿童每周至少完成两本绘本的阅读；②80%以上的儿童通过小组参与对阅读产生兴趣；③80%以上的儿童阅读能力得到提高，等等
成员	特征、年龄、教育背景、参与的人数等
小组特征	性质、类型、时间、规模、聚会的频率等
招募计划	宣传招募方式方法，如村干部或班主任推荐、入户走访、社区动员、广播媒体宣传、海报宣传等
具体活动安排	每次活动的过程、活动内容、目标、时间、地点、所需物资及注意事项等具体安排，可以以表格的形式，也可以以陈述的形式进行；活动内容设计需要与需求、目标和理念保持一致，要具有创新性。如变废为宝困境儿童小组通过指导困境儿童如何将废弃的塑料瓶、纸箱、纸盘、纽扣、卷芯纸等做成有用的宝物，让困境儿童看到自己的优势和能力
经费预算	所需人力成本、物资、交通及场地等费用
预期成果	小组活动能够达到什么效果，包括组员的心理、行为、态度等改变都包括在内
可能遇到的问题及解决的措施	小组成员的问题、社会工作者和机构的问题、其他问题等，如天气、场地、参与的时间及参与积极性等
评估方法	具体的评估方法、评估指标，需将评估问卷或量表等附在方案后

（三）设计方案的注意事项

（1）在进行方案设计之前，需要通过社区调研、入户走访、服务对象需求评估等全面了解和掌握服务对象的问题和需求，以便设计适合小组成员的服务内容。

（2）社会工作者必须先了解自己的能力、偏好和带领风格。设计自己有把握、熟悉的活动。为了达成小组目标，有新的活动进入，社会工作者应在带领之前自己演示一下。

（3）活动设计需连贯，一般设计的活动应按计划完成，否则就必须延至下一个阶段。

（4）准备备用活动方案。

（5）活动设计需保障小组成员的安全，避免伤害。

二、小组沟通与互动技巧

社会工作者需要在小组中运用技巧与小组成员进行良好互动和沟通，也需要引导小组成员之间进行良性互动与交流。因此，社会工作者的领导技巧就包括以下两部分。

（一）与组员沟通的技巧

1. 倾听

社会工作者运用听觉器官和视觉器官获得组员的语言和非语言信息的技巧，需要倾听小组成员表达出的经验、行为、感受和看法。在倾听时突出眼睛的使用，所谓“眼观六路，耳听八方”用在小组中就是强调眼睛和耳朵在倾听中同步使用的重要性，社会工作者在倾听的同时需要用眼睛去观察其他组员的行为和神情。

2. 反映

反映是一个连接点，在倾听的前提下，将成员所说的话和非语言信息表达出来，从而引导下一步的讨论。在小组中，社会工作者的反映具有 3 个层次。

（1）对某个组员的反映。如社会工作者："刚才小丽分享了她日常的生活安排，发现一个人既要照顾老年人和孩子，还要干农活，真不容易，生活压力比较大。"

（2）对两个或更多组员就某一个话题的反映。如社会工作者回应："前面几位妇女都讲到了在管教孩子上遇到的困难，孩子调皮不听话、不服管教、学习成绩差和经常在外打架等，让她们非常头痛。"

（3）对整个小组正在经历的事情和阶段的反映。如社会工作者对小组成员说："我们的小组成员已经基本认同了小组的目标，相互也认识熟悉了，小组有了开放、安全的分享氛围等。"

3. 澄清

在小组活动中，社会工作者需要定期澄清小组的目标、宗旨、活动内容及程序等，需要通过提问的方式帮助小组成员澄清表达模糊的话语，也需要帮助成员澄清彼此的误会和矛盾。

4. 总结

总结是一种归纳的方法。一般在小组结束前或一个主题结束时进行，将组员讨论的核心观点和感受等用简短精辟的语言准确地表达出来，起着强调和突出主题的作用。

5. 微型演讲

微型演讲是一种社会工作者为小组成员提供信息和知识的技巧。社会工作者经计划、准备之后用3~5分钟为组员提供所需知识和信息的表达。如为留守妇女提供妇女"四期"保健知识演讲，为留守老年人提供老年痴呆症的防治知识，为留守儿童提供某节日传统文化知识的演讲等。

6. 鼓励支持

社会工作者用温暖的话语、愉快的面部表情、开放和放松的姿态语言等来向组员传递理解、支持和关怀，并鼓励组员相互支持和互动。

7. 基调设定

社会工作者通过环境布置、语言说明或游戏的方式来设置和创造一种小组的情绪氛围。情绪氛围可以是严肃的、轻松的，也可以是安静的、热闹的，等等。

8. 自我流露

社会工作者将生活中一些管理很成功的问题和经历分享给组员，协助有此类似问题情境的组员共同讨论解决问题的方法和方案。如社会工作者向妇女们分享自己亲子互动的经验，告诉妇女们倾听、尊重孩子的想法和长期陪伴对建立良好亲子关系的重要性。

（二）促进组员沟通的技巧

1. 提醒组员相互倾听

社会工作者需要用语言或肢体语言告诉组员倾听他人的重要性，要求其他组员发言时保持安静，及时提醒组员相互倾听和回应。

2. 鼓励组员相互表达和回馈

社会工作者可以通过示范、联结及融合等技术鼓励组员积极表达自己的感受。如社会工作者说："小芳，刚刚小丽在发言时你一直在点头微笑，你是不是很认同她的想法？"以此引导组员分享自己的看法和感受。

3. 帮助组员相互理解

在沟通时，社会工作者要密切注意和观察组员的声调、语言、表情、态度和姿态等细微之处，帮助组员沟通和理解信息不一致和不明白的地方。

三、小组讨论与分享的技巧

1. 提问

提问是小组讨论和分享时常用的技巧之一，社会工作者通过提问来获得更多的信息，帮助小组成员讲故事。提问的方法包括：封闭式的提问、深究回答型的提问、重新定向型的提问、反馈和阐述型的提问，社会工作者可以根据不同的情境和时机运用不同的提问方法。

2. 摘要

社会工作者简明回顾小组工作过程中组员们讨论过的核心问题和重点。在小组讨论和分享时，组员们常常是一心一意地聆听细节、分享感受，而忽视了对整个事件的洞察，社会工作者将组员们讨论和分享的重点内容摘述出来，以达到突出重点的作用。如社会工作者说："一个半小时过去了，我们讨论了很多主题。让我们一起回顾看看，我们讨论了家庭对我们妇女的影响；讨论了照顾年迈老年人的压力；讨论了管教孩子方面的困惑；讨论了妇女参与社区的困难……"摘要除了在小组工作过程中使用外，还可以在小组开始阶段帮助组员回忆小组以前发生的事情。

3. 设限

社会工作者对讨论和分享的主题进行限定，让小组成员的互动不偏离目标和主题。限定的内容包括发言的时间、主题、方式等多个层面。

4. 联结

联结是指社会工作者把组员之间的共同点提炼出来的方法，强调组员之间的相似性，将组员尽可能地联结在一起，能够增进组员之间的沟通，增强小组的凝聚力。

5. 分类化

分类化是指社会工作者打散小组成员的问题或关心的事情，使之不至于太复杂，将问题分解为比较容易处理的单位。

6. 面质

社会工作者出于助人的目的，在适当的情形下，对组员言行的不一致，内在冲突的外在表现，对组员试图逃避的事情等作出挑战，带领组员或整个小组对组员的软弱、盲点、内心矛盾和冲突作直接的接触。面质的形式包括：对质和挑战小组，如小组很热闹但没有效率，小组不愿意作决定，小组挑战社会工作者权威，有组员成为替罪羔羊，小组没能力作决定或解决问题等；挑战个人，包括个人矛盾的言语和非言语，被扭曲的事实，阻抗行为等。

7. 示范

在小组讨论和分享环节，社会工作者的以身示范是引导组员模仿表达自己看法和感受的重要前提。如一次活动结束后，社会工作者带领组员作分享，先从其自身开始作分享："刚刚的活动中，我感觉大家玩得很开心，投入感很强，看到你们能够合力完成任务，我觉得虽然辛苦但很有成就感，你们觉得呢?”由此示范引导每个组员分享自己的感受和想法。

8. 真诚

在小组讨论和分享过程中，社会工作者或者组员可能因为害怕冲突或者负面的影响而给予面具化防卫的有所保留的回应。因此，社会工作者需要营造一个开放而真诚的分享氛围，鼓励组员用一致性的态度分享自己真实的想法和感受。社会工作者也需要有勇气去面质成员心口不一的表达和分享。如社会工作者说：“小丽，你刚才说这个游戏很无聊很浪费时间，但是刚刚玩游戏的时候我观察你玩得挺开心的，我想知道你真实的想法是什么。”

9. 具体

在讨论和分享过程中，社会工作者需引导组员用清楚的、详尽的、明确的方式来作反应，只有清楚的、明确的语言才能让社会工作者和其他组员更精确地了解其真实的内心世界。具体的语言表达一方面要求社会工作者协助组员澄清用词，如社会工作者说：“小王，刚刚你一直在说‘我们’很生气，到底是‘我们’还是‘我’很生气你能分辨得清楚吗?”另一方面要求社会工作者在内容上逐层引导组员分享，如先引导组员发表对活动内容和过程的看法，然后再引导组员表达自己的感受，最后让组员说说自己通过活动获得的收获是什么，等等。

四、小组评估技巧

（一）小组评估的类型

在农村小组工作中，常用的小组评估类型包括：需求评估、过程评估和结果评估。

1. 需求评估

围绕小组成员的问题和需要开展的评估类型。一般在小组筹备期和小组方案设计之前完成，是小组方案设计和小组活动开展的重要基础。

2. 过程评估

又称形成性评估，是对小组的整个过程进行评估。评估的内容包括：组员的表现、社会工作者的表现和技巧等。过程评估不仅能发现小组中组员的变化情况、社会工作者的表现情况、影响小组变化的因素等，还能帮助社会工作者总结经验，提高工作水平和质量。

3. 结果评估

小组结束后通过收集组员对小组内容、工作方法、社会工作者表现等方面的评价，以监测小组是否完成了其预定目标的评估。

（二）小组评估方法

虽然说用于小组评估的方法有很多，如实验设计、个案设计、定量研究、定性研究等，但在农村开展小组工作，需要根据不同的小组类型、小组目标、小组成员特征和评估类型等采用不同的评估方法。如在一个“耀・成长”的留守儿童人际交往小组中，社会工作者在过程评估中，主要采用了社会工作者自评、观察人员评估和组员自评相结合的方法进行，其中社会工作者自评采用自我评估表完成，观察人员的评估采用全程实地观察记录，组员自评则采取服务对象团体满意度自我评估表进行评估。在每次小组活动结束后，社会工作者通过组员满意度量表来测量活动效果。在小组结果评估中，社会工作者会通过观看每次小组聚会记录、观察人员的评价、检查组员的作业完成情况、与组员面谈、与组员的同伴同学面谈、在日常生活中对组员进行观察等多元化的方法进行效果评估。

第四节　农村小组工作需要注意的事项

一、发挥小组成员的自主性

在小组工作过程中，决定小组目标和小组成员的个人目标能否实现的关键因素并非社会工作者的能力和经验，而是小组成员的自主性发挥情况。自主性是行为主体按照自己的意愿行事的动机 、能力和特性，是行为主体自我认识、自我选择、自我决策、自我发展的意识和能力。在小组工作中，无论是“助人自助”的服务宗旨，还是小组工作的价值观，都突出强调了尊重组员的权利和能力，增强组员的意识和潜能，充分发挥小组成员自主性的重要意义。小组成员的自主性不仅体现在小组过程中，始终坚持组员自决和自治的原则，也是尊重组员的知情权、选择权和参与权；在小组方案设计时，充分了解小组成员的真实需求，并让小组成员参与小组计划的设计；在小组初期，确保组员对小组的目标、内容、性质和过程等知情同意；在小组活动中，小组成员有权对是否参与、怎么参与、参与多少等作出选择和决策，当小组活动给组员带来不适时，小组成员有权选择不参与或退出；在小组发展的不同阶段，小组成员的自主意识和能力能逐渐得到提升，并最终拥有实现小组目标和个人目标的权能，成为小组发展的主导者和决策者。

在农村小组工作的服务对象多是留守儿童、困境儿童、留守青少年、留守妇女、留守老年人等农村特殊人群，与外出打工的青壮年和城市居民相比，长期被照顾的角色让他们无论是在资源和权利分配上，还是家庭和社区事务的决策上都处于不利的位置，在生活方式和未来发展路径上都缺乏自我选择、自我决策的意识和能力。可见，在农村小组工作中，尊重小组成员的自主性尤为重要。云南省寻村苗族妇女受教育程度低、文盲率高，受教育机会经常会因为经济状况和传统重男轻女观念而被剥夺，缺乏家庭经济支配权和家庭事务的决策权，在社区公共事务中缺乏参与的机会和能力。苗族妇女的贫困不只体现在物质匮乏方面，更体现在权利、资本、社会支持网络等权利和文化贫困上。最关键的是，大部分妇女并没有觉察到自己与男性相比处于更贫困和更脆弱的状态，她们习惯了家庭依附者和社区沉默者的角色，对自己的地位持默认、顺从、无所谓或无奈的态度，她们缺乏自我决策、自我发展的基本意识和能力。针对苗族妇女存在的上述问题，社会工作者采用了赋权理论，从文化学习和竞赛、法律知识的学习与宣传、家庭角色探讨和社区事务参与等多个层面开展小组活动，以提升妇女的自主性，改变妇女的地位。

在农村小组工作中，提升小组成员的自主性主要可从以下 3 个方面入手。

1. 变被动参与为主动参与

小组活动刚开始时，小组成员多是因为社会工作者的外在身份，如大学生、老师、专家等影响或者出于维护社会工作者和社区面子与自尊的目的被动参与小组活动的，他们对小组的目标、内容和做法缺乏基本了解，对在小组中将要发生的事情一无所知，对小组的发展变化也漠不关心，他们不会将小组视为“我们”的小组，对小组缺乏认同感和归属感。小组成员的被动参与不利于小组的健康发展和目标的实现。社会工作者需要通过持续性的鼓励和引导来改变小组成员的参与动机，如增加小组成员在活动策划中的参与度，将小组活动的主持和组织工作逐渐移交给小组成员，让小组成员来讨论小组的发展目标和方向，小组成员的召集、小组活动的分享、小组契约的制定、小组利益的分配等都由小组成员协商决定，社会工作者只在其中发挥协调者、支持者和鼓励者角色即可。

2. 促进小组成员意识觉醒

要改变小组成员自主性缺乏的关键在于推动他们的意识觉醒，即改变传统的僵化的低自我认知，促进自我意识的重整。意识觉醒方法包括阅读、小组讨论、经验分享、观看影片等。在苗族妇女小组中，社会工作者促进苗族妇女意识觉醒的方法主要是文化教育、家庭两性关系讨论、法律知识的宣传和培训，文化教育增强了妇女的识字算术能力，提升了妇女学习和自我反思的能力。家庭关系讨论让妇女逐渐认识到两性关系的不平等和妇女在家庭中地位低下的原因，法律知识和健康知识的宣传培训提升了妇女的自我保护能力，宣传了男女平等的观念。

3. 倡导环境的改变

改变家庭、社区、社会、文化、政策、制度等不同环境对小组成员自主性发挥的不利影响，为小组成员自主性发挥营造一种包容、理解、友善的环境，是提升小组成员自主性的重要保障。如苗族妇女赋权小组中，社会工作者通过邀请男性村民观摩小组活动和定期入户探访来获得男性村民对妇女小组的支持，通过鼓励妇女在社区事务中发声逐渐改变妇女社区地位低的现实，通过链接当地医疗资源、志愿者资源为妇女提供服务，改变妇女的传统观念，增强妇女的能力。

二、以村民和社区的实际需要为导向

回应服务对象的真实需要和问题是社会工作者介入的焦点和策略。作为回应集体需要的小组工作方法而言，不仅需要在小组目标中包容个人的需要，也需要促进集体参与社区发展和治理，以回应社区的需要。

在农村社区中，不同村民面临着不同的问题和需要，如留守儿童面临的主要需要是情感和心理支持的需要、改善学习方法和学业成绩的需要、改变行为偏差的需要、改善亲子关系和沟通的需要等；困境儿童的需要主要集中在基本生存保障的需要、医疗康复的需要、安置服务的需要以及生存权、健康权、受教育权等权益维护的需要等方面；留守妇女的需要体现在生计发展、情绪疏导和压力缓解、安全生活环境维护等方面的需要；留守老年人的需要包括经济收入、医疗保障、生活照料、精神文化生活的满足等层面。在开展小组工作时，了解不同群体的需要，并根据不同群体的实际需要来设计小组活动，是小组工作的基本策略和原则，也是保障村民共同目标和利益得到实现的必要条件。

社会工作者需要通过深入的、持续性的需求评估来了解村民和社区的实际需要。需求评估可以采用定量研究和定性研究相结合的方法进行，相对而言，在农村开展入户走访、结构式访谈、个案访谈等方式更适用。持续性的需求评估是指对村民需求的了解不仅限于小组计划设计阶段，还应该在小组发展过程中有意识地收集需求信息，以便及时根据村民需要的改变调整服务方案。

三、尊重本土文化

本土文化是传统文化、民族文化、地方文化等多种文化的融合形式，是本土独创的文化形式，具有独特性、民族性与纯粹性。具体而言，本土文化既包括传统的思想观念、风俗习惯、节日庆典、宗教信仰，也包括少数民族的文化和地方性知识。在农村社会工作中，尊重少数民族文化、社区文化和地方性知识是推动社会工作服务本土化的重要基础，也是塑造村民社区归属感和凝聚力的根本所在。

广东绿耕城乡互助社在湖南省通道侗族自治县洞雷村开展的“三区计划”社会工作服务项目将侗族文化保育作为社会工作服务的重要内容，通过侗族文化博物馆建设、文化记录小组活动、侗歌侗戏放映会、传统节日庆典活动等方式挖掘、记录和保存侗族文化。通过鼓励留守青少年和老年人参与文化记录、博物馆管理、博物馆解说等工作，来推动族群文化的保存和传承。

在农村小组工作中，尊重本土文化体现在下述 3 个方面：一是通过田野调查、社区走访、参与式观察等方法全面了解本土文化要素及其表现形式；二是小组活动设计不能脱离本土文化，尤其是不能破坏族群文化、地方性知识、社区文化等本土文化元素；三是应将本土文化的保存和传承纳入小组工作目标和内容设计中，以提升小组成员对小组和社区的认同感和归属感。

四、联动内外在资源

依据生态系统理论，个体的成长和发展受到一系列环境系统的影响，家庭、同伴、亲戚朋友、学校、社区、医院、工作单位、社会制度和政策、文化等环境系统在人的成长中扮演着或轻或重的角色。社会工作者在服务过程中，不仅要挖掘个体和集体的权能和优势，还需要链接外在环境的资源，通过联动内外在资源为服务对象提供系统的服务。具体到农村小组工作中，在推动小组发展和目标实现的过程中，一方面要调动小组成员的积极性和能动性，挖掘小组成员的潜能；另一方面还需要催化小组成员之间的互助合作，帮助组员建立起互助支持网络。除此之外，还需要链接小组成员家庭、亲属网络、同伴群体、社区文化、志愿者、社会和市场等环境的物质、人力、资金和场地等资源的支持。以留守儿童安全教育小组为例，除小组工作者为安全教育小组提供持续性的支持外，还可以链接志愿者资源，如大学生、交警、消防员、家长、老师等为留守儿童提供交通、防溺水、防触电、防野生动物叮咬、防灾减灾等安全知识培训；可以与企业合作开发农村儿童安全教育绘本、游戏道具和产品；还可以与当地学校联合设计安全教育主题课程和开展安全教育知识竞赛；而为留守儿童进行安全教育所需的经费、物资、场地等资源可以向社会工作机构、社区、企业和社会大众募集获得。通过链接多方资源为留守儿童安全教育提供支持，以保障留守儿童获得全面的安全知识和自我保护的技能，增强留守儿童的安全意识。

五、处理不同的关系

在苗族妇女赋权小组活动的开展过程中，社会工作者曾遭遇多层关系给小组发展带来的障碍，如夫妻关系中丈夫不同意妻子参加小组活动，经常以各种理由阻止妇女参与小组活动；妇女之间的关系因为个体赋权结果的差异性带来了群体内的排斥和关系疏离；社区权利关系中男性占据主导位置，妇女获得社区参与的机会非常困难；苗族与外界的关系处于被歧视、被忽视的位置等，社会工作者不仅要运用冲突解决技巧来细致地处理妇女之间因为情绪和资源争夺所产生的冲突，改善妇女之间的关系；还需要通过不断地入户走访向男性村民澄清妇女小组的服务内容、目标、过程等信息，适时解决夫妻之间的矛盾，以获得男性村民对妇女小组的支持；更需要不断鼓励和引导妇女参与社区教育和社区活动，如文化夜校学习、公共设施建设、社区卫生维护、社区基金发展小组等，鼓励妇女在社区事务中发声和作决策，逐渐改变妇女在社区的地位，让社区看到妇女的潜能和对社区作出的贡献；妇女在小组中赋权的过程获得了与外界交往的沟通技能，逐渐改变了苗族妇女在族群眼中的形象。

从上述案例中可以看出，农村小组工作的开展需要妥善处理多种关系，包括：小组中小组成员之间的关系、社会工作者与小组成员之间的关系；小组成员与家庭成员之间的关系、组员与社区的关系、组员与社会的关系等。社会工作者需要运用沟通和互动、冲突解决、社区宣传与教育、入户走访、环境改善、政策倡导等多种技巧来处理不同的关系和矛盾。

六、注重细节

在农村开展小组工作时，社会工作者还会遇到许多细节问题需要处理，如小组活动时间与农忙时间冲突了怎么办？如何在小组中处理性别冲突？如何克服语言问题？如何针对不同年龄层的群体设计合适的小组活动？怎么称呼小组中不同的成员？等等。针对这些问题，社会工作者需要具体问题具体分析，尤其是需要结合现实情境灵活运用解决办法。

第一，遇到时间冲突的问题，以村民农忙为重，可以在与村民协商的基础上，将小组活动放在晚上进行，也可以集中在农闲的时间进行。

第二，关于性别冲突问题，需要从性别敏感性的视角入手，在社会工作者和协同领导者的安排上下功夫。一般而言，如果是女性为主的小组，最好是由女性社会工作者与协同社会工作者来带领。如果女性小组所处理的问题涉及两性关系，则由男性来当领导者或男女各一位领导者较好。单一性别的小组最好由同性别的领导者带领，混合性别的小组，则最好由异性两个领导者来带领。

第三，关于语言问题，语言是沟通的媒介，语言不通将很难传递信息和开展服务。因此，需要社会工作者想方设法解决语言障碍问题，方法包括：学习地方语言包括方言或者少数民族语言、通过放慢语速或者重复表达的方式让组员接收信息、请翻译帮助双方沟通。

第四，关于年龄与活动设计问题，由于社会工作者年龄结构年轻化的特征，很多社会工作者缺乏对农村已婚妇女、中年人及老年人等经验的认识，造成社会工作者难以体会这些年龄层的群体在情绪方面所面对的生理、心理和社会困难，不了解他们所处的历史社会环境历程和早年经验，难以准确地分析他们面对问题的社会心理反应，忽略这些年龄层的群体人生经验和其应付困难的方法，以及他们的潜能，从而导致小组活动设计偏离他们的需要。解决这一困境的方法有三：一是深入的入户调查和需求评估，掌握不同群体的真实需要，以需求为导向设计活动；二是模拟活动体会不同年龄层的个体和群体的经验，如老年人的生理老化给老年人带来的影响就可以通过模拟来体验；三是通过查阅报纸、杂志、期刊等收集历史事件、生活环境特色、风俗习惯、早期流行文化、音乐、运动、舞蹈和社交方式等，以间接了解不同年龄阶段的生活经历。

第五，关于称呼问题，社会工作者应遵循地方称呼习惯和文化特色来称呼组员，如在苗族赋权小组中，社会工作者一般称呼妇女为“王姐”“罗姨”等。

总体而言，在农村开展小组工作不仅需要发挥小组成员的自主性，以村民和社区的实际需要为导向，尊重地方性知识和本土文化、链接多方资源、妥善处理各种复杂的关系，还需要社会工作者关注影响小组发展和目标实现的各种细节问题，做到从整体出发，注重细节。

第六章　农村社区工作

第一节　农村社区工作概述

一、农村社区

农村社区指聚居在一定地域范围内的农村居民所组成的、具有内在互动关系与文化维系力的地域性共同体。我国的农村社区与行政村对应，一个行政村通常包括若干村民小组，村民小组又通常以自然村落为特征。

改革开放后，农村社区呈现出一些新的特征与功能。第一，社区结构系统由封闭化趋于开放化。市场经济的大潮冲击着千百年来形成的以血缘为纽带、小农经济为根基的社会关系，传统封闭的乡村社会向现代社会转变，田园农耕式村落社区的结构开始分化。在经济快速发展的农村，随着产业结构日益复杂，农村社区结构也在转型。第二，劳动人口群体由同质化趋向异质化。家庭联产承包经营体制带来了农村社区劳动组织方式、农民生产资料占有形式、劳动产品分配方式以及社区村民思想观念、文化素质、家庭功能以及产业结构的大变化。农民群体开始分化，出现了多样化的职业类型。众多农民成为相对自由的、不必固守土地的社会流动群体，从而改变了原先僵化的社会关系结构，乡村社会具有了多元性、复杂性的特质。第三，社区经济活动由简单化趋于复杂化。农村改革一方面导致农村社区生产力的大发展；另一方面致使农村社区人口摆脱了千百年来对土地的依附关系，农业劳动力获得了空前的解放，具体表现为农业剩余劳动力的大量涌现。相对自由的劳动力要素流动，加快了农民向城乡第二、第三产业的转移。第四，村民自治组织在农村社区治理中的地位与作用日益凸显。村民委员会是村民自我管理、自我教育、自我服务的基层群众性自治组织，承担着以下职责：办理本村的公共事务和公益事业，调解民间纠纷，协调维护社会治安，向人民政府反映村民的意见、要求和提出建议。

二、农村社区工作

农村经济社会的变化，也给农村社会带来了一系列新问题，如留守群体问题、突发重大公共危机处理问题、老年人农业问题，等等，这些问题给农村社区工作带来严峻挑战，也带来新的发展机遇。2020 年 10 月党的十九届五中全会明确提出了“社会治理特别是基层治理水平明显提高”的“十四五”经济社会发展目标，给农村社区工作提供了政策依据。

农村社区工作是社会工作者遵照社会工作价值观，运用社会工作专业方法，以农村社区为平台，以统筹社区照顾、扩大社区参与、促进社区融合与社区发展、参与社区矫正、社区戒毒和社区康复等为主要任务的专业活动。农村社区工作的服务对象与范围是社区村民和整个农村社区。

第二节　农村社区工作过程

一、准备阶段

准备阶段旨在通过收集和分析农村社区资料，了解社区基本情况和服务需求；确定社区工作的主要任务和行动方案；制定介入策略和工作方法；做好人员、资金、支持体系等各方面的准备工作，包括心理方面的准备工作。在社会认同度低、干群关系紧张的社区，社会工作者要充分考虑到工作的难度和可能出现的冲突，做好充分的心理准备。

二、执行阶段

农村社区工作的执行要求以社区村民为基本力量，发掘一切可以利用的社区资源，培养社区骨干，发动村民参与。

执行阶段开展的主要工作如下：

（一）召开村民会议

召开村民会议是农村一直以来经常使用的发动村民、传递信息的传统方式，亦是农村社区工作经常使用的有效方法。社区工作与每个村民息息相关。通过召开村民议事会、院坝会议、红白理事会等，了解村民需求、动员村庄力量；通过召开会议，鼓励社区村民参与沟通，就社区问题达成共识，并共同努力解决问题。

（二）宣传动员

为了使村民了解社区工作及其意义，鼓励他们积极参与，社会工作者应充分利用社区资源，如社区中的海报栏、黑板、宣传栏、公告栏等开展宣传；还可以通过入户探访、发放宣传单、开展文艺活动等方式动员村民；村民 QQ 群、微信群和微信公众号等媒体形式，都是可能和可行的宣传方式，社会工作者应该充分利用多种形式进行宣传动员，扩大影响。

（三）建立关系

社会工作者通过多种途径与农村社区建立关系，如社会工作者通过发掘和培养社区骨干以带领社区行动；社会工作者与社区内各机构、社会组织共同组建社区工作的理事会、委员会、工作小组等组织来开展社区服务。

（四）筹集资金

社会工作者要注意多方面筹措资金，争取政府部门和其他社会组织、基金会等的支持，精心编制预算，以防资金出现问题而阻碍社区工作的开展。

（五）协调沟通

社会工作者作为村民之间、社会组织之间协同合作的中间桥梁，通过传递信息、交流意见，协助明确分工，提供支持，以减少村民之间、组织之间的矛盾和冲突，争取用最少的资源投入来获取最大的工作成效。

三、巩固阶段

巩固阶段的行动方针是成立或巩固农村社区社会组织，让社区工作系统化。社会工作者要积极推动建立和培育具有代表性的社区社会组织，让村民通过组织的形式参与社区工作，如帮助社区社会组织建立内部合理的运作程序，分享组织内村民的经验和技术，协助他们建立稳固的资源支持体系。

四、工作评估

一是农村社区工作从准备阶段开始，就要进行需求评估；二是在项目与服务计划启动之后要开展过程评估；三是项目接近尾声、社会工作者准备撤离社区时，要对工作成效进行结果评估，并反思整个工作过程，为社区下一阶段的发展提出对策建议，协助社区确定未来的工作方向；四是工作结束以后，为社区的持续发展，还应尽可能地定期进行跟踪评估。

第三节　农村社区工作常用技巧

一、认识农村社区“三部曲”

社会工作者融入社区并与村民和谐相处，是开展农村社区社会工作的基础和前提。农村社会工作者应进入村民的生活世界，在深入理解其日常生活的基础上，评估村民需求，并与村民一起共同制订社区发展计划，提高社区福利和服务水平。因此，社会工作者认识农村社区的过程也是其融入社区的过程。

（一）了解社区背景

了解社区背景是进入农村社区的前提，主要通过收集文献资料和进行实地调查来展开。

从文献资料收集来看，主要包括社区的基本资料和社区内资源的相关资料。社区的基本资料包括社区的外部环境、地理位置、人口数量、村民年龄结构和性别构成、村民的文化程度与职业构成、村民的生活水平、生活方式和人际关系等。社区内资源的相关资料包括社区内的各项基础设施状况，如教育设施、医疗卫生设施、休闲娱乐设施，以及社区软实力情况，如地方性政策法规、地方风俗、村规民约。

从实地调查来看，要想深入了解农村社区，社会工作者必须深入社区村民的生活场所，采用观察法、访谈法、问卷法等多种方法现场调查了解社区，与社区村民直接接触，熟悉乡土人情，聆听社区村民的声音和生活故事，建立初步关系。

（二）展开社区分析

社区分析就是在了解社区基本情况、社区相关资源以及村民日常生活之后，对社区存在的问题进行专业性评估，分析社区需要，找出社区发展的动力与资源。社区分析包括社区体系分析和社区互动分析。

从社区体系分析来看，社区村民生活的自然环境、社区人口状况、社区组织及社区文化等构成了社区体系。社区体系在一定程度上影响着社区村民的思想观念及生活方式，通过对社区体系的分析可以更好地了解社区村民的生活状况，有利于发现社区中存在的问题，同时也有利于挖掘其潜在的资源。

从社区互动分析来看，社区互动方式主要有社区村民的合作、竞争、冲突、强制和顺应等，村民的互动产生了村民关系，对村民关系的把握有利于社会工作者更有效地利用村民力量。同时，村民的互动导致社区的整合和分化，进行社区互动分析有助于社会工作者对社区运行的发展有一个比较清晰的认识。

（三）预估社区问题和需求

在社会工作者了解社区背景并展开社区分析之后，可以初步发现社区存在的问题并预估社区的需求，进而探索社会工作者的工作方向。

社区问题主要包括两个方面：一是社区内的问题，包括社区村民自身遭遇的困难，如残疾村民的日常生活、“三留守”群体的生活学业需求；二是村民和社区机构认为社区存在的问题，比如社区治安不好、交通不便、人居环境差等。

社会工作者在了解社区存在问题的基础上，初步评估社区需求，确定社区工作的任务和目标。

二、开展社区服务的三个切入点

农村社区是一个熟人社会，对于外来者比较敏感和容易质疑，社会工作者初入农村社区，常常被当作“传销者”或者政府“代言人”而被拒之门外。因此，社会工作者需要通过具体行动切入，解决各种村民面临的实际问题，使自己在村民眼中从“外人”变成“自己人”。

（一）从社区一般问题入手

社会工作者前期查阅资料和调研评估，初步了解当地村民的人居环境、文化生活、人际关系，可以通过有针对性地解决社区现实问题开展社区服务。如某村庄由于历史原因干群关系紧张，导致社区人居环境问题成为一个“老大难”问题。之前基层政府和村“两委”想尽办法，但是村民们就是不配合。社会工作者进入社区以后，从改善各自家庭和周边环境卫生入手，社会工作者组织儿童爱护环境志愿服务队，由社会工作者和儿童志愿服务队成员一起走入村民家中，带动村民家庭一起关心村庄人居环境问题，进而通过各个家庭延伸到整个社区，就这样，社会工作者从社区普遍存在的人居环境卫生问题入手逐步开展社区宣传教育。又如，留守儿童课业辅导困难、家庭教育缺失问题在农村社区较为普遍，社会工作者可以在社会工作站开办“四点半课堂”、节假日素质教育小组、夏令营、冬令营等，对社区儿童开展课业辅导、素质拓展，在解决留守家庭后顾之忧的基础上逐步取得村民信任。再如，农村社区居民精神文化生活普遍欠缺，社会工作者可以根据社区的文化传统和特色，定期开展社区文艺晚会、村史展览；村民在农业生产方面缺乏技术指导、相互协作困难，社会工作者可以组织技术培训、组建农民专业合作社，等等。以上均是农村社区普遍存在的问题，社会工作者可以先后或者同时有针对性地开展各种活动，为后续深层次介入奠定基础。

（二）从社区特殊事件入手

农村自然灾害频发，村民应对各种突发事件，如疫情、工伤、车祸、重大疾病等的能力脆弱。社会工作者进入农村社区，需要重点关注这些突发事件和遭遇困境的特殊群体，以解决这些问题为目标，获得村民的接纳与信任。通常的做法有：当自然灾害或者各种疫情发生之际，社会工作者作为服务的提供者和资源链接者，要给受灾村民提供物质帮助、劳务服务和政策信息，链接相关资源，缓解灾害疫情对村民的影响；同时作为支持者，社会工作者面对求助者不但要提供直接服务或帮助，也要开展心理支持服务，帮助村民重获生活的勇气和信心，鼓励、支持受灾村民在可能的情况下自强自立，克服困难，自我决策，实现助人自助。当村民因病因祸去世，社会工作者首先要对家属进行哀伤辅导，稳定他们的情绪，同时了解他们的困难和需求，并给予相应的支持和帮助。

（三）从策划倡导方面入手

社会工作者可以作为一个联系人、协调者来沟通社区村民与政府之间的信息，同时与村民共同策划、采取行动为社区争取更多的资源。如改善交通、发展产业等，社会工作者可以联系政府部门表达村民心声，为村庄发展申请经费、争取资源支持。

三、建立专业关系三步骤

专业关系是社会工作者与服务对象之间的一种职业关系。社会工作者进入农村社区以后，在工作过程中为了解决村民特定问题、达成特定目标，必须与村民积极合作，建立专业关系，以便共同努力，实现工作目标。值得注意的是，农村社会有其内部的关系和结构体系，为了与村民建立良好的专业关系，作为“外人”的社会工作者初到社区，如果没有经历村庄权威、精英认识的推介而擅自接触村民个体，常常会受到“熟人社会”中村民们的质疑。因此，社会工作者进入村庄以后建立关系通常的步骤是：首先要寻找社区组织；其次通过组织找到社区有话语权的关键人物；最后通过组织和关键人物找到村民。

（一）与社区组织建立关系

农村社区组织包括村民委员会、红白理事会、老年协会等，是开展农村社区工作的重要资源。社会工作者进入社区后，要与村“两委”成员取得联系，充分沟通，了解村庄发展情况和村民要求，同时摸清农村社区社会组织的家底。在摸清家底后，社会工作者可以协助社区组织策划相关的活动，扩大社区组织的影响力和号召力；同时借社区组织在村民面前亮相之机，以便熟悉村民、获得信任。

（二）与社区重要人物建立关系

村干部、宗族元老、退役军人、乡贤等重要人物通常被称为村庄的“明白人”，是农村社区的资源控制者、信息拥有者和权威人士。农村社会工作者通过社区组织认识这些社区重要人员，积极主动接触他们，与他们建立关系，取得支持，争取吸纳村庄“明白人”参与社区工作。社会工作者可以邀请这些人员出席社会工作者组织的联谊会等各种活动，让他们了解自己的工作，争取他们的信任和支持，以便社会工作者更快地适应农村社区。

（三）与社区村民建立关系

社区村民既是农村社区工作的主要服务对象，也是开展社区工作的主要力量。社会工作者与社区村民建立良好关系是社区工作开展的关键因素，通过上述社区组织、社区重要人物了解社区村民情况，只是与村民建立关系的第一步。社会工作者可以通过下列方法与社区村民建立关系。

第一，参与观察，探访社区。农村社会工作者的一项重要工作就是用自己的脚丈量社区的每一片土地，俗称“混个脸熟”。在遍访社区的每一个角落的同时，可以与村民进行一般性交谈。具体而言，进村后社会工作者要走村串户，深入田间地头、商店庙会等村民聚集的场所，去观察和记录各种常规和突发性事件，并选择恰当的对象和时机与村民进行接触，从村民感兴趣的话题入手进行交流，这样能够迅速拉近双方的关系，消除彼此的距离感，建立互相信任的关系。

第二，入户访谈，了解村民需求。入户访谈是与村民建立关系最常使用的方法。通过入户，社会工作者能够深入体察村民的日常生活和困难需求，密切接触村民，与之交朋友，这些都是与村民建立信任关系的基础。

第三，使用通信和媒体工具，拓展交流渠道。村民可能会因为没有时间或其他因素，不能与社会工作者面对面进行交流，社会工作者不妨采用电话访问方式来了解和关心村民；与村民有了初步认识后，还可以主动索要村民微信号、QQ 号，多渠道关心村民、询问村民困难是否解决以及近况如何。在社会工作者与村民进一步熟悉以后，还可以加入或者协助建立村民微信群和 QQ 群，与村民打成一片，及时了解社区情况。

第四，问卷调查，掌握全局。经过上述步骤，社会工作者对社区有了进一步的认识，可以对村民进行结构性访谈，用问卷调查的方式与村民进行交流和联系，整体了解村民共同关注的社区核心问题，以增强社区服务的针对性。

四、培养村民骨干的三个策略

培养村民骨干和挖掘人力资源是农村社区社会工作能否顺利开展的重要环节。社会工作者要对社区活跃的参与分子进行适当赋权，尊重他们的组织才能和地位，支持他们的工作，使他们承担起组织社区村民开展活动的重要角色。

（一）主动寻找并鼓励参与

社会工作者要善于发现具有组织能力的村民骨干，并主动邀请村民骨干参与社区活动，针对缺乏自信、自我认同感不高的村民骨干，社会工作者要对他们的突出表现给予鼓励和肯定。同时，社会工作者要不断地向村民骨干灌输村民是社区主人的“当家做主”理念，协助他们建立自主、自立的意识，培养他们对社区的责任感。

（二）培养民主自律意识

社会工作者应积极培养村民骨干的民主意识和自律意识，带动村民骨干多参与、多体验有关村民共同协商处理社区问题的会议与活动。社会工作者还要促进村民骨干对民主原则的全面理解和认同，民主不仅仅是少数服从多数，还包含着充分沟通、理性讨论和尊重少数等内容。

（三）培训工作技巧和管理能力

要想村民骨干能够独当一面，只依靠工作热情还远远不够，社会工作者要根据村民骨干的情况和能力给予适当的培训。可以通过主持会议、组织活动等方式来提升村民骨干的实践能力；寻找机会带领村民骨干到城市社区和其他做得比较好的农村社区学习交流，拓宽他们的视野，让他们更多地掌握社区工作的技巧。

除了专业技巧，管理能力的提升也必不可少。村民骨干如果缺乏管理知识，不懂得权责分工，将许多工作集中在自己身上，会造成分工不明、权责不清，甚至导致村民骨干之间出现摩擦和工作效率低下。社会工作者应有意识地培养村民骨干的管理能力和水平，加强村民骨干的权责分工意识，才能更有效地做好社区工作。

五、与村民一起评估

社会工作者在规划与设计社区工作时，要与村民进行充分交流，共同确定需求；在介入服务时，要让村民积极主动地参与社区服务项目的决策，对服务项目的目标、资源等进行鉴别与分析，共同确定社区服务项目的活动内容和实践方法；在服务完成时，要对服务成效、工作方法进行总结，与村民共同商讨社区未来发展方向。

（一）参与式农村评估

参与式农村评估，是在农村项目设计、实施、评估中常用的一种农村调查研究方法。参与式农村评估中，社会工作者表现为充分相信村民的能力、注重专业的社会工作者与村民之间相互学习和突出村民的主体地位。村民在社会工作者的协助下，积极参与和收集农村生活、经济状况、乡土知识等有关信息资料，了解有关农业、农村发展情况，调查和分析自身所面临的问题，制订今后的社区发展计划，并对计划实施、检测、评估进行全过程参与。

1. 参与式农村评估的优点

第一，村民的参与程度高。参与式农村评估方法最突出的特点是工作的全过程都强调村民参与，调查者和被调查者共同参与信息收集和问题分析、决策、实施过程，提升了村民解决问题的能力，增强了村民执行决策的自觉性。这种充分信任村民的参与方法，使计划方案更具可操作性和易于被村民所接受。

第二，资源共享。在参与式农村评估过程中，社会工作者应向村民虚心学习，充分尊重村民意愿，真实地了解农村社区的现状和问题。通过分享村民的乡土知识和自身的感受和经验，社会工作者和村民共同制订出行动计划。

第三，综合性高、灵活性强。参与式农村评估由社会工作者、村“两委”成员、村民骨干和普通村民等多类人员参与调查分析，具有较高的综合性；参与式农村评估可以在田间地头，也可以在社会工作站进行，场所不固定，而且方式方法也可以随着环境、条件的变化进行调整，具有较强的灵活性。

2. 参与式农村评估的做法

第一，参与式农村评估强调受益群体及其参与性。社区发展强调人的发展，因此，社区发展需要不同人群的积极参与。村民的参与能发挥他们在长期实践中所积累的丰富知识和经验，能表达他们的真切愿望，提出适合村民发展的计划方案。

第二，参与式农村评估强调专业技巧和“乡土知识”的结合。“乡土知识”是村民长期生产实践的总结，社会工作者应该向当地村民学习，尊重村民的知识，真诚和广泛地听取村民意见，扮演协助者的角色，多听少说，切忌用自己的观点诱导村民，要依靠村民、与村民一同学习；强调村民参与、讨论，分享他们的知识和经验，启发培养他们的自信和自治意识。村民了解自己家庭和所在社区的资源状况和存在的问题，最能切身体会到发展所面临的制约因素，也最关心如何解决这些问题和具有有效利用现有资源的潜力。社会工作者应赋权给村民，和他们一起共同学习、共同进步，将自己的专业技巧与村民的“乡土知识”完美结合。

第三，参与式农村评估强调“从群众中来，到群众中去”。参与是一个实践性强并循环往复的过程，决策采用“自下而上”的方法，将决策的权利交还给村民，同时给予他们为落实这些项目所承担的义务和责任。村民是农村社区的主体，只有村民充分行使自我管理、自我决策的权利，并组织起来形成一致行动，即形成以村民为主体的参与发展机制，才能真正完成“从群众中来，到群众中去”的参与式发展目标。从这个意义上，参与式评估既是农村社区工作评估的过程，也是推动农村社区发展的过程。

（二）口述史农村评估

社会工作者遍访农村社区，通过与村民对话收集、整理社会工作服务对村民个人以及社区改变过程的口述内容，了解村民的问题解决程度以及对社会工作服务的满意程度，这便是口述史农村评估方法。

1. 口述史农村评估的优点

第一，口述史提供了一种重新肯定个人作为历史主体的历史观。通过聆听村民讲述他们自己的故事，社会工作者可以听到大历史以外的多种声音。农村留守妇女、老年人、儿童等特殊群体的声音往往被外界忽略甚至扭曲，而通过口述故事可以呈现那些与村民个人有关而被忽略的生活经验；通过口述故事的累积，可以了解当地村民生活经验的多元性，对农村社区的过去与现在有更深刻的认识。从不同的故事中，社会工作者亦可以了解个人与大历史之间错综复杂的关系，包括大历史如何影响个人的生命历程，而个人又如何回应历史等。口述故事的方法比较民主，因为它强调讲故事者的经验和知识，使社会工作者比较容易明白、感受讲故事者的生活经验和喜怒哀乐，可以使社会工作者获得更多的信息。因此，口述史的方法不仅能够重建村民的历史自觉，还间接地扩大了村民参与农村社区工作的范围，从而使农村社区社会工作更全面、更客观。

第二，可以将收集口述故事演变成动员村民参与农村社区工作。口述史的方法不仅能够最大限度地动员村民、发展村民组织，而且口述故事对当事人本身也具有治疗的效果。收集口述故事活动，可以将社区村民动员起来，如成立口述史小组，开展“大家一起写村史”的行动，可以增强农村社区的凝聚力，提升村民的主动参与能力。与此同时，口述史也是一个治疗的过程，当讲故事者敞开心扉述说自己的生活经历时，他们也是在重整、反思自己的生活，治疗过去的创伤并思考开启新生活。

2. 口述史农村评估的做法

第一，准备要充分。在口述史访谈之前要做好准备，如查阅相关资料，做好访谈时间、地点、对象等内容的计划和安排。

第二，必须与村民建立良好的专业关系。口述史的方法成功与否决定于能否调动村民的广泛参与，而群众的参与度又与社会工作者与村民关系的深浅有关。因此，社会工作者必须与村民建立良好的信任关系，才可能推动口述史工作。另外，社会工作者要尽可能让村民理解和明白这种方法的意义和重要性，从而促进其积极主动参与。

第三，要坚持客观、全面的原则。在记录口述史时，社会工作者必须做好笔录工作，把讲述者的神态、体态等录音不能记载的信息记录下来，在转化成文本形式的过程中，要避免加入过多自己的分析和选择，以保持资料的真实性。

第四节　农村社区工作需要注意的事项

一、盘活社区资产

在社区社会工作中，资产为本的社区发展模式被广泛运用。该模式的一项重要工作就是盘活社区资产，这也是后续进行社区营造的基础。

（一）认知社区资产

虽然社会工作者进入农村社区以后，会通过各种途径了解村民需求和社区问题，但是，如果社会工作者和村民的视角仅停留在社区问题和需求层面，是很难发现社区资产的。资产为本的社区发展模式关注的是社区资产，希望通过挖掘社区资产，寻求社区发展与公民意识培养的机会，因此以对“社区资产”的系统考察作为社区介入的基本原则。

社会工作者可以通过探访、村民会议、村民小组工作等方式，来了解社区资产。如社会工作者可以在社区开展社区资产地图绘制工作小组，从“人、文、地、景、产”5个方面向村民介绍社区资产，让村民更清晰地了解社区资产是什么。通过与村民一起进行资产摸底，社会工作者逐步掌握社区所拥有的自然资源、组织资源、社会资源和人力资源，但这些资源对社区发展起何种作用，能解决社区哪些问题，怎么才能发动社区内在力量和资源，推动社区发展，则是社会工作必须思考的问题。

（二）发掘社区资产

要让村民用优势视角看待社区资产，发现社区中隐藏的“宝贝”，社区探访必不可少。社区探访并不是随便在社区走走，而是要提前做很多准备工作。

第一，要改变以往“问题/需求”式探访方式，改以“欣赏性探访”，运用“优势视角”重新认识社区。要有清晰、具体的目标，而不仅仅是为了完成探访任务。

第二，社会工作者在进行入户探访时，要重点了解村民的个人才能、兴趣、经验、愿意为社区出力的技能意愿等问题，在服务对象建档表上要登记服务对象的强项及才能；拜访社区的部门、团体、组织等时也要注重了解他们的强项以及可为社区尽一份力的资源和意愿。此外，社会工作者不仅要了解村民个人还要了解整个社区，因此不但要与村民接触，而且要观察了解村民的生活环境和居住环境。

第三，按照村民聚居情况就近安排村民向导。村民按自然村落比邻而居，邻里乡亲构成熟人社会，社会工作者入户探访可以就近邀请村民做向导，这样做不仅可以让社区探访事半功倍，还能减轻村民走访任务压力。同时还方便社会工作者了解村民的参与积极性和遇到的问题，适时适当地给予指导和支持。

第四，社区探访记录和社区探访后的分享十分必要。在社区探访过程中，社会工作者可以用视频、照片和文字等形式记录探访情况和村民参与过程。这样不仅可以留存过程资料，也能使社会工作者之间、社会工作者与村民之间互相激励、互相了解，还可以在全社区进行宣传，动员更多人参与。尽管社会工作者已经用文字、图片和视频等记录了社区资产，但村民对社区资产的认知往往还存在局限性。如村民往往认为有形资产才“有价值”，而忽略了有“价值”的人或以此链接到的故事和文化。因此，社会工作者有必要组织分享总结会，与村民一起分享搜寻到的印象深刻的故事或能人巧匠，从中发掘更多的潜藏资产。此外，对社区资产的整理务必多元化，尤其是图片和动态影像资料，这些素材在日后进行社区动员时可以再次唤起村民记忆。

（三）让村民“动”起来

开展农村社区工作过程中往往会遇到这样的难题：村民多数是被动参与，等待分配任务。社会工作者要改变仅以专业调查、访谈结果来确定社区问题/需求的方法，注重社区村民、组织、团体的参与，让他们界定社区问题，并积极参与、推动社区问题的解决。

第一，社会工作者可以请村委员组织召开社区村民大会，召集村民参与讨论社区需要解决的问题有哪些。具体而言，社会工作者通过社区宣传招募及邀请的形式召集议事会成员。议事会成员可以包括老年人、妇女、儿童、社区舞蹈队负责人、文体中心负责人、分管社会工作站工作的政府人员、村委会工作人员等。既可以有经常参与社会工作站活动的成员，也可以有未参加过社会工作站服务的村民。

第二，社会工作者将前期社会工作站调研的结果向与会人员进行汇报，在向参会的村民介绍完本社区资产之后，让大家一起描画、补充和完善社区资产地图。

第三，社会工作者以“说出你觉得社区需要解决的问题或需要提供的服务”为讨论议题，让每个参与者结合社区资产情况，重点提出几个问题或需要得到的服务，并根据参与者的表决确定需要解决的问题。

（四）链接资源拓展社区资本

资源链接者是社会工作者需要担当的重要角色之一，因此，社会工作者除发掘和开发社区已有资本外，还要注重在服务中新建社区资本，引入外来资本服务社区。

第一，针对农村老年人由于缺乏常规体检，罹患常见老年病而不懂医疗保健者较为普遍的情况，在社区组建“老年人健康互助小组”。社会工作者可以链接相关方面的资源，如联系乡镇医院医生为村庄开展免费义诊，引导老年人们用科学和积极的态度对待自身疾患，并对其日常生活和饮食起居予以指导，以缓解其病情症状。此举便于促使村民认同和接受社会工作者的服务。社会工作者也需要学习掌握测量血压、查血糖等常见病的检测方法，定期上门为社区村民服务。社工在提供常规检查服务的过程中，要积极与老年人沟通交谈，认真倾听老年人的想法和诉求，努力与之建立良好的关系。同时也以专业服务者的视角帮助村民纾解疾病带来的压力，帮助他们打开心结。继而社会工作者与老年人们沟通商量组建老年人健康互助服务小组，大家相互分享经验，互相鼓励支持战胜疾病。

第二，针对留守儿童中的校园凌霸、女童性侵问题，社会工作者可以链接共青团、妇联等资源，引入专项项目，解决农村社区这类特殊问题，同时对其监护人开展相关教育培训。为能扩大项目服务受众，发动社区力量参与儿童保护工作，社会工作者不仅依靠一己之力开展服务，还可以发动接受服务的家长成为项目的传播者，让他们协助项目的社区宣传；传播培训内容给身边的邻里或亲友，让更多人受益；对社区监护缺失的儿童结对帮扶。家长们了解做这样的工作利人利己之后，自然比较容易动员达成共识。

第三，作为专业人士，社会工作者也有其专业局限性，不可能满足社区所有需求，社会工作者可以引入“社区讲堂”弥补其局限性。如对于农村社区中留守妇女生育健康服务的需求，儿童心理健康辅导、农业技能的需要，社区缺乏可以利用和发动的资源，引入外界资源为社区所用，便是一个很好的选择。社会工作者可以开办社区大讲堂，积极链接外界可用资源，与其建立服务合作关系。如可以邀请高校农业专家给茶户进行茶树种植、农业合作社管理等技术指导；邀请心理健康咨询师定期在社区开展心理健康讲堂及辅导；与卫生机构和组织签订合作协议，定期为社区提供健康培训、健康义诊及发展健身运动组织等。外界资源的引入可以很好地补充社区自身资源的不足。

二、培育社区社会组织

（一）发展社区“互助性”社会组织

与其他社会救助措施相比，社区互助组织在文化整合、资源传递以及助推困难群体主动脱困等方面均有独特的功能，需要社区社会工作者着力推动。

第一，社会工作者通过系统评估需要帮助的社区不同群体的支持网络，按照需求的重要程度，列出评估名单。对不能得到邻里或亲属支持的村民，可由社区志愿服务队结对帮扶；对身边有邻里可以帮助的村民，则逐步实施“邻里互助计划”，促进邻里之间互济共助，营造社区互助、互爱的社区关怀氛围。

第二，社会工作者可以与村委会协商后，在村“两委”的支持下，成立社区党员志愿者服务队，服务队可以为高龄、行动不便的村民提供证件代办服务、邻里互助服务、政策宣传服务等。

通过这些服务，引导村民不再把眼光局限在自己的需求上，让他们明白社区是一个可以互助的整体，关注其他群体的需求，为邻里乡亲提供力所能及的帮助。

（二）培育社区“自助性”社会组织

将有共同需要、面对共同问题及困难的村民组织起来，通过互相的接纳和认同来获得鼓励，提升自信，发挥自助与互助能力，提供多元化的互助支援，培育这种自助组织是农村社区社会工作的重要内容。

第一，通过培育社区“自助性”社会组织，帮助村民增强个体的社会能力。组建各种文艺队，充分发挥留守妇女和老年人的才艺，让他们充分体会到自己的价值和才能；成立妇女手工坊，通过团体活动、技能培训等，使她们树立生活信心，提高自助能力。

第二，通过培育社区自助组织，协助村民恢复社会功能。残疾人较多的农村社区，可以成立残疾人协会协助他们解决生活困难，调动社区内外医疗服务资源为残疾人定期检查身体，帮助制订康复计划，恢复社会功能；成立社区儿童志愿组织，让曾经网络成瘾的孩子、沾染不良习惯的孩子参与进来，引导孩子积极向上，学习遵从适应社会需要的行为规范，促进孩子学习功能的恢复，培养社会责任心。

第三，通过培育社区自助组织，协助解决村庄问题。社区自助组织还可以协助社会工作者、村“两委”，共同解决社区贫困家庭获得必要的经济支持问题、残疾人获得必要的社会福利问题、社区建设和推广社区文化，以及使党的方针政策在社区得到切实的贯彻和落实等问题。

第四，通过培育社区自助组织，促进社区社会环境改善。社区自助组织在进行自我管理、自我服务的同时，还可以寻求政府相关部门的支持，改善社区硬件环境，同时为村民营造积极向上的文化环境、和谐互助的人际环境以及公开透明的政策环境。

第七章　农村社会工作行政

农村社会工作行政是运用行政学和管理学等的知识和方法，对农村社会工作机构及其从业人员进行的管理工作。它既是在农村推行社会工作的专业方法之一，也是专为解决和预防农村各种社会问题而产生的一种公共行政，在农村社会工作中具有重要地位。

第一节　农村社会工作行政概述

一、农村社会工作行政的基本含义

农村社会工作行政（以下简称农村社会行政），其含义主要是指依照行政程序，妥善利用各种资源，实施社会政策，向农村社区有需要的村民提供社会服务的活动，社会行政的中心含义是执行、实施社会政策。

农村社会工作行政是一种间接的社会服务方法，通过为农村一线社会工作者提供支持来实现社会服务的目标，而非直接向服务对象提供服务。它可以分为两个层次，宏观层次是农村社会工作者以专业价值观和专业理论为指导，有效整合利用社会资源落实农村社会政策、进行社会服务；微观层次是农村社会工作机构通过一定程序和方法进行内部治理、实现机构高效运转。其实质是把行政学和管理学中有关组织管理的基本原理和方法运用于社会服务组织，从而提高农村社会工作机构的效率。

农村社会工作行政的主要职能不仅包括计划、组织、领导、协调、控制和创新等基本职能，还包括农村社会工作的督导与评估等特殊职能。农村社会工作行政具有服务范围的有限性、服务职能的非营利性、服务手段的专业性、服务实施的层次性等特征，需要遵循一定的程序和原则。其基本原则主要包括社会工作价值原则、整体性原则、专业责任原则、法治原则、协调原则等。这些基本原则，体现在农村社会工作行政的各个环节。

农村社会工作行政具有改进社会政策、增进社会福利、促进社会公平与秩序、服务特殊群体、提升机构效率等重要功能。作为社会工作的一个领域，社会工作行政有它的合理地位；与个案工作或小组工作相类似，社会工作行政作为社会工作实务的专业方法之一，在农村社会工作中具有重要作用。

二、农村社会工作行政的主要职能

（一）计划

计划就是农村社会工作机构为了行政决策目标的达成而进行的统筹活动及所制定的实施步骤和方法。它是为了实现农村社会工作机构的战略规划，对机构的内部环境、社会服务需求的评估分析，设定机构的目标，拟定并选择用来实现目标的可能的行动计划。农村社会工作计划是为实现农村社会工作机构组织目标服务，是其他管理活动的基础。

农村社会工作计划有多种类型，如按照服务计划的期限分为长期计划、中期计划和短期计划；按照服务范围分为总体计划和分支计划；按照职能分为业务计划、财务计划和人事计划等；按照综合性程度分为战略性计划和战术性计划等。各个计划之间相互联系、相互制约，共同构成统一的农村社会工作计划体系。

农村社会工作计划的内容通常包括“5W1H”，计划必须清楚地确定和描述这些内容。

What——做什么？目标与内容。

Why——为什么做？原因。

Who——谁去做？人员。

Where——何地做？地点。

When——何时做？时间。

How——怎样做？方式和手段。

农村社会工作计划要阐释清楚计划的具体目标是什么，可能使多少人获益，计划管理者拥有的资源，如何实现更好的配合，计划执行中的优先次序，在何种情况下使用什么样的社会工作服务方法，以及按照什么规则开展计划，计划的开展时间及预算等。

农村社会工作计划的文本框架通常包括：方案名称，应能吸引人、具有正向价值、包含方案的主要内容及服务对象，如，“让爱留住力量”——农村罕见病儿童关爱行动；实施依据，包括机构决议、法律政策、明确的问题与需求分析；宗旨与目标；服务对象；服务内容，包括“5W1H”；经费预算，注明经费来源、金额及用途；工作流程，通常以甘特图为工作流程的监督工具；评估方法（过程评估、结果评估）等。

农村社会工作计划的具体制订过程通常包括以下几点。

（1）确定农村社会服务需要和服务目标。首先，进行农村社会问题识别，包括确定潜在服务对象的人数，待解决问题的性质，产生的原因及后果的严重性等；其次，进行因果假设分析，即采取因果假设的分析方法，找出问题的原因；最后，进行需求评估，即分析服务对象对问题的知觉，了解服务对象能否在现有可获得的服务方案中得到满足。

（2）提出备选方案。要集思广益，尽可能多地设计出各种不同方案供参考。对方案进行精心设计、详细论证、反复计算、细致推敲，增强被选方案的科学性和准确性。

（3）选择方案。综合考虑各方面因素，评估各种方案的利弊，预测相应的后果，选择更适当可行的方案，并最终拟定具体的计划项目。可行性方案应当遵守效率、效能、可行性、重要性和公平等准则。

农村社会工作计划编制过程中，经常会遇到诸如缺乏计划能力、有违计划结构和过程、管理者推动计划的决心或承诺不足、信息使用不当、忽视不利的或不可控的变量、忽视长远目标、缺乏整体的协调与沟通等问题和障碍。为此，需要确定总目标，进行目标的分解。需要分析可提供的支持条件，包括社会政策、服务对象、机构自身的能力等。一个完整的服务计划还应当具备结构性。层次不同的计划书，相互之间具有层次结构，低层次的计划书不与高层次计划书的目标冲突。各计划相互之间可能存在程序结构关系，如外展计划、宣传计划、方案实施计划、跟踪评估计划等在程序上应有先后之分，在进度上需要密切配合。

（二）组织

组织是指人们为了达到共同的目标，按特定的结构形式、活动规律结合起来的一个随环境变化而不断进行自我调整与适应的开放性群体。组织既是一种结构，也是一个过程，即协调各种资源去实现目标的过程。

农村社会工作组织是社会组织系统中的一个特殊系统，泛指为了推行社会工作政策提供社会工作服务而将人们通过特定的结构形式、权责分配结成的系统的、协调的机构，也称社会工作机构，农村社会工作机构是其中的一种。农村社会工作组织功能的发挥有赖于机构把各种资源有效地整合起来，并运用于农村地区的社会工作服务活动。在这一过程中首要的是把各种要素组织起来，并协调它们去达到目标。

农村社会工作机构具有相应的组织结构。组织结构有多种类型，根据权责关系的不同可以分为直线式、职能式、直线职能式、事业部式、矩阵式、网络式等类型，社会工作组织常用直线型和矩阵型组织结构。组织结构还可以分为一般结构和团队式结构。农村社会工作机构通常要组成不同的团队。团队是指通过其成员的共同努力能够产生积极协同作用的组织形式，可以分为问题解决型团队、跨专业团队、自我管理型团队等。

农村社会工作行政组织运行的核心问题是权力的分配，即行政权力的名义、实际归属及其运用。在此过程中经常会涉及授权，即上级主管适当地将职权移交给下属，让社会工作机构发挥最大效率，也有助于提高下属或社会工作者的满意度和工作动机。可授权的主要内容包括以下三方面：一是授权“任务”，即指派社会工作者完成多项任务；二是授予“权力”，即通过授予社会工作者一定的职权来完成任务；三是对所授权力要进行明确的限制，强调所授权力仅限于从事某一特定任务。

（三）领导

领导是指引和影响个人、群体或组织在一定条件下实现目标的行动过程。其相近概念包括领导者和领导行为。农村社会工作领导，是指领导者依法行使社会工作行政权力，通过计划、组织、指挥、协调、控制以及激励等方式带领社会工作者实现农村社会工作机构所定目标的过程，包括领导者、被领导者、领导行为的内容、客观环境等要素。农村社会工作领导的主要功能包括激励社会工作者的工作情绪、维持组织的完整、倡导机构达成目标、保持组织对环境的适应、维持工作纪律等。

农村社会工作领导的方式可以按照不同角度进行分类。按照领导贯彻意图的不同可以分为强制式、说明式、激励式及示范式；按照领导工作目标的不同可以分为以事为中心的领导方式、以人为中心的领导方式及人事并重的领导方式；按照领导对下属管理的宽严程度可以分为独断型的领导行为模式、放任型的领导方式、民主型的领导方式等。

农村社会工作领导者是农村社会工作机构中主管职能的承担者，是实施组织领导活动的关键。农村社会工作机构的领导通常为任命制或聘任制。

农村社会工作领导者要具备较高的领导力，必须具备良好的领导素养。一是要有良好的政治素养。这是领导素养的核心和灵魂。二是要有良好的道德素养。包括事业心和使命感、社会责任感。三是能力素养。包括决策、用人、沟通协调、开拓创新等。四是知识素养。包括管理知识、社会工作专业知识、农村社会实践知识等。五是心理素养。包括乐观的情绪、坚强的意志、开朗的性格等。

领导者要想发挥领导效能，使机构目标得以实现，可以从农村社会工作机构的性质、成熟程度、成员背景及时间因素等方面去分析，从而选择出一个可发挥效能的领导形态，并能经常作适当的调整。

（四）控制

农村社会工作控制是指农村社会工作机构在动态变化的环境中，为确保实现既定的目标进行的检查、监督、纠偏等管理活动。社会工作控制的前提是有行政实施计划。控制的目标是对行政实施过程中有违行政计划目标和方向的行动、减低行政实施效率的活动、有碍行政沟通的障碍，加以及时纠正与消除。因此，农村社会工作行政控制对于确保行政实施计划的实施方向，促进行政实施的效率与效益等有着重要的保证作用。

农村社会工作控制的过程一般包括确定标准、评估成效、纠正偏差 3 个步骤。控制标准是行政实施活动的参照物，有了控制标准，才能对行政实施情况进行评估，将行政实施中的实际情况与标准加以对照，然后对那些与标准和目标有偏差的行政活动加以纠正。因此，行政控制的意义就是通过行政控制使得行政实施的工作与计划的工作尽量相符合，确保行政实施结果与人们预想的目标一致。

农村社会工作行政控制的种类可分为过程控制和冲突控制。过程控制是按照机构服务计划对机构现有服务的进度和效果进行综合监控和影响，从而实现机构运行的总体协调，确保机构的各项行政管理职能得以顺利完成。过程控制的基本内容包括：一是监控社会工作者服务方案的执行情况，包括方案的执行进程以及服务对象的保护等，如对留守儿童服务过程中，要注意儿童安全保护和隐私保护；二是监控机构的行政管理能力，如人事政策、管理步骤、行政程序等；三是监控社会工作者的督导与培训；四是监控农村社会工作机构的财务运作情况等。过程控制的常见方法包括：了解机构的运作活动；与机构管理层和前线工作者进行深入访谈；了解服务方案是否按照规定进行执行；评估服务的成本效能，确保资金合理使用。

冲突控制是指对机构中的不同部门、成员之间以及机构与政府部门、村庄其他组织、其他社会主体如新闻媒体等之间可能发生的冲突进行有效控制，尽力避免和缓解冲突，防止机构资源的浪费及工作环境的恶化。冲突的具体表现通常包括：机构成员个人目标与机构目标的冲突；角色期待与机构成员心理的冲突，即机构对担任某个职位的成员的角色期待与成员心理发生矛盾，有些成员不愿意做出符合角色期待的行为；资历深与资历浅的成员之间的冲突；机构上级与下级之间的冲突、农村社会工作机构中可能还存在外派社会工作者与本土社会工作者之间的冲突等。以上的冲突可能会导致机构难以高效完成目标，因此，需要对冲突进行缓解。冲突控制的常见方法包括：加强沟通参与，激发员工潜能，善于运用管理方法，科学设计机构系统，回避，合作，强制解决等。如在农村社会工作者实务中，有些乡镇社会工作站的社会工作者有时候会被乡镇政府抽调参加一定的乡镇行政工作。如果抽调时间过长，必然会影响社会工作站的日常工作。这个时候，就需要与乡镇政府进行必要的沟通，争取拿出好的解决方案。

社会工作行政控制活动在社会工作组织完成目标过程中发挥重要作用，必须客观、灵活地处理。

第二节　农村社会工作督导与评估

一、农村社会工作督导概述

农村社会工作督导是资深社会工作者对农村社会工作中一定对象的专业指导与督查，其目的在于使被督导者能够学习专业社会工作者的角色行为，将社会工作的理论知识、价值与技巧内化于心，并学习按照专业社会工作者的职责有效率地完成工作，提供有质量的社会工作服务。督导通过定期进行的督导会谈进行。被督导者在督导过程中不是被动地接受教导，而是一个积极主动的学习者。

农村社会工作督导的对象主要包括新进入农村社会工作机构的社会工作者、服务年限较短且经验不足的初级社会工作者、在农村社会工作机构的实习生以及农村社会工作机构的非正式人员如志愿者等。督导方式通常包括个别督导、团体督导和同事督导等。

农村社会工作督导的内容主要包括行政性督导、教育性督导和支持性督导等。行政性督导主要包括志愿者的招募与选择；安置与引导工作人员；工作计划和分配；工作授权、协调与沟通；工作监督、总结和评估等方面，需要督导者扮演多种角色。教育性督导主要包括教导有关农村服务对象的特殊知识、社会服务机构的知识、农村社会问题的知识、农村社会工作过程的知识、社会工作者本身的知识以及提供专业性的建议与咨询等。支持性督导，主要包括协助被督导者适应和处理服务工作中带来的挫折、不满、失望、焦虑等各种情绪，增强被督导者的自我功能；给予关怀和支持，让被督导者在工作过程中有安全感，并愿意尝试新工作；协助被督导者发现工作成效，并能自我察觉，激发被督导者的工作情绪与士气，对机构逐渐产生认同感和归属感；给予被督导者从事专业的满足感和价值感，促进其对专业的认同，进而愿意持续投入社会服务工作。

农村社会工作督导通常有 4 种模式：一是成长与发展模式。从治疗学理论出发，采用大量的个别化教学，重视与强调被督导者的感觉、情绪及心理需要，帮助被督导者发展专业自我及自我察觉。二是学徒模式。其最显著的特点在于督导者与被督导者的关系是一种紧密师徒关系，强调"干中学"，是一种全面、综合的督导方式，主要运用讨论方式，采用过程记录评估学习的进度与学生的进步。三是结构化学习模式。这一模式基于教育模式，强调工作开始前有一个计划，一步步学习。督导的教学方法是系统化的，强调运用多种不同方法及不同的手段，生动活泼地进行教学，尤其注重模拟教学法。四是管理模式。这是一种以技术为导向的督导模式，是按照计划的工作任务进行督导，是否能完成工作任务是督导的重点。这种督导模式是"问题—解决"取向，着重帮助被督导者解决工作的问题，此模式通常以机构的政策作为工作好坏的评价标准。

二、农村社会工作者如何善用督导

督导有助于农村社会工作者的专业成长，农村社会工作者应学会善用督导，通过督导来提升自己的实务能力，培养独立思考与学习能力，以更快、更好的状态投入农村社会工作服务中。为此，农村社会工作者可以做好下列工作。

第一，做好督导前的准备。农村社会工作者可以提前两三天把自己的工作记录交给督导者，让督导者提前有所了解；社会工作者要认真阅读督导者的评语，有什么问题可以记录下来，可以在下次与督导者见面的时候提问；社会工作者在接受督导及提出问题之前，先做足功课，对于在自己能力范围内的问题，可先行自学，对于在自己能力范围之外的问题，也要先有一番思考，并且让督导知道自己曾经对该问题进行过思考，以及思考到哪个程度；记下每次督导的日期和时间，提前做好工作安排和时间准备；安排一个安静的房间进行督导，避免被电话或者别的事情干扰；接受督导前不要太忙碌，让自己的心情平静，以求达到好的督导效果。

第二，积极参与督导讨论。农村社会工作者应向督导真实、清楚地交代自己的工作、想法和困惑，并参与讨论，主动提出问题以作讨论，向督导者询问意见，也可以自己尝试找出答案，或者提出适合的建议、尝试推行建议等。社会工作者可以通过向督导者介绍自己近阶段的工作，例如，负责开展的个案、小组、社区活动或入户探访等，自己是怎么做的、做的过程中遇到哪些困难、效果如何等，就这些问题与督导者一起进行深入的思考，再延伸到某一小主题。比如，如何与服务对象建立专业关系、在面谈时应该掌握哪些技巧、带领小组游戏时需要注意什么、如何带动小组成员进行分享、社区资源如何链接、如何平衡社区行政性工作和专业工作、怎么向农村居民介绍宣传社会工作者，等等。

第三，以坦诚开放的态度面对督导者。农村社会工作者应坦白地与督导者分享，并勇于面对自己的弱点，同时可以有信心地提出意见。社会工作者可以先拟定好面谈大纲，在对督导提问、寻求帮助时，应将问题具体化，对问题的描述应尽量细致、具体，使其成为在有限的督导时间内能够解答的问题。当社会工作者在开展个案、小组等活动遇到难题且依靠自身能力无法解决时，可主动请求督导者及时介入，针对具体情景寻求特别指导，在督导者引导下寻找突破口。

第四，把握好面谈内容。农村社会工作者与督导者进行面谈时，可以就下列问题展开。一是服务方面。包括服务的计划、进度及检讨（如年度规划及检视、个案工作、小组工作、项目发展、农村社区发展、活动、探访等)。二是社会工作者行政方面。包括制度指引（如入职指引、离职指引、工作制度等)、工作量检视、行政交代、绩效评核等。三是专业成长方面。包括农村社会工作者个人专业成长计划及总结、专业学习或培训的经验反省、职业发展等。四是工作分享方面。包括农村社会工作者的工作反思及感受、团队合作、人际关系、对外合作关系等。五是其他方面。包括制定及检视督导程序、特别行政面谈（如工作态度不端正或违背伦理操守）等。

三、社会工作评估概述

社会工作评估是针对社会工作服务进行的评估，是用科学的研究方法对社会工作服务的设计、策划、实施和效果等方面进行的诊断和评价活动。目前由于我国政府购买社会工作服务大多是以项目购买的方式开展，因此，社会工作评估主要体现为对社会工作项目的评估。广义上说，社会工作评估包括社会工作服务前、服务中和服务结束后的评估。但在我国的社会工作评估实践中，更多的是对于社会工作服务项目结束后的评估，即项目绩效评估。

对社会工作服务项目进行评估，可以了解社会工作服务项目的实现程度、专业服务效果及项目资金的使用情况，能够总结社会工作服务经验，提炼社会工作服务技巧，提升社会工作服务水平。评估结果可以作为社会工作服务项目结项的依据，以及为项目购买方确定项目执行方是否继续承担相关社会工作服务项目提供依据。评估依据客观性、专业性、系统性、可操作性等原则。

农村社会工作评估主要涉及三方主体——评估组织者、评估执行方和项目执行方。农村社会工作服务项目的评估组织者一般为服务购买方，实践中多为各级地方政府，也包括基金会和高校等。评估组织者确定评估方式和评估执行方，落实评估经费，统筹评估相关事宜。评估执行方是由评估组织者直接组建的专业评估团队或者受委托的专业评估机构组建的专业评估团队。

农村社会工作评估主要对农村社会工作项目完成情况、项目运营管理、财务状况、人力资源、服务成效、相关方满意度及社会效益等进行评估。评估内容通常分为4个层面：首先是对项目方案的评估；其次，在项目实施层面评估专业人员配备与使用、物资配置、专业服务价值理念运用、专业服务理论运用和专业服务方法运用等内容；再次，项目管理层面对项目行政管理、专业规范性管理、项目进度管理、服务质量体系与督导、风险管理与应急预案、项目资金管理等进行评估；最后，在项目成效层面主要考察目标实现程度、满意度、社会效益等。

评估的程序基本包括3个阶段。一是开始准备阶段。要明确谁来评估、评估什么、如何评估等一系列问题，并在此基础上制订一份科学可行的评估计划，评估组织者与评估执行方签订评估协议。二是评估实施阶段。这是评估执行方将制订的评估方案付诸实施的过程，主要工作包括组成团队、发出评估通知书、进入现场、搜集和分析项目资料等。三是评估的总结与应用阶段。在这个阶段，评估执行方需要对经过分析的资料进行组织，形成评估报告，并对评估报告加以运用。

评估方法包括资料分析法、观察法、问卷法和访谈法等。

四、农村社会工作如何轻松迎评

在实务工作中，很多农村社会工作者对评估工作充满担心甚至恐惧。其实，只要在评估前做好充分准备，轻松应对评估并非难事。

第一，整体重视、做好准备。农村社会工作机构特别是相关项目团队应整体开展以评估为导向的工作安排，态度上既要高度重视也要心态放松，行动上要注意细节、追求高效。项目主管要带领项目团队了解资助方、评估执行方的整体要求，把握评估原则和导向，熟悉评估方案的内容与要求，做好一些特殊事项的准备工作，并根据实际情况对团队的整体能力有个总体把握和科学研判。同时，项目团队重点要确保对评估体系的内容、分值分布和特殊细节要求做到了然于心；对照得分项一一查漏补缺，避免出现不必要的丢分情况。

第二，项目主管做好沟通、管理和汇报准备。项目主管要做好与各方的信息对接与沟通工作，及时与评估执行方就细节性问题进行提前沟通，确保乡镇分管领导和农村服务对象知晓此事，并预留时间接受评估方的访谈工作。此外，主管也要与农村社会工作机构的不同部门以及项目内外部督导等保持及时沟通，确保机构层面和督导知晓此事，并可寻求必要的专业支持。项目主管在充分了解评估方案与体系的基础上，要做好团队分工和进度把控。主管需带领团队梳理评估框架（当前的评估体系一般包含基础运营、人员管理、服务质量与成效、财务管理、加减分项等，要视具体情况而定），列好任务清单，责任到人，并做好各项准备工作的进度把控，把握好各项工作完成的时间节点。可借用一些办公工具，如思维导图、甘特表等，便于提高任务分配与完成效率。项目主管还要重视自评报告与项目汇报 PPT 的准备工作。我国农村本土社会工作评估一般分为实地走访、专家集中评审等环节，评估资料中较为重要的是自评报告和专家集中评审环节需用的项目汇报 PPT。自评报告一般可结合评估体系框架，一一佐证说明，并自评得分。内容当中可融入项目背景简介、需求调研分析、基础服务、特色与重点服务、服务成效、不足与反思、下一步计划等。此外，也可适当运用图片、表格、框架图等加以佐证说明。就项目汇报 PPT 来说，主管要明确汇报时长，PPT 可增加设计感，内容与格式可适度创新。项目主管可同时准备一份汇报稿多加练习，借助模拟汇报练习进行汇报预演。此外，汇报前最好现场试用播放设备，多备几份打印版的 PPT 等以做好突发状况的应对预案，确保汇报完满顺利进行。

第三，团队成员协同作战。农村社会工作机构的团队成员要对各类资料把好关，避免出现不必要的低级错误，如错别字、常用的专业术语运用不当、需要签字的地方出现漏签空白等情况。团队成员互帮互助、通力配合，提高团队工作效率与效果。还需对项目人事档案（成员相关资质文件、入职合同、工资发放表、考勤表等）及财务管理台账（凭证、账簿、报表、税表、对账单等）分门别类地进行归档。整个评估准备的过程中，项目团队需明确各环节时间节点以及相关资料提交的详细信息说明，及时检视各项准备工作完成情况，把握好工作节奏，避免拖延。同时，分门别类地做好电子档案与纸质档案管理，以便于评估专家以各种形式进行查阅。

第四，做好现场汇报。现场汇报时，整体上要按照评估方要求的框架来进行，做到重点突出、清晰简洁，要从“听者”（资助方、评估专家）角度去汇报，学会换位思考，明白他们想重点听什么；不能仅仅说明社会工作者做了什么，而是要说清为什么做、如何做，特别是要说出实现什么效果（目标实现程度、服务对象问题解决程度、影响力、创新性等）；汇报时要注意把控好时间进度，熟悉汇报内容，提前演练，沉稳应答专家提问。

第三节　农村社会工作行政具体技巧

一、团队管理技巧

农村社会工作实践中，经常会建立不同的团队，且由于农村社会工作条件相对艰苦，团队建设更显重要。按照生命周期理论，团队会经历不同的发展阶段：团队建立期、矛盾澄清期、团队稳定期以及团队成熟期。在每个阶段，团队关系也会有微妙的变化。团队建立初期，团队成员对未来的工作是既期待又紧张的矛盾心理，这一阶段，团队成员在相互熟悉的过程中会展示积极的一面。在团队稳定期和成熟期，多数情况下都会有团队的合作和默契。下面是一些团队管理的相关技巧。

1. 善于管理团队不同类型的社会工作者

对于有能力但工作意愿比较低的社会工作者，团队负责人可采用参与式的领导风格，让团队成员感觉到他们的重要性，让他们投入参与决策、定立目标和发展中来。

对于欠缺能力但是工作意愿比较高的社会工作者，团队负责人可采用引导式的领导风格，分配工作时需要强调这份工作任务的重要性以及完成的期限、采取步骤的方法，明确每一个人的分工、角色和任务等。

对于欠缺能力、工作意愿又比较低的社会工作者，团队负责人可采用教练式的领导方式，与团队成员建立良好的关系，让他们知道自己在团队中的责任和表现，及时改变自己，让他们转变为其他模式的成员。

对于有能力又有意愿的社会工作者，团队负责人需要采用授权式的领导风格，不给这类成员施加压力，给予他们足够的空间和时间去完成工作任务，发展自己。

2. 与团队成员建立良好关系

第一，要建立关系。团队管理中，最重要的是跟团队成员建立朋友般的关系，站在朋友或家人的角度去关心团队成员。比如，对某个近期经常不在工作状态的团队成员来说，这时候就需要团队负责人去了解其背后的原因，是被工作难倒了，还是身体不舒服，还是因为个人家里有事需要紧急处理？找到原因后，在不影响机构正常运营的情况下，给予成员一定的时间去处理。因为工作，可给予相应的支持；因为身体，可建议成员在不太影响工作的前提下适当调休；至于家庭，也可给予社会工作者调休或者请假回家处理。

第二，要懂得权变。情境领导的核心认为，人们在领导和管理团队时，不能用一成不变的方法，而要随着情况和环境的改变及员工的不同，改变我们的领导和管理方式。团队负责人应坚持原则性与灵活性相结合，在遵守机构管理制度的同时，也要懂得必要时的灵活处理。

第三，要虚心听取批评建议。团队负责人需要积极听取团队成员的批评建议，鼓励团队成员多学习，多走出去参加培训，将学习到的相关知识运用于工作和生活中，唯有如此团队才会进步和成长。

3. 正确处理团队内部矛盾

团队也是一个动态发展的过程，经历过摩擦才会有更深的默契，经历过磨合才会有更深的凝聚力，合理解决冲突会助力团队更好地发展。

第一，正确合理地看待冲突。事物的发展必然伴随矛盾的产生。在团队发展过程中，矛盾也是必然存在的。了解事物发展的规律，有合理的预期，就不会被矛盾吓倒。

第二，理性分析发生矛盾的原因。矛盾冲突的发生不会无缘无故，总有其原因。在团队建设过程中，团队负责人要密切关注团队成员的特征，考虑个人特质和环境对成员的影响，正确引导与沟通，获取成员的合作，维持记录与督导训练，必要时使用领导者的权威，发挥团队精神。

第三，学习解决冲突的方法，对症下药。对于那些既重要又紧迫，明确知道自己是正确的情况下，可以采取“竞争”的方式。对那些既不重要又不紧迫的问题通常可以采取“回避”和“退让”的方式。选择退让并不是说明自己软弱，或者是害怕对方，而是退一步海阔天空，采用这种方法有时更需要智慧和宽容心。当目标十分重要但过于坚持己见可能会造成更坏的后果时，可以采用“妥协”方式。但要使冲突得到完全消除，还是需要“合作”，冲突双方坦率沟通，澄清差异，并致力于寻找双赢的解决办法。

二、志愿者管理技巧

志愿者是现实社会生活中重要的社会资源，也是社会组织中最具特色的人力资源。随着社会组织的发展壮大，志愿者在我国社会中的价值越来越明显，加强对志愿者的管理，不断促进社会工作者与志愿者之间的协作，不仅有利于志愿服务的开展，更有利于志愿精神的传播。但有的社会工作者在组织开展农村志愿服务时，经常会面临一系列问题，如志愿者人数不够、缺乏骨干志愿者、号召力不足、志愿者服务项目少等。下面是一些志愿者管理的相关技巧。

1. 明确需求，使志愿服务更有方向

农村社会工作者要先明确需要什么样的志愿者、采用什么渠道和形式招募志愿者。根据服务的人群、服务内容有针对性地招募志愿者；根据志愿者群体性质确定招募渠道，例如，需要对农村“四点半课堂”小学生的辅导就可以通过线上线下的方式招募有意愿的大学生人群等。对于志愿者招募，可以有 3 种形式。一是社团志愿化。参与腰鼓队、老年人协会等农村社区社会组织的村民成为志愿者开展志愿服务，具有先天优势。二是服务对象志愿化。鼓励接受过志愿服务的服务对象通过做志愿者的方式回馈社会，让更多有需要的村民得到帮助。三是社区企业志愿化。企业具有人才优势和资源优势，可以为村民提供一些专业的、高质量的志愿服务。但在农村社区，这种形式并不多见。

2. 分类管理，充分发挥志愿者特长

农村社会工作者机构需要对志愿者进行筛选，并对志愿者资源进行整合、配置。按照志愿者专业特长、服务意向、服务区域等对志愿者进行分层分类管理；按照志愿者资质、群体特征、具备的能力把志愿者“分门别类”，譬如，按照资质可以把志愿者分为新志愿者、普通志愿者、活跃志愿者、骨干志愿者、管理型志愿者等；按照年龄分为青少年、老年、中年志愿者等；对具有一定特长的志愿者，可以专门建立特长志愿者档案。通过造册登记让有相同宗旨的志愿服务组织相互联系和协商，不同类型的志愿服务组织相互合作，实现志愿者资源的合理整合和最优配置，避免资源浪费和重复，让服务效用最大化。

3. 提供培训，提高志愿者服务能力

应当完善志愿者培训体系，建设分层次、多元化的培训体系。具体包括：一是新志愿者培训，主要为基础培训。培训目标是提升新志愿者的基本素养，帮助其了解和掌握志愿服务的常识及基本要求。培训内容主要包括志愿者发展历史、志愿者精神与素养、志愿服务基本技能与注意事项、志愿服务信息化操作等。二是专项能力提升培训，主要是志愿者服务能力和技巧的培训。培训内容为志愿服务礼仪、社区探访志愿服务技巧、新闻写作与摄影技巧、应急急救方法等。三是骨干志愿者的培训，培训对象为社区志愿者领队、骨干志愿者等。培训内容是志愿服务活动的策划与组织、志愿服务项目的运行与宣传、志愿者团建活动等。四是管理型志愿者培训，培训内容主要为胜任力要素模型，包括服务心智品质、服务组织与执行、服务领导能力及服务改善能力要素等。

4. 灵活管理，提升志愿者积极性

一方面，要给志愿者安排合适的工作，对于初次参加服务的志愿者给予积极的指导和引领。例如，活动开始之时，指导志愿者如何调动现场气氛，如何确保人员安全，可以组织志愿者开展志愿者分享会，分享服务过程中的收获与体会、问题及解决方式等，并进行服务质量自评和他评，总结经验，提升服务能力。另一方面，要对志愿者的工作给予及时的认可和激励。应当坚持以精神激励为主、物质激励与精神激励相结合的原则，根据分层分类的思路，针对不同的志愿者，采取不同的激励方式和技巧。按照激励的期限可分为日常激励、定期激励和年度激励 3 种。日常激励是通过理念灌输志愿服务精神，肯定志愿者的付出和价值，尊重志愿者。需要注意的是，要防止过度的物质化和“服务兑换”碎片化激励；定期激励是在固定时间开展志愿者服务之星评选、团建活动或志愿者生日会等工作，提高志愿者参与服务的热情，增强个人的荣誉感和价值感；年度激励是根据分层分类的原则，对志愿者进行隆重表彰。例如，可以评选出优秀志愿者、优秀骨干志愿者、进步志愿者、特殊贡献志愿者等，尽可能地表彰更多的志愿者，增强志愿者的凝聚力和向心力。

5. 带动参与，开发志愿者人力资源

一方面，建立良好的沟通机制。农村社会工作者与志愿者建立良好的沟通机制，可以通过座谈讨论志愿服务心得或通过网络交流，以理解基础上的沟通合作等形式来实现。另一方面，通过授权进行参与管理。对志愿者进行授权是志愿者参与管理的重要体现。让志愿者参与决策可以集思广益，提高决策质量水平，产生高质量的服务，也能获得志愿者对组织的认同和信任，有利于组织的发展。另外，还可以以志愿服务项目团队化运作，促进志愿者的参与管理。以志愿服务相近内容项目组成团队，让专业服务技能相似的志愿者共享知识、共同发展。志愿服务团队在有效的交流沟通基础上，让志愿者在团队中充分发表自己的意见，营造积极氛围，高效地完成团队志愿服务的项目内容，提升团队绩效。

三、项目设计技巧

社会工作服务项目是由专业社会工作者主导，遵循社会工作专业价值，运用社会工作专业方法，为满足特定服务对象的需求，在一定的时间内，运用一定的资源，按照预定的服务目标、服务内容和服务要求所设计并实施的一项系统任务。很多时候，农村社会工作需要围绕一些特定项目来开展。在这个过程中，需要掌握相应的项目设计技巧。

1. 把握好项目设计的原则

项目设计要遵循社会性原则、经济性原则和可行性原则等基本原则。在设计一个项目时，项目目标应包括社会目标、集体目标和个人目标，而任何项目目标都应以社会整体利益为出发点。同时，还要强调投入产出比，有效运用有限资源来做一个项目。项目设计还要考虑可行性原则，即在现有资源、技术能力、资金、人力和物力等方面的可行性，项目设计与方案的可操作性以及目标实现的可能性。

2. 做好做足项目设计的准备工作

进行农村社会工作者项目设计之前，应先展开需求调查，特别是要接地气。通过对项目实施对象的问题与需求以及项目利益相关方进行调查，才能掌握到关于项目的第一手资料，在项目设计的时候有比较充分的事实材料和数据支撑，才能更容易地使资助方感兴趣、得到项目评审专家的认可和支持。同时要考虑自身所拥有的资源以及还需要什么资源来完成这个项目，把它一一罗列出来，以便让评审专家看到农村社会工作者为做这个项目所作出的努力。

3. 项目设计中还要有项目评估

项目评估是一个项目设计的重要一环，贯穿一个项目的始终。在项目开始的时候要对项目的需求及其使用的方法等情况进行评估。在项目运作的时候，要对项目的进展情况进行评估，如项目设计的服务指标是否达到预期的效果、项目工作人员的考勤等一系列事项。在项目结束的时候，还需要对项目的成效进行评估，包括项目的目标是否达成、项目的达成效率和成本收益以及项目的利益相关方对项目的满意度等。

4. 写好项目申请报告书

进行项目设计，必须写好项目申请报告书。项目申请报告书分为项目方案设计、可行性论证和项目建议书 3 个部分。

第一，项目方案设计。项目方案设计就是要根据农村社会工作机构内外部的实际情况，策划设计出一些可供选择的项目。在此过程中，应注意以下几个方面的问题：一是分析机构自身情况，包括分析近期战略目标和以往的项目经验两个部分。二是分析合作方的情况。需要分析的情况有：以往的合作经历、高层领导变更情况、对方的合作意向等。三是结合当地农村的实际情况，明确具体对象、具体需求、具体方法、具体问题，搞清存在什么问题，能解决到什么程度，通过什么样的手段。四是项目选题。社会工作项目选题通常有三种形式：命题式选题、非命题式选题及合作式选题。项目名称应尽量做到一目了然、通俗易记、优雅醒目，紧扣项目主题，不偏题、不凑合、不照搬。五是注重项目运作效率。在项目设计上，要坚持和体现“少花钱，多办事”的原则，尽量节约成本。六是要有替代方案。要把各种思路都罗列出来，为项目的可行性论证提供最大的选择余地。项目方案的具体要素通常包括项目名称、项目主题、项目服务对象（直接受益人与间接受益人、边际影响人群）、项目背景、项目的意义和必要性创新性、项目实施地点介绍及服务对象需求分析、项目目标及其目的、项目介入方法与策略、项目开展注意事项、项目起止时间、项目经费预算、项目评估等。

第二，可行性论证。农村社会工作项目的可行性论证，一般涉及对项目背景、项目意义、组织内外环境、需要的资金、预期成果等方面的系统分析。一般分为 4 个步骤：一是准备阶段。在这一阶段，需要落实参加可行性论证的人员，搜集项目有关资料，搜集组织内部信息，并作出初步分析和判断。二是论证阶段。对各个备选方案的优缺点、成本、费用、效果的指标进行全面分析，比较各个备选方案，确定一个最优方案。三是编制可行性报告。将分析的结果写成报告，供编写项目建议书时参考。四是资源筹集计划。包括选择资助方，确定组织内部项目小组，确定是否需要招募志愿者等。其中最重要的一点是要详细罗列出项目运作的资金预算和用途以及这个用途对项目的必要性，这是项目评审专家和资助方非常看重的一个方面，他们需要知道项目把钱投在了什么地方，为什么投在这个地方，起到了什么作用。

第三，项目建议书。项目建议书是集项目申请前期工作之大成，直接向资助方提交的正式文件。撰写项目建议书，是农村社会工作必须掌握的基本功。项目建议书的目的是说服资助方，让资助方愿意提供项目所需的资源。不同的资助机构对于项目建议书的要求也各不相同，甚至差别很大。有的要求简洁，有的要求详细，有的要求有想象力，有的则有严格限定。尽管不同资助机构的要求千差万别，但归结起来大多包含以下要素：项目名称和首页；项目建议书主体部分（包括项目背景和立项理由、项目内容、项目评价、项目预算、难点、不确定性和可持续性）；参与人员；合作者；成果等。

四、项目管理技巧

项目管理就是运用科学的手段和方法，利用现代的先进管理理念，对一个具有明确目标和时间限制的一次性工作的顺利完成进行的管理，以达到项目的需求。根据农村社会工作项目管理的特殊性，在实施项目管理的时候，需要遵循紧扣组织宗旨、注重项目运作效率、项目管理规范化等原则。项目运作管理是项目管理的核心环节，主要包括项目的启动、计划、组织与管理 3 个部分。下面是一些关于农村社会工作项目管理的技巧。

1. 项目的启动

在项目启动时，要求农村社会工作机构的每个项目参与人员弄清楚以下问题：选定此项目的动机；此项目的申请过程；实施项目的初步计划，并讨论详细计划；各工作人员的分工安排；项目的周期和投入资金的规模；项目实施的物资储备等，并对项目实施的重点和难点、项目存在的主要风险、可能影响项目成败的外部因素等作出预估。对上述问题，可以在启动阶段就列出清单加以明确，并责任到人。

2. 项目的计划

虽然项目建议书阐述了项目的基本目标和实施战略，但不可能详细说明将要实施的各项具体活动。因此，还必须制订必要的工作计划。工作计划需要紧密围绕项目申报书特别是项目目标而展开，在项目具体实施过程中保持原则性和动态性，重点突出，可以视具体情形及时作出调整。项目计划可以分为周计划、月计划或者季度计划、半年计划、年度计划，也可以根据项目周期的特点进行分期，一期一期地逐步开展。

3. 项目实施过程中的组织与管理

项目的组织实施重点要考虑项目管理机构、项目进度控制、项目财务管理、项目建设和内部评估、项目风险控制以及项目评估的问题。

一是项目管理机构。项目负责人全面负责项目的实施过程，通常可在农村社会工作机构的资深员工中挑选。二是项目进度控制。主要通过项目进展报告实现。项目应根据计划稳步推进，既不要操之过急，也不要失之过缓，影响项目结项，特别是要注意把握好重要的时间节点以及农村时令特点。三是项目财务管理。项目一旦批准，资助方即要求项目管理机构设立独立的账户，保证专款专用，并配备财务人员，严格进行支出控制，严格按照预算执行。四是项目建设和内部评估。项目建设是农村社会工作机构持续不断地对项目实施过程进行跟踪和监督的过程，旨在及时掌握项目的进展情况和财务执行情况，及时发现问题和解决问题。内部评估是指项目管理机构对项目内容和战略所作的评估，旨在预见和未预见到的项目活动影响因素，并提出调整意见。五是项目风险控制。在项目运作过程中难免存在风险。完善的项目管理要求能够对项目风险进行有效管理。项目风险控制的常用方法有差异控制和应急计划两种。六是项目评估。即对已经完成的项目在目标达成情况、工作效率和项目管理能力等方面所作的分析和评价。项目评估的主要内容有：项目设计评估、项目目标评估、项目成果评估、经济效益评估、组织实施评估、项目管理能力评估和受益人群评估等。

五、资源链接技巧

一次完整的资源链接服务至少要经历需求评估、活动筹备、活动开展和结束跟进 4 个阶段。在此过程中，农村社会工作者可能需要与不同的组织和个人进行交流和协调，并扮演倡导者、策划者、协调者、实施者、照顾者、评估者、治疗者等不同的角色，这就需要农村社会工作者掌握相应的工作技巧。

1. 进行需求评估

资源链接的需求是双向的，一方面来自需要获得社会帮助的服务对象，农村社会工作者的专业服务通常就是围绕着他们而展开；另一方面来自愿意提供援助的资源拥有方，即赞助方。

农村社会工作的范畴主要是面向农村社区的居民群众，有长者、青少年、家庭等多种群体，以家庭为例还可细分为低保家庭、单亲家庭、残障家庭、失独家庭等不同类型家庭状态，其需求具有面广、量多、不统一等复杂特点。复杂化、多样化的服务对象需求只有被管理起来方能尽可能为他们匹配到合适的资源。对此，可以运用“用户画像法”的方法对其需求进行管理，通过画像的方式将复杂的居民需求进行分类分级管理。

赞助方可能是个人，也可能是政府部门、企业、公益慈善机构或者其他组织。随着市场经济的进一步发展，一些拥有资源的组织或个人有着回馈社会、展示自我的需求，愿意向有需要的人士提供帮助、奉献爱心，这种需求的背后可能缘于赞助方对名气和利益的追求，也可能是担当社会责任的自我意识。特别是依托一些节日进行的服务，这种“需求”就会表现得格外明显。农村社会工作者对赞助方要有一定的前期接触和了解，并进行一定筛选。如对个体赞助方，可能是乡贤、社会贤达、“两代表一委员”（人大代表、党代表、政协委员）或者普通爱心人士，其背后可能还有家庭里的长者、子女或逝去的亲人，其行善目的可能是多元的，社会工作者应分析其社会身份，对其动机做到心中有数。资源链接过程中，农村社会工作者可以结合一些诸如节日、庙会、红白喜事等特定日期，与赞助方保持联络和互动。社会工作最终是以促进社会的和谐稳定发展为目的的，农村社会工作者在日常工作中应该积极倡导资源拥有方承担社会责任，提升社会影响力，收集整理有效资源，既帮助赞助方合理配置自身资源，又帮助其有效运营资源投入以获得最大产出，以求最大限度达到赞助方和受助方“需求”的匹配，最终使服务对象或困难群体受益。

2. 开展活动筹备

在一场资源链接服务中，农村社会工作者起到赞助方和受助方之间桥梁的作用，同时作为活动主要策划者，社会工作者对活动开展中可能遇到的问题还要有全盘的考虑。首先，启发双方明确自身的需要和目标，其中应注意目标的主次之分，明确自身主要目标和需求；其次，协调双方前期信息沟通工作，不只是传声筒，要通过引导影响赞助方和受助方保持对彼此理性的期待；再次，对于那些不理性或者不合理的期待给予适度的教育，包括一些专业知识和适用方法的传授和讲解；最后，社会工作者要对活动流程进行详细安排，包括活动中可能产生的问题，事先准备好备用方案，如到达活动场地路线、活动场地周边的环境、活动场地布置、活动参与人员的情况等。

3. 组织活动开展

一场成功的资源链接活动必须是在有组织的流程框架下进行的，社会工作者要勇于担负起组织者的角色，在前期对双方情况了解的情况下，促进活动环节依次有序进行。其中包括对现场设备维护的技术支持，作为互动环节助理工作人员的支持，协调双方开展互动，鼓励受助方展示自身优势，如歌舞迎接或回赠自制礼物、农村土特产等；照顾现场中身体不便者，劝告或带离影响活动正常进行者，以保证活动顺利进行。在此过程中，社会工作者需要重视仪式感，赞助方愿意参与公益服务必定有其需求和目标，在活动设计中可以加入必要的仪式，邀请赞助方现场捐赠物资、领导致辞、送感谢信和授旗等环节，并在宣传新闻稿中提及赞助方社会责任践行等方面。

4. 做好结束跟进与资源维护

资源链接赞助活动现场的结束并不是社会工作者服务的结束，有时可能是下一场资源链接服务的开始。首先，社会工作者应就已结束的资源链接服务活动开展成效评估，包括对双方的满意度和目标达成情况，及时总结反思。其次，社会工作者要做好赞助方的反馈工作，定期问候，必要时拜访。不是所有的资源都能保持在高频率的合作状态，想要让合作关系在不被使用时依然保持一定的熟悉度，就要求建立长期关系、保持稳定的沟通，社会工作者可以借助节日问候、每月活动咨询推送、必要走访拜访等方式保持与赞助方的联络，便于了解对方近期需求，寻求合作机会。最后，对受助方也要及时开展跟进服务，了解需求满足度，最大限度发挥赞助物资价值，不浪费、不闲置。通过链接服务中物质条件的改善间接促进服务对象意识问题的改善和治疗。

六、文书档案管理技巧

农村社会工作在开展过程中形成的各种文件、资料、宣传品较丰富，对其专业化、职业化建设具有较强的存史和参考价值，是社会工作档案的重要来源。无论从社会工作发展角度还是档案管理拓展角度，都应当加强对社会工作档案的收集、整理、保管和利用，提高社会工作档案管理的科学化、规范化和系统化建设水平，以发挥社会工作档案的独特作用。下面是一些关于农村社会工作文书档案管理的技巧。

1. 完善文书档案管理系统

要做好社会工作文书档案的整理和归档，先要制定完善的文书档案管理系统，并在管理系统中对于归档过程存在的问题制定相应管理制度，使档案管理人员在具体工作中严格依据管理制度开展工作，确保文书档案管理的有效性。农村社会工作机构内部的档案管理制度，应侧重于对具体操作流程、步骤和细节的表述，要围绕档案法和档案工作的基本精神，结合农村社会工作的实际和特点，使内容具有指导性、针对性和可行性，便于在实际中量化、操作。

2. 集中统一管理明确归口

社会工作档案具有独特性，农村社会工作机构应当形成独立全宗，这比社会工作档案全部归入政府主管部门全宗或民政部门全宗更有利于其发挥价值，但一些重要的、需永久保存的档案可移交乡镇职能部门并最终移交档案局（馆）。对一些小型农村社会工作机构，可建立全宗汇集，形成档案资源的集约、互补优势。

3. 提升档案管理人员专业技能

农村社会工作文书档案管理工作过程中，既要完善文书档案管理系统，也要积极提升档案管理人员的档案管理专业技能和素质。档案机关要加强对人员的培训，系统传授业务知识，完善队伍建设；农村社会工作机构要积极组织员工学习，了解和掌握农村社会工作档案的收集、整理、鉴定、归档、保管、统计、检索、利用等各项工作的操作流程和基本方法。

4. 有效利用档案形成特色

档案管理工作的最终目的是便于社会各方面的利用。加强社会工作档案管理，目的也是更好地利用。利用社会工作档案的人员主要包括社会工作者、政府主管部门、民政部门、督导、高校专家学者以及服务对象本人。社会工作档案由于牵涉服务对象的隐私，需要恪守保密原则。对于社会公众，为了达到宣传社会工作效果，可以在利用社会工作档案的基础上，撰写案例和出版编研成果。撰写案例要体现农村社会工作的专业理念和工作技巧，体现党和政府以及社会各界对农村社会工作事业发展的关怀，通过生动的案例，农村社会工作服务得以呈现，具有生动性、感染力。社会工作档案编研要在充分查找、阅读社会工作档案的基础上，根据时代特征、社会需求和专业建设方向，做好选材工作，确立具有社会价值和专业价值的编研主题，通过抄纂、编述、撰写等形式，形成各类编研成果，包括文件制度、个案故事、基础工作数字、照片集锦等汇编以及论文、调研报告和专著。

第四节　农村社会工作的注意事项

一、农村社会工作风险防范

任何行业在发展中都会有风险，农村社会工作同样如此。农村社会工作机构在运营管理中既面临自身内部成员带来的挑战和风险，也面临来自服务对象、合作伙伴、社会环境等方面带来的挑战和风险。小到一个场地、一次服务活动的安全，大到涉及服务对象的权益保护和整个项目运营，都需要社会工作机构来考量其中的服务风险和安全保障问题。安全问题和风险是项目服务活动过程中伴生的产物，但安全问题和风险又会严重影响和破坏正常的项目服务活动乃至行业发展大局，因此，安全问题和风险管控十分必要且重要，是做好项目服务的基本前提和重要保障。

1. 常见风险

农村社会工作服务过程中的常见风险主要包括：一是社会工作机构自身风险，是指机构及其从业人员在社会工作服务活动中产生和面临的风险，如内部安全风险、财务混乱风险、从业人员违规违法风险等；二是农村服务环境的风险，包括服务活动所处的社区环境、办公场地、服务场地、服务设施等方面带来的潜在安全问题和风险，如用电、摔伤、火灾、雷电、动物、交通、公共卫生、自然灾害等风险；三是服务对象的风险，是指服务对象及其家人在接受服务活动过程中，给社会工作机构及其从业人员带来的风险，如服务对象有不合道德、法律规范的行为和要求，或者其他突发状况等，由此而可能导致社工及其服务机构面临自身权益受损性风险；四是合作伙伴的风险，是指在社会工作服务活动中，与社会工作机构合作的单位或个人带给社会工作机构的风险，如社会工作机构在整合、利用社会资源过程中，容易被商业机构利用，如何防范由此产生的服务对象信息泄露、商业推销、商业欺诈等风险。

2. 风险管理

上述四类风险是农村社会工作服务活动中易发的服务风险，几乎涉及农村社会工作服务的方方面面。想要有效管控这些风险，社会工作机构要做好风险识别、风险评估、风险应对和风险监控等风险管理，并做好以下几方面工作。

一是要树立和增强社会工作服务风险的意识。在实施项目运营管理活动中，坚持安全第一原则，把安全管理渗透到项目运营管理和服务的各个方面，在实施每项管理和服务前，先做好安全评估和预警，做到服务实施前安全保障先行，确保服务风险可控。二是要明确机构内部的安全管理责任。机构管理者在实施项目运营时，应明确相关负责人的安全管理责任，建立相应的安全管理考核机制，确保机构服务的安全管理责任明确、目标明确、执行到位。三是要抓好机构日常安全管理的监督。机构管理者应建立相应的安全管理监督机制，采取定期抽查、暗访、排查等方式，对相关项目服务点的防火、防盗、用电、服务对象权益保护等安全管理情况进行监督，及时开展机构内部的安全自查、自检和自纠工作，以有效管控服务风险。四是要适时开展机构安全管理的教育活动。针对机构日常专业服务、场地设施维护、项目运营、对外合作等活动中存在的问题和风险，及时开设相应的职业道德伦理、服务对象权益保护、专业服务安全、场地设施安全、合作安全、资源安全利用等专题培训教育，以提升机构从业人员对安全服务和管理的认知。五是要完善相关的安全管理制度和指引。应在实际服务活动中，加强对社会工作服务安全管理方面的知识和经验积累，逐步完善机构的相关安全工作制度和指引，确保有效的安全管理经验和做法能上升为制度规范，以便有效提升机构的安全管理能力或水平。

二、农村社会工作宣传推广与新媒体运用

宣传工作即传播工作对做好农村社会工作大有裨益，尤其是新媒体时代，宣传工作更是可以突破时空和地域的局限。农村社会工作的宣传要做好社会工作知识推广、筹资与资源链接、志愿者招募、服务预告等服务前

期宣传以及服务回顾、服务总结等服务成果展示宣传。同时还可以利用新媒体平台如以微信公众号、新型直播平台等开展线上服务，联动线上线下服务。

农村社会工作在宣传方面要达成两个效果：提升知晓度和影响力。根据欲达成的成效，农村社会工作应注意日常把握好宣传工作的频次、覆盖面和宣传工具等事项，具体应注意下列事项。

第一，科学选择宣传媒介阵地。农村居民中很大一部分人不会使用智能手机，获得社会工作信息的途径主要是传统方式，因此要注意充分利用墙报、板报、海报、宣传栏及时张贴社区通知或打出横幅，每场活动由活动负责人制作活动通知，提前两天打印张贴（太早村民会忘记，针对需要报名的活动可以提前一周）。传统的宣传单册、折页、宣传展架等在农村地区是不可或缺的，而印有社会工作元素的肥皂、塑料扇、钥匙扣、开瓶器、卡通玩偶等具有一定实用性的工具和玩具在农村地区更受欢迎。农村社会工作可结合实际创新宣传的媒介。

第二，运用新媒介提升宣传效率。社会工作者应当意识到求助方式的代际变化，并尽快掌握高水平的在线社会工作实务技术。社交媒体的互动传播环境，为社会工作提供了新的宣传和倡导平台，社会工作者在实务过程中应当灵活地加以运用。作为一个处于发展阶段的专业，社会工作的公众认知度还比较低，社会工作者应当合理运用新媒体等传播平台，对农村社会工作的服务理念、专业价值以及服务成果等进行宣传，扩大农村社会工作的社会影响。除此之外，农村社会工作者还可以通过社交媒体关注农村特殊群体问题，并通过这一途径为特殊群体发声，倡导社会的关注，同时充分利用社交媒体为服务对象寻求社会支持、进行资源链接。要建立村民微信群、QQ 群，经常发布活动和社区服务通知信息，让居民更加方便了解社区动态。对微信公众号进行体系化管理，农村社会工作微信公众号的定位通常包括长者服务、青少年服务、家庭服务、社区服务等方面，再进行子菜单的划分。还可以进行短视频的录制和传播，如抖音、快手等。需注意的是录制视频应当现场征求参与者意见。

第三，微信公众号文章推送数量保证。微信公众号最好每周都有推文。文章来源可以多元化：一是农村社会工作站点活动信息；二是其他公众号优秀文章，可以按照分类，发送某个系列的，让村民比较清楚明白此公众号的定位；三是农村乡镇社区相关通知；四是社会工作者自己撰写文章；五是村民投稿文章。比如，服务对象感谢信、农村少年儿童参加志愿服务的感言等。

第四，保证服务新闻推送时效性。每场活动的新闻稿完成之后发送相关负责人进行校稿和修正，完善后由开展活动的社会工作者负责将活动的照片和新闻稿推送到微信公众号平台和社区微信群，社会工作者也可以自行联系一些媒体如当地报社、电视台等，及时报送相关活动信息，争取媒体公开报道。最后将新闻稿和照片发送给相关负责社会工作者进行存档，留作以后宣传材料使用。

第五，村内刷脸频率保证，社会工作者的身影和声音本身就是最好的宣传。每月要有活动，可以是志愿者服务（结合农村地区不同季节时令、不同服务对象）；也可以是主题活动（节日主题、环保主题、邻里互助主题等）；还可以是集中走访或是危机事件的紧急处理，让村民看到社会工作者马甲在眼前不断出现。

第六，控制传播风险。主要包括保密问题、安全与隐私问题以及信息核实问题 3 个方面。虽然社交媒体的使用可以帮助社会工作者快速地搜集信息，但也可能造成信息泄露的危险，服务对象信息的安全和隐私难以保证。通过社交媒体对服务对象进行介入时，虚拟的环境虽然可以使服务对象更为放松，促进服务对象的自我披露，但是也导致服务对象故意隐瞒真实情况的可能。为此，社会工作者要掌握在线服务的危机应对方式，增强社交媒体使用的伦理敏感性，随时做好危机预案，做到服务规范化、专业化、透明化，正视社交媒体在社会工作的运用过程中所形成的伦理困境和伦理抉择，不断提高在社交媒体时代的伦理意识。社会工作机构制定并实施媒体使用政策和指南，既要积极利用社交媒体为社会工作带来的发展机遇，也要防范和控制社交媒体使用过程中的社会工作伦理风险。

三、农村社会工作财务管理

如何科学管理社会工作的财务投入，确保经费使用的规范性，提高经费使用成效，对农村社会工作机构的良性运行和发展非常重要。对此应注意下列事项。

1. 建立健全财务管理制度，遵守原则和底线

根据主管部门的要求，按照科学合理的原则做好项目经费的管理制度和具体的管理办法，不断对财务制度进行补充完善，包括机构财务的监管、申请报销的流程、专项经费的收支制度、突发应急事件款项的使用规定、机构内部财务风险控制制度、机构的财务管理档案建设等。财务管理上应遵循“合法性”“专款专用”和“经济合理”3个原则。

2. 要有相应的财务管理人员

社会工作机构财务管理人员除了核算薪资报销费用，还需要了解相应的行业规则，包括把握政府购买经费的使用方向，按照协议规定的项目内容和标准使用经费，并且将费用控制在核定比例之内，确保社会工作者工资和业务活动经费不被挤占，服务指标得以完成，同时要根据项目的进度动态了解核实各项目的具体情况，对工作当中各项可能的支出考虑全面细致，项目经费当中用于各项目服务开展的比例要合理。要树立全体员工的财务意识，不定期组织社会工作者学习相关制度和政策，有针对性地对一些科目进行讲解，规范财务工作，坚守社会工作伦理道德，为服务对象提供优质服务。

3. 项目预算要合理，并建立应急机制

编制预算时，社会工作机构在“项目简介”和“项目预算”中列明项目主要内容、实施区域、服务类型、受益群体、受益人数和次数、费用种类和标准，分别编制财政资金和配套资金使用预算，并按“社会服务支出”“固定资产购置支出”和“项目执行费用”分类别进行明细列报。建立备用资金，保证在政府拨付经费不能及时到位的情况下能够正常为服务对象提供服务和及时足额地发放工资薪酬。

4. 明确各类明细支出标准和要求

①交通费，包括差旅费和市内交通费。差旅费应参照国家有关规定执行；报销时，除票据外，报销单据中应注明出差人员姓名、出差时间、事由、起止地、费用类型等。市内交通费报销时，除票据外，报销单据中应注明报销人员姓名、外出事由、起止地、费用类型等。②培训师资费，包括授课教师讲课费、住宿费、伙食费、交通费等。③劳务费，包括专家咨询费、临时聘用人员劳务费和志愿者补贴，需要列明劳务的种类、服务内容、工作次数及时间、标准等。④印刷、宣传费，是项目执行中必须发生的费用。大额的印刷宣传费用，必须签订合同，须有合同、单据、发票等。

5. 防范财务风险，建立内部控制制度

要建立社会工作机构内部控制制度和会计控制制度，如对机构的货币资金控制、采购与付款控制、收款控制等。实施内部牵制制度，对不相容的岗位实行相互分离、相互制约；建立回避制度；会计负责人的直系亲属不得担任出纳人员；严禁擅自挪用、借出货币资金；严禁收入不入账；严禁一人保管支付款项所需的全部印章；不得由同一部门或个人办理采购与付款业务的全过程；收入要及时入账。财务风险存在于财务管理工作的各个环节，任何环节的工作失误都可能会带来财务风险，必须将风险防范贯穿于财务管理工作的始终。

第八章　农村社会工作案例

随着我国农村社会工作实务的推进，近年来，国内已涌现出大量农村社会工作案例，其中有不少优秀案例。农村社会工作案例对于总结农村社会工作经验与规律、引导农村社会工作的宣传与推广等具有重要意义。

第一节　农村社会工作案例概述

一、优秀农村社会工作案例的标准

什么样的案例才算是优秀的案例？实务中并没有绝对的标准。但一般来说，优秀的农村社会工作案例会有许多共同的品质，通常具有如下一些标准。

1. 内容具有真实性

客观真实是优秀案例的生命源泉，缺乏真实性的案例不是真正优秀的案例。农村社会工作案例来源于社会工作者的农村社会工作实务过程，其内容是对农村社会工作助人过程真实和完整地呈现，包括社会工作者与服务对象的互动过程以及场景描述等。

2. 服务具有专业性

较强的专业性是优秀案例的立命之本，社会工作案例应当凸显自己的专业特色，缺乏专业性的社会工作服务难以持久。农村社会工作应当能根据对服务对象问题和需求的分析，恰当地运用农村社会工作的专业方法和技巧，秉持社会工作价值的伦理取向，遵循社会工作的相应流程，展现社会工作理论与方法的专业魅力。另外，也要求服务是有成效的，能促进服务对象的成长和问题的解决。

3. 特点具有典型性

优秀案例往往具有一定的典型性，在农村社会工作服务中是属于比较常见的和具有代表性的，而不是特殊罕见、独一无二的。撰写案例时，应重点选择社会关注度较高的农村个人、家庭或特定群体所遇到的社会矛盾与问题，通过社会工作介入取得积极显著效果的案例，使之具有较强的现实意义、可操作性和代表性。

4. 效果具有可推广性

优秀社会工作案例应当是可供学习借鉴的，对类似情形具有参照作用。社会工作者在案例中使用的方法技巧，能够宣传推广；案例总结的一般操作程序和介入经验模式，可以对同类服务发挥积极的启发和示范作用。

5. 撰写具有科学性

社会工作案例的撰写应坚持科学性原则，保持中立、条理清晰、符合逻辑、具有保密性。在案例的书写方面，社会工作者需要做到文字简洁、语句通顺、结构合理、条理清晰、逻辑严密，能够客观地记录事实，并保持记录的中立性，避免社会工作的主观判断和评价。案例须尊重服务对象或其监护人的隐私权，不使用服务对象的真实姓名，不涉及服务对象及其家人的工作单位、家庭住址等个人真实信息。

二、农村社会工作案例的构成

一篇社会工作案例一般可以包括 6 个部分，即案例背景资料、案例分析、服务计划（包括所用理论、目标、服务程序）、服务过程、案例评估（包括过程评估和效果评估）、社会工作者反思与总结等。

1. 案例背景资料

以个案工作为例，在这一部分，社会工作者需要介绍案例的基本资料，包括服务对象的化名或代名，性别、年龄、身体状况、家庭状况，等等。需要介绍服务对象现状，因问题或情绪给服务对象带来哪些心理和社会困扰？服务对象曾经为此作出过哪些努力？对待问题的感受和情感是什么？是怎样认识和看待自身问题的？服务对象的家庭关系、社会关系、社会支持如何？等等。

2. 案例分析

在这一阶段，需要对服务对象的困扰和问题进行分析和评估。社会工作者可利用相关的社会工作理论对服务对象的困扰和问题进行分析和解释，可以从生理、心理、社会 3 个方面进行分析。如在生理方面，是不是由于疾病、服药、康复引起的反应？是否与特定的年龄阶段（青春期、更年期）有关？在心理方面，是否与服务对象处理自身的情绪有关，或者与不合理的评价和认知有关，比如绝对化、概括化、糟糕透顶的非理性思维方式等。在社会层面，是否与缺乏社会支持和缺乏相应的治疗条件（如缺医药费）有关？通过这些分析和评估，找出影响服务对象问题和困扰的关键点，明白服务对象的真正需求。

3. 服务计划

在找出影响服务对象问题的关键点和明白服务对象的真正需求后，需要与服务对象讨论和商定服务目标。在商定目标后，社会工作者需要根据目标选择合适的指导理论，运用合适的介入技巧。因为每一种理论的适用对象和范围，每一种理论治疗要达成的目标，每一种理论的方法技巧是不一样的，社会工作者需要根据具体情况去选择理论。如服务对象的问题在不合理的认知上，可以选择认知疗法；如服务对象的问题在服务对象自身的自我评价、自我价值、自我概念上，可选择人本主义疗法；如服务对象的问题在偏差行为上，可选择行为主义疗法。之后，再选择理论中的技巧去制订服务计划。

4. 服务过程

在这一阶段，社会工作者要详细记录社会工作者与服务对象的互动过程，需要具体记录社会工作者是怎么运用服务技巧的，服务对象的反应是什么，做了哪些工作，社会工作者的回应是什么，介绍介入的事项、介入的内容等。

5. 服务对象评估

社会工作者需要评估在服务中的方法、策略、技巧是否合适，在过程中是否有遗漏的地方和处理不合适的地方，哪些是比较有成效的地方。在效果方面，需要评估服务对象问题的解决程度以及目标的达成情况等，如服务对象社会功能改变程度，服务对象情绪、思维、观念、行为的改善程度。

6. 社会工作者反思与总结

在这一阶段，社会工作者需要对整个案例进行总结和反思，总结经验与不足，总结该案例带来的启发，有哪些创新的地方，有哪些经验值得宣传推广，在社会层面的意义是什么。

第二节　农村社会工作案例示范

案例一　爱发脾气的小女孩成长记

——单亲家庭儿童的个案服务介入

一、基本情况

（一）背景介绍

服务对象小蔡，女，7 岁。出生几个月后，其父母离异。4 岁之前跟随母亲在北京生活，4 岁后跟随父亲生活。4~5 岁就读于武汉某艺术学校，平日寄宿，周末回家。6 岁时回农村读书，由祖父母照顾。

（二）分析评估

服务对象的生理、心理、家庭和社会适应状况如下。

1. 服务对象的生理和心理状况

小蔡因频繁更换监护人、学校及生活环境，导致自身的生理机制难以适应。精神上易躁易怒、爱哭；行为上不愿表达内心想法，不愿意与人开口讲话；饮食上挑食严重，导致身体素质差，身形瘦小，容易生病。人际交往上，在学校经常被同学嘲笑，并遭受来自村民的议论，加之缺少熟悉的人陪伴，导致小蔡对其他人有较强的防御心理，自我价值感较低，十分在意他人的评价，怯懦爱哭、脾气暴躁，不愿开口与人交流。

2. 服务对象的家庭和社会适应状况

爷爷奶奶对小蔡期望较高，管教严格，经常会动手打服务对象，教养方式较为粗暴。父亲对其是溺爱型教育，母亲经常给其寄东西。据小蔡反映，爷爷会因孙女的教育问题与儿子发生矛盾。祖父很不喜欢小蔡的妈妈，经常会在小蔡面前说其妈妈的坏话，不让其和妈妈联系 。小蔡很依赖爸爸，很思念妈妈，时常会在本子上默默写出妈妈的名字，会趁爷爷奶奶不在的时候跟母亲联系。父亲回来的时候，会让自己和母亲打电话。长此以往，她很讨厌自己的爷爷。

3. 服务对象的其他情况

学习方面，成绩较差，经常受到老师批评。朋辈交往方面，经常被同学嘲笑。在“四点半课堂”上，社会工作者观察到她的学习基础较为薄弱，经常举手问问题，几乎每一题都不会。

4. 服务对象面临的主要问题

（1）不愿表达内心想法，常以发脾气和哭泣来发泄。

（2）学习成绩差，缺乏学习动力。

（3）爷爷的教养方式粗暴，祖孙间关系较差。

（4）挑食严重，影响身体发育。

二、案例介绍

（一）服务目标

1. 提供情感支持，引导管理自我情绪。

2. 改变家庭教养方式，改善爷爷与服务对象的关系。

3. 缓解服务对象挑食问题。

4. 提升学习成绩，增强学习动力。

（二）服务策略

采用心理社会治疗模式，对服务对象本身和周围环境介入。

1. 个人层面介入

（1）建立信任关系：通过“四点半课堂”课业辅导，陪同其参加社会工作站课余活动，给予鼓励支持，让其感受到社会工作者是可信赖的。

（2）发脾气原因探析：在面谈中，社会工作者以一次发脾气事情作为引导，鼓励服务对象表达，进而引导其说明经常发脾气的原因，服务对象脱口而出“不喜欢家里人，除了爸爸”，因为他们“管我”“打我”。服务对象表现出来地发脾气和爱哭，其实是对生活环境压力的反抗。面谈后社会工作者告诉服务对象：以后不喜欢家里人的管教方式，可以说出来，但不要哭闹、发脾气，见表 8-1。

表 8-1　　各服务阶段工作策略

服务阶段	主要工作	目标	介入方法	时间安排
建立专业关系	“四点半课堂”学业辅导；陪伴参与课余活动	建立良好的信任关系，观察服务对象的问题表现	支持	一周
直接治疗阶段	我不发脾气，理解爷爷的爱	了解发脾气的原因，鼓励服务对象表达个人感受；让服务对象理解爷爷，增进祖孙关系	探索、描述、宣泄；支持、直接介入	四周
	我很勇敢	鼓励服务对象敢于表达自己的需求	支持、直接介入	二周

续表

服务阶段	主要工作	目标	介入方法	时间安排
间接治疗阶段	园艺治疗小组	让服务对象认识蔬菜，鼓励其吃蔬菜	创设情境、支持、信息传递	二周
	家庭关系协调	让爷爷尊重孙女对母亲的感情，改善爷爷的教养方式	信息传递	二周
	亲子活动、志愿服务	增进祖孙互动，促进爷爷对服务对象的了解和鼓励，改善双方关系	资源创造、鼓励	四周
	学习辅导	提升服务对象学习能力和水平	资源提供	全程
改变跟进及结案	跟进观察服务对象及其家庭改变，评估结案	确定服务对象改变成效		

（3）鼓励表达自我需求

由于服务对象爱发脾气、爱哭、胆怯、不会自我表达，经常受到其他同学的嘲笑和歧视，也没有人愿意和她一起玩儿。为了促进服务对象与同辈群体交流，让其敢于表达自己的需求，社会工作者每天会抽出一段时间带动社会工作服务站的儿童跟服务对象一起丢沙包。服务对象身材较小，较为轻盈，经常在丢沙包的游戏中存活时间最长，加上社会工作者的鼓励，增强了她的自信心。为了鼓励服务对象与其他儿童交流，社会工作者鼓励服务对象主动邀请其他儿童陪自己丢沙包。开始时，服务对象表现较为拘谨，告诉社会工作者自己不敢与其他人讲话。在社会工作者的陪伴下，社会工作者一句一句地教服务对象表达自己的诉求，经过长时间的训练，服务对象逐渐地放开自己，面对其他儿童也没有那么紧张了。社会工作者还逐步训练服务对象尝试参与一些自己没有玩过的游戏。

此外，社会工作者还邀请服务对象及班级同学一起参加小组活动及团辅游戏，让同学们重新认识服务对象，也让服务对象学会去接纳其他人。

（4）改善挑食问题

因服务对象挑食严重，经常流鼻血，身体不好。社会工作者邀请服务对象加入园艺治疗小组，增加服务对象对蔬菜的认知，让服务对象知道挑食的坏处，鼓励服务对象尝试不喜欢吃的蔬菜。后来与爷爷沟通得知服务对象在挑食问题上有所改善。

2. 服务对象家庭关系调解

据服务对象爷爷介绍，服务对象的母亲属于婚内出轨离婚，使全家人饱受村里人非议，因此，爷爷对服务对象母亲充满憎恨，进而不许服务对象与其母亲联系，经常在服务对象面前说母亲的坏话，灌输服务对象对母亲的仇恨情绪。服务对象告诉社会工作者自己非常思念母亲，不希望爷爷在自己面前这样说妈妈。基于服务对象的需求，社会工作者单独与服务对象的爷爷进行面谈。经过多次面谈，爷爷承诺愿意与服务对象一起作出努力，不再说其母亲的坏话，引导她学会控制自己的情绪。

社会工作者单独与服务对象进行面谈，了解爷爷打服务对象的原因，并帮助服务对象进行分析，让其理解爷爷“打”自己并不是不爱自己，只是爷爷没有学习到好的沟通方式与自己相处。同时，告诉服务对象的爷爷答应以后不再动手打她，鼓励服务对象发生事情时要告诉爷爷，与爷爷商量。

3. 社区活动、志愿活动——增进祖孙关系

社会工作者邀请服务对象一起打扫社会工作站，鼓励其参与集体活动，服务对象的爷爷恰好看到了服务对象主动打扫的一幕，较为感动，并向社会工作者传达了感谢，告诉社会工作者，这是孙女来自己身边这么久，第一次看到主动帮忙擦桌子。社会工作者也及时在爷爷面前表扬了服务对象。之后社会工作者在与服务对象的爷爷交流中，了解到服务对象回家会帮助做一些简单的家务，爷爷非常欣慰，认为有这样的进步已很不容易。社会工作者通过邀请祖孙共同参与重阳活动，更加促进了他们关系的融洽。

4. 学习辅导——提升学习成绩

服务对象学习基础较为薄弱，社会工作者每天下午及周六辅导其完成作业，以帮助服务对象补习课程薄弱点。

三、总结点评

（一）辅导过程多种方式结合开展

本个案在辅导中社会工作者采用直接治疗和间接治疗的服务方法，充分运用小组工作、社区活动、志愿活动、朋辈群体互动和“四点半课堂”等多种形式开展。一是服务对象年龄较小，理解力和认知能力有限，面谈辅导并不一定达到效果。将其放到集体中，通过同伴群体的榜样示范、鼓励和支持，进而带动服务对象的改变；二是注重对服务对象自我效能感的激发，在服务对象某一方面表现有进步或较好时，及时直接地表扬和鼓励，提升服务对象的自信心，增强服务对象的改变动力。

（二）社会工作者角色反思

服务对象因长时间没有母亲陪伴在身边，社会工作者与其建立了密切的服务关系，可能给服务对象一个错误的认知“我没有妈妈，我想要一个妈妈，××对我很好”。社会工作者作为年龄相仿的成年女性可能存在着“角色替代”隐患，造成移情。随着关系的深入，社会工作者对服务对象的处境理解和体会更深，社会工作者对服务对象表现出过度的保护，在个案进行中社会工作者也用了一段时间去梳理个人的情感投入和减少服务对象对自己的依赖。因此个案辅导中，社会工作者要时刻反思自己的价值立场、情感投入及伦理守则，避免给服务对象造成伤害。

案例二　助力社区内生能力增长的社会力量扶贫之路

——以陕西嘉义妇女发展中心堖子村妇女公益创投项目为例

一、基本情况

在陕西省社会组织管理局及省扶贫合力团联席会议的号召下，陕西嘉义妇女发展中心（简称“陕西嘉义”）计划助力贫困山区妇女脱贫，2014年4月，陕西嘉义通过参与性需求评估，在渭南市临渭区妇联、桥南镇政府的支持和推荐下，选中了青壮年大多外出打工、留守妇女和老年人相对集中、妇女创收积极性比较高的庙底村（现为堦子村的一个村民小组），启动了“庙底妇女公益创投项目”（简称“一期项目”），后来又以陕西嘉义妇女发展中心为平台，于2016年4月启动了“通过农村妇女组织协助农民应对市场困境的探索”（简称“二期项目”），开始了长达5年的实践与探索。

陕西省渭南市临渭区桥南镇堦子村因为土地贫瘠、经济来源单一，村民以外出打工为主、种植为辅，人均收入在陕西省渭南市临渭区属中等偏低水平。堦子村共有耕地3460亩，424户，总人口1792人，其中妇女830人，妇女劳动力约500人，55岁以上的中老年妇女340人，外出打工的中青年大约940人，其中妇女不到200人，村庄的空心化和老龄化正在加剧，留守妇女大多以照顾老年人和孩子为主，她们想做些事情，但是似乎很难找到适合自身的机会。陕西嘉义于2019年10月16—20日，为38名贫困妇女带来了玉米皮三股辫、玉米皮蒲团缝制、玉米皮水果篮及收纳筐等产品的编织方法，编出了精美的果盘、杯垫及收纳筐，开始尝试就地取材、环保节能、零投入的草编手工产业发展之路。

陕西嘉义在堦子村的扶贫项目，从弘扬传统文化入手，彰显妇女优势，盘活乡土文化资源，有效提升妇女自信心，最大限度地激发社区内生动力，这才应该是妇女自主脱贫的根本，而不是急于追求收入增长。

二、案例介绍

1. 激发人力：一次催生村庄参与感的手工艺大赛

2015年6月26日，项目团队协助村里举办了一届手工艺品大赛，村里的男女老少齐动员，敲锣打鼓地迎来了村里的第一届手工艺大赛，近200余幅参赛作品让应邀前来的乡镇领导喜出望外：“想不到我们这么小的一个村竟有这么多能人，才几天就拿出了上百幅参赛作品，人人都是能工巧匠。"手工艺品大赛让项目团队看到了不同以往的妇女骨干和社区，她们充满自信、具有良好的组织能力，她们不但关注自己的兴趣和特长，而且更加关注社区中的留守儿童和孤寡老年人。项目团队借此机会，运用优势视角重新审视项目，与妇女骨干、村民、村"两委"及镇政府深入沟通，并依据现实情况将项目目标调整为对创收小组的能力建设和陪伴，采取提供启动资金、给予技术指导、外出参观考察和参与式培训相结合的方式，以妇女兴趣为导向，这样一来妇女骨干和社区的积极性被调动起来，主动性也被激发出来，项目推进也越加顺畅。

2. 凝聚人心：一场唤醒村庄归属感的摄影大赛

为了提高妇女的摄影技巧，项目团队邀请有网络销售经验的摄影爱好者给妇女创收积极分子提供摄影培训，教大家利用手势、光线、角度拍摄产品的技巧，介绍手机拍照模式和后期修图软件等。在练习拍照的过程中，老一辈蒸馍用的草圈和风箱、耕地用的犁耙等老物件进入大家的视野，项目团队趁机以"我们村的老物件"为题举办了一期摄影大赛，让妇女们用照片去寻找和展示祖辈留下的古老物件和农耕器械，向年青一代及外界更好地展示堷子村的传统文化和习俗。这次老物件摄影大赛，不仅使村里的年轻人及外界对堷子村传统文化有了更多的了解，与手工艺大赛一样，同样提升了妇女的自我认同感，调动了更多村民参与社区公共活动的积极性。

3. 提升人气：一本增强村民认同感的口述访谈小册子

与周边的绝大多数村庄一样，堷子村很多青壮年都已出去打工，但是对于红白喜事，村民们可从来不将就，更不含糊。在这样一些颇具地方特色的节庆习俗、生命礼仪等群体性活动当中，项目团队感受到的不只是浓浓的乡情，还有代代相传的村庄秩序、伦理道德及文化价值观等。基于这样一些认识和思考，项目社工们找到了村民们公认的"文化人"，如张占稳老师等，通过访问村里的老年人们，编写了《传承乡土文化、彰显女性风采》这本口述访谈小册子。小册子由"庙底今昔""传统习俗""乡土美食""女性风采"以及村庄附近的"人文景观"五部分组成。通过口述访谈整理出来的小册子深受村民喜爱，描写村庄历史、风俗习惯、风味小吃的文字和照片，在某种程度上唤醒了对祖辈们的记忆，提升了村庄成员的归属感和自豪感。在彰显堵子村传统文化习俗、弘扬优秀传统文化的基础上，小册子也赋予了草编产品、农产品更加丰富的文化内涵，期望借此来提升其文化附加值及市场竞争的“软实力”。一些城市消费者通过这本小册子，对当地生产者的生存处境和生活习俗有了更多的了解，来村上参观、旅游、吃农家饭、住农家旅馆、认领土地和农村亲戚的城里人渐渐多起来了，推动体验式农耕、观光农业和休闲农业的发展，已经不再是一句空洞的口号，姐妹们期望用草编带动旅游、用旅游促进草编的梦想，如同春日的阳光，逐渐照到了自己的现实生活当中。

项目团队通过一年一度的手工艺大赛、编撰村庄口述访谈录、举办“我们村的老物件”摄影赛等系列活动，逐步调动起了留守妇女的自信心和积极性，达到了广泛动员社区参与并有效提升社区内生动力的目的，一群来自妇女社会组织的社区发展工作者和堵子村留守妇女一起，让传统草编技艺惠及更多贫困妇女，共同见证了“技能改变生活”的力量。

三、总结点评

作为妇女发展类社会组织，仅就堵子村妇女公益创投项目而言，陕西嘉义发挥了服务手法灵活、专业等优势，有效地避开了社会组织扶贫的一些盲点与误区。

1. 灵活回应不同人群的差异性需求

产业兴旺、生态宜居、乡风文明、治理有效、生活富裕，是政府与社会力量参与乡村振兴的共同目标。在农村社会工作当中，社会组织自下而上的工作方式更接近基层，并能灵活及迅速回应新的需求，尝试更加适合不同社区的工作方式。比如，在持续提升妇女及社区自我认同感、自信心、赋权增能方面所采取的一系列做法，之所以能够极大地激发起妇女创收的潜能和热情，关键还是契合了妇女们的兴趣点，找准了妇女的需求，运用适合农村妇女的能力建设方式，挖掘并盘活了当地社区的乡土文化资源，协助留守妇女找到了适合她们自身的产品销售渠道等。有效发挥了社会组织的陪伴与支持作用，彰显了妇女类社会组织的专业优势。

2. 有效运用体现本土实践的专业手法

陕西嘉义核心成员及其理事会成员借鉴了来自国际机构“社会性别与发展”“构建妇女支持网络”“赋权妇女”“参与式社区规划”“从需求出发”“能力建设与可持续发展”等诸多发展理念和手法。如运用参与式工作手法，发现并培养妇女骨干，协助妇女组建适合自身的创收小组，通过系列技术培训来提升妇女的生产技能，促进妇女合作发展，培育社区妇女组织，协助其完善社区组织管理办法，使传统非遗草编技能直接转化成了生产力，使传统草编技艺惠及当地的贫困妇女，使人们感受到了“技能改变生活”的无限可能。陕西嘉义项目团队还借鉴“社区支持农业”方面的经验，通过产品展销、非遗草编进校园以及游客入村体验等方式，更多城里人、青年学子对草编文化有了一定的了解，消费者对产品的需求和定位及时反映到了产品的改善当中。

3. 积极积累社会组织参与乡村发展的经验

衡量一个农村社区发展项目是否具有可持续性，或者看一个村庄的内生动力有没有被激发出来，就本项目而言，培养并支持社区妇女按照兴趣和特长来参与不同的创收小组，为妇女社区组织寻找合适的技术支持、培训专家，满足其需要的技术培训及团队能力建设需求，尤其是巧娘草编合作社规章制度建立起来后，项目团队放手让合作社自己讨论解决问题，而不是替大家拿主意、定方案，即便是知道巧娘合作社遇到了困难，需要得到外界的支持，项目团队也是运用参与式理念，协助大家梳理共同面临的问题与困难，共同探讨解决这些问题的有效办法，服务对象的能力增长，是衡量项目成效的关键性指标。

案例三　愿光明和温暖与您同在

——乡村失明独居长者个案

一、基本情况

广东社会工作“双百计划”埌陂镇社会工作服务站于2017年7月成立，秉承“双百计划”“落地生根、开花结果、利益社群”之愿景扎根社区开展服务，社会工作者自从驻守汤二村后，在走访村内民政服务对象之初，认识了服务对象陈婆婆。

陈婆婆是村子里一名特殊的独居老年人，今年86岁，中年丧子，长年独自居住在一栋有两层围龙屋内，由于患有严重的白内障，眼睛几近失明，因此极少外出与人接触，只能凭借声音判断来访者，靠感知极为微弱的光线行动，居家靠烧炭取火来煮东西吃，生活自理能力差。社会工作者后期也了解到由于服务对象的户籍不在本村，所以本村的村委会对其的照顾和支持较少。失明、缺乏照顾、与继子关系不和、邻里的冷落，这些都令服务对象内心十分脆弱，常常慨叹命运不济、生命毫无意义。

二、案例介绍

（一）分析预估

1. 问题分析

（1）生活照顾问题：服务对象高龄、独居、缺乏照顾、失明导致的风险大。

（2）母子关系问题：服务对象的继子对她的生活完全不照顾，关系僵化，矛盾难以化解。

（3）心理层面问题：服务对象曾受到生命经历压迫及中年丧子打击，极易对人对事产生抱怨不满以及内心脆弱，感觉生命无价值、无意义。

（4）支持网络问题：服务对象非本村户籍，与邻里关系不融洽，与继子不和，导致她的支持网络弱，日常生活无人关注。

2. 需求分析

（1）生理层面：患有白内障导致失明，需要获得合适的治疗改善视力，进而改善其自我照顾的能力。

（2）心理层面：需要一定的心理疏导，改善对疾病实际情况的认知，以及促使其以积极的心态面对邻里关系、母子关系。

（3）社区层面：改善与继子、邻里的关系，服务对象有获得关怀和陪伴的需求，一方面需要儿子的支持和照顾，另一方面需要获得邻里及社区组织的关怀和支持。

（二）服务计划

1. 服务理论模式：

扎根社区的社会工作理论，人际需要的三维理论。

2. 服务目标：

（1）协助治疗眼疾，增强服务对象自我照顾能力。

（2）定期探访疏导情绪，化解忧虑心理。

（3）改善服务对象社会支持网络，增加家庭和社区的支持功能，提升服务对象个体的人际关系能力。

（三）服务策略

1. 资源链接

通过链接公益资源对服务对象开展白内障筛查并了解是否可以施行手术，进而实现改善视力、提高其生活自理能力的目的。

2. 改善家庭关系

介入服务对象家庭关系，尝试联系其继子，了解服务对象与她的儿子之间的矛盾症结，通过沟通建设增进母子关系的改善，让继子能多点时间回来陪伴照顾服务对象。

3. 提供心理慰藉

社会工作者定期走访关心，了解服务对象现在生活的状况，陪伴服务对象回忆过去开心的事情，让她积极乐观看待身边的事物。

4. 重建支持网络

发动、鼓励邻里增加对服务对象的关怀与照护，并协助服务对象改善她与周边邻居的关系，加强邻里之间的互动，促进邻居对服务对象的了解，并理解她的处境。

三、服务计划实施过程

（一）接案

社会工作者在田野走访时偶然发现服务对象，进而了解服务对象现状——高龄、独居、患白内障以及右腿摔伤。社会工作者向所在辖区村委会反映这位独居长者的情况并了解到服务对象非本村户籍人员。通过服务对象描述其家庭情况并得知服务对象与继子不和，同时，社会工作者走访周边邻里，初步了解到造成服务对象目前困境的原因。经过前期走访，社会工作者了解到服务对象的需要，通过与服务对象沟通达成共同解决问题的初步意向，最终确定开展个案服务，并建立专业服务关系。

（二）预估

预估的工作任务：

（1）服务对象独居无人照顾，而且由于白内障严重基本上看不见东西，导致自理能力差。服务对象目前急需改变这一现状，所以要对服务对象目前的病情进行检查，确定是否可以进行手术复明以提高服务对象的自我照顾能力。

（2）服务对象与继子矛盾很深，社会工作者需要进一步了解造成这一问题的主客观因素，以改善他们的关系。

（3）服务对象的支持网络太弱，与邻里关系不和导致其日常生活几乎得不到邻里的照顾，社会工作者也需深入地了解这一状况的原因，进而想办法加强服务对象与邻居之间的互相支持。

（三）计划

经与服务对象商议初步计划，做到知情同意。

（1）计划先进行白内障筛查，了解是否可以施行手术复明。

（2）链接资源协助服务对象检查眼睛，并与其继子沟通，告知其继子服务对象需要提供陪伴照顾等事宜。

（3）对服务对象进行心理疏导，增加其对白内障疾病及治疗知识的了解，并鼓励其接受医生建议，治疗好眼疾才能更好地照顾自己；通过沟通建设，鼓励以积极的心态面对邻里关系、母子关系。

（4）走访邻里了解服务对象过往生活历史，了解邻里的观点，收集意见，宣传邻里友爱互助，增强相互之间的支持照顾。

（四）介入

（1）社会工作者依据工作计划链接了眼科医院，协助医院在村内组织开展白内障筛查活动，并邀请服务对象来检查，最后医生确诊其为严重白内障导致视力模糊，可以通过手术复明。于是，社会工作者与其继子沟通是否愿意陪伴服务对象去医院治疗。征得其继子同意，服务对象得以顺利完成白内障手术，服务对象视力大有改善，生活上能较好地照顾自己，精神状态大有改善。

（2）服务对象的继子未在本村居住，社会工作者与其互动存在一定困难，但社会工作者趁其继子回村时到服务对象家里与其碰面，并保持电话沟通，及时反馈服务对象生活状况，渐进地表达希望其与服务对象之间增加探望与沟通。在对服务对象的疏导方面，社会工作者与服务对象交流母子之间的沟通方式，鼓励服务对象以积极的态度看待其与继子之间的关系。

（3）改善服务对象的支持网络，社会工作者定期探访服务对象，在日常的聊天中鼓励服务对象多走出家门，到社会工作服务站点、文化广场与社会工作者及邻里交流。在本村发展志愿者服务的基础上，邀请本村志愿者上门服务，陪伴服务对象，提供心理慰藉，增加周边邻里对服务对象的理解和支持。社会工作者与村委会、村老年人协会等积极联络，在村内开展的关怀老年人活动中，把服务对象纳入服务范围。

（五）评估

经过跟踪服务，社会工作者判断个案工作计划目标已经达成，因此对服务成效进行评估确认。

（1）服务对象双眼视力恢复，行动自如，自我照顾能力提升，日常生活方面的困难基本能解决。

（2）服务对象身体和精神状态转好，焦虑及忧郁情绪明显缓解，与社会工作者和村民能够进行交流沟通，脸上也经常露出笑容。服务对象会经常出来到村里的广场及其他公共场所散步，与村民和邻里的互动明显增加，人际交往功能大有改观。

（3）继子看望服务对象的频率增加，与服务对象的沟通和关系均有所改善；村民志愿者与社会工作者联合行动，定期到服务对象家中走访探望，服务对象的社会支持网络基本形成。

（六）结案

经评估确认：服务对象眼疾已经治愈，其自我照顾能力恢复正常，与继子关系有所改善，焦虑及忧郁情绪消除，并能够与他人进行正常互动交流，个人的社会支持网络也基本形成。基于个案工作计划目标已经达成，社会工作者选择结案，但仍将其作为本村社区内独居长者提供持续性的社会服务。

四、总结点评

由于服务对象过去特殊的生活经历，造成了服务对象长期的生理、心理和社会功能的损害，独居和失明让服务对象无法凭借以往的经验和自身的能力去度过困境，并增加了服务对象的不安和焦虑，让她几乎失去了生活的信心。社会工作者介入之后，迅速了解服务对象的主要问题，有效稳定服务对象的情绪，与服务对象一起探讨如何解决目前面临的问题和困境，在取得服务对象的理解和信任之后，社会工作者通过链接外部资源为其争取到免费的手术治疗的机会，最终服务对象眼睛复明，极大地提高了服务对象自我照顾的能力，增强了生活信心。

社会工作者不但关注其疾病治疗，同时，也关注其精神层面的需求和社会支持网络的建构。通过心理辅导、关爱陪伴缓解和消除了服务对象的焦虑和忧郁，通过改善周边邻里的人际关系环境，为服务对象的转变提供支持。

案例四 “政社协同，三位一体增能赋权”
——农村互助养老社会工作服务模式

一、基本情况

（一）案例背景

东北地区老龄化程度大大高于全国平均水平，老龄化形势严峻。相对于城市养老现状，东北农村养老问题形势更为严峻，农村劳动力外流加剧、农村常住人口老龄化严重，空巢与留守老年人占据乡村常住人口比例连年攀升，农村养老在政策法规、经济形势、服务资源等方面都存在着不足，尤其是东北农村凋敝的现状更对养老问题提出了严峻的考验，解决好农村养老问题迫在眉睫。

（二）实施地基本情况

项目实施地点高潮村坐落在哈尔滨市平房区最南侧，北侧紧邻平房镇、南侧紧邻双城区、东侧紧邻阿城区、西侧紧邻平盛街道韩祯村，属于平房区平盛街道农村社区，总占地面积 7. 2 平方千米，下辖四家子屯、叶家屯、王家屯、马家沟屯。高潮村户籍人口 1114 户 3260 人，常年在外打工的农村人口超过 30%，高潮村未完全实现征地拆迁，村内没有养老机构，村民养老主要是家庭养老形式。高潮村王家屯、马家沟屯、叶家屯常住 50 岁及以上老年人数为 577 人，老年人数量多，养老服务需求明显。王家屯原名王家窝堡，户籍人口为 263 人 ，其中 50 岁以上的老年人有 129 人，占总人口的比重为 49%。王家屯中青年都在外打工，且将家搬出了屯，由于没有幼儿园，王家屯没有留守儿童，成了名副其实的空巢村。

二、案例介绍

针对高潮村养老实际问题，2018 年以来，黑龙江省希望社会工作服务中心联合哈尔滨市平房区民政局、平盛街工委、黑龙江省社会科学院社会学所，通过深耕实践，引入专业社会工作力量参与农村养老，激发村民内生活自助养老，逐步探索出一条专业社会工作助力农村互助养老的新模式。

（一）框架设计

依托社会工作的专业优势，以文化人类学为切入视角，重拾“传统农村邻里乡情”，形成东北地区互助养老文化。驻村社会工作者以优势视角开展农村社区动员和社区营造，坚持党建引领，链接整合地区养老资源，挖掘乡村社区能人和骨干，孵化培育农村社区社会组织，建立农村养老互助关爱点，推行养老服务“时间银行”（互助养老志愿服务积分制度），发挥村民互助养老积极性，激发村委会和村民内生动力，从邻里守护与探望基础服务到日常生活照护服务，慢慢延伸到院落卫生、协助代办、农村特色、精神慰藉、文体娱乐、医疗保健等养老深层服务内容，实现农村互助养老新局面，通过政社协同，专业力量持续介入，社会工作者采取“组织、空间、机制建立”的“三位一体”增能赋权策略，形成具有地方特色的渐进式互助养老服务“1+4”［1 就是政社协同，4 是社会工作（专业力量）+养老协会（村民自组织）+互助点（农村养老公共空间）+时间银行（机制）］模式。

（二）实务过程

在实务开展过程中坚持以文化人类学作为介入视角，坚持社会工作在社区动员和乡村互助文化营造中的独特作用，重拾乡村互助邻里乡情，培养村民互助养老文化，形成农村互助养老模式的内生动力，这是能够使互助养老工作长期运行的关键。

1. 坚持党建引领，筑牢农村互助养老根基

不断增强基层党组织的创造力、凝聚力和战斗力，充分发挥基层党员先锋模范作用，为农村老年人互助养老模式的探索和实施提供了坚强保障。一是抓联结，城乡党建“促”起来；二是抓基础，工作落实“带”起来；三是抓骨干，先锋员作用“显”起来。高潮村王家屯老党员王亚珍率先接受了“互助养老志愿服务时间银行”派出的第一单志愿服务任务，顶着炎炎烈日帮助村民种地。

2. 引入“专业力量”，形成互助养老社会工作方案

引入专业社会工作服务机构，是高潮村互助养老模式形成的关键力量，更是这一模式能否推动并可持续进行的重要力量。平盛街工委以政府购买服务为主要方式，引入黑龙江省希望社会工作服务中心，共同策划、实施党建引领的“农村互助式养老”创新模式。两年里，希望社会工作团队先后派近 40 名专家、专业社会工作者、志愿者投入王家屯开展互助养老探索实践。持续开展的“美好乡村”社区平台培育、“希望乡伴”脱贫攻坚三留守人员关爱、“幸福乡村”社会组织培育、“温暖乡情”农村困难家庭支持、“时间银行”互助养老志愿服务五大计划，大大小小的服务活动 200 余场，受益群众达 5000 人次，形成了互助养老“社会工作方案”。

3. 打造“公共空间”，搭建互助养老参与平台

“邻里关爱互助点”是根据农村传统生活习惯和现实情况建立的新型村落养老公共空间，是农村实现互助养老的重要载体。在综合考虑高潮村的老年人需求、服务资源、经济状况、文化特色等要素后，遵循因地制宜，遵循就近、主动、安全、舒心的原则，选择村民闲暇时的聚集地，如村民家中、小卖店等地，共建立 5 个“邻里关爱互助点”，解决农村社区服务设施短缺、缺乏公共空间的问题。家门口养老的服务场所接地气、受欢迎，满足村民日常交往、生活照料、参与社区公共事务及精神文化活动等需求，适应村民“不离乡土、不离乡邻、不离乡音、不离乡情”的养老诉求。

4. 培育“养老协会”，激活农村养老内生动力

培育社区社会组织，加强村民自组织建设，是激活村民内生动力、形成互助养老可持续机制的主要途径。一是深耕服务，精准评估。驻村社会工作者与村民同吃同住同工作，田间聊家常、村头逐户走访，评估人员结构、生产生活情况、邻里关系、居住状况、社会支持等基本情况，摸清村情民意、社区社会组织发展的底数。二是找准突破点，精准发力。以加强农村原有文娱性社会组织服务性功能为突破点，在社会组织培育、激活农村社区内生活力上精准发力。文娱性社会组织逐渐由自娱自乐转为在激发和培养互助意识、增强农村社区凝聚力、推动乡村文化振兴等方面发挥作用的重要力量。三是依托协会，良性运转。以屯为单位成立了“互助养老协会”，协会成为互助养老的核心力量，互助养老的日常运作都通过“互助养老协会”自主完成。

5. 做实“时间银行”，健全互助养老志愿服务机制

以“互助养老、邻里守望、人人为我、我为人人”为宗旨，弘扬敬老、爱老、助老的传统美德，推行“互助养老志愿服务时间银行”。“互助养老志愿服务时间银行”服务菜单共计8大类50项服务，根据村民养老服务的需求征集而来，包括日常生活照料服务、农村特色服务、医疗保健服务、精神慰藉服务、代办服务、文化娱乐服务。“时间银行”采取积分制，积分的累计、兑换，都由互助养老协会民主选举的工作组来完成，并随时公示，积分可以兑换物资、互助养老优先服务，还可作为表彰的重要依据。

三、总结点评

该案例是在乡村振兴和精准扶贫背景下开展，具有重要的时代意义和社会价值，尤其是开创性提出了专业社会工作助力东北农村渐进式互助养老服务的新模式，对解决中国落后地区农村养老问题提供了科学的发展思路和专业的介入路径，在本案例中有几点重要的经验尤其值得借鉴。

（1）案例以文化人类学作为介入视角，坚持社会工作在社区动员和乡

村互助文化营造中的独特作用，重拾乡村互助邻里乡情，培养村民互助养老文化，形成农村互助养老模式的内生动力。这是农村互助养老能够实现的根基。

（2）发挥社会工作者在互助养老实践中的专业优势，具体体现在遵循社区规律，从空间、组织、机制三个维度系统设计推进，充分发挥其在互助养老文化社区营造、社区能人挖掘、农村社区社会组织培育、互助机制设计与运行中的专业优势。社会工作者在社区居家养老和互助养老中作为活动的设计者和执行者，承担着丰富老年人养老生活、密切村民之间的关系、推动互助养老形成的责任，是互助文化的培育者、新型和谐村民关系的促进者、互助养老持续机制的推动者。

（3）对互助养老服务模式的定位比较准确，服务设计因地制宜。互助不是原有养老服务体系的替代，而是对养老服务体系的重要补充，尤其是对于解决东北落后地区经济水平不高、养老资源不足等问题是一种重要的实践和探索，具有非常重要的现实意义。这种模式成本低、易运行，不仅能解决农村养老的现实问题，而且有很好的社会效应，尤其是提出渐进式互助养老模式，在服务设计上接地气，如公共空间打造，在村民常去的小卖店，互助养老志愿服务采取“时间银行”兑换积分的方式，服务内容紧贴村民生活，服务管理方式实行民主协商，推动了互助养老长效机制的建立。在此过程中，社会工作者的增能赋权成效得到很好呈现。

案例五　“土鸡进城”：城乡互动共同体营造的社工嵌入案例

一、基本情况

2020 年是脱贫攻坚的收官之年，但受新冠肺炎疫情冲击给农民增收带来很大影响。浙江财经大学社会工作系专业教师与嘉兴市秀洲区孝慈社会工作服务中心社会工作者深入农村，并选取嘉兴市新塍镇进行试点，经过走访调研，发现新塍镇残联每年给困境残疾家庭免费发放鸡苗、鹅苗，通过养殖家禽，帮助他们增加收入，可是他们身患残疾出行不便，长居农村没有销售渠道，加上市场对活禽的限制，原本销售困难的家禽在疫情期间几度滞销，怎样广泛发动社会力量，为农村困境残疾家庭打开销售渠道，摆脱疫情困境，同时促进城乡的需求、优势互动，实现共同发展的目标？

为此，项目组设计了城乡互动共同体营造——“土鸡进城”计划。“土鸡进城”从发展性社会工作的理念出发，从“生计解决”到“增能融合”，以社区资本培育和社会投资策略为中心，综合运用个案、小组和社区多种方法，社会工作者承担照顾者、陪伴者和同行者角色。“土鸡进城”计划分为三步：第一步“土鸡困笼”——找准定位、培育组织；第二步“土鸡出笼”——资源对接、公平贸易；第三步“土鸡进城”——城乡互助、社区增能。

二、案例介绍

（一）需求分析

为挖掘农村残疾人的现实需求，从2020年4月中旬开始，社会工作者深入新塍镇各村，了解村里残疾人群体的基本情况，并以结构式问卷和访谈相结合的方式，从农村残疾人日常生活情况、文化水平、就业创收、困难需求、帮扶服务、技能特长、兴趣爱好等方面入手，开展线上线下走访调研，共回收有效问卷80余份，访谈10余人，通过对问卷和访谈进行信息分析，发现共同需求如下。

（1）新塍镇残联每年向有需要的残疾人发放免费鸡苗、鹅苗进行帮扶，但是残疾人深居农村，出行不便，加上市场对活禽的限制，饲养的家禽出现不同程度的滞销现象，造成经济压力。

（2）中老年残疾人文化水平普遍偏低，不会运用微信、网络等现代化工具助力农产品销售，并且社会力量支持薄弱，销售渠道有限。

（3）中老年残疾人自我提升意识偏低，镇上统一安排家禽饲养技术培训参与度不高，大部分残疾人认为自己已经掌握基础的家禽养殖技巧，但真正遇到家禽出现喂养突发问题时无力解决，并且得不到及时有效的帮助。

（4）家禽滞销不仅加剧了残疾人家庭的经济压力，也容易造成其心理压力，出现焦虑、烦躁、无力感等心理问题。

（二）服务目标

1. 总目标

从“整合发展”的角度出发，既立足“经济发展”，发动社会力量参与农村困境残疾家庭帮扶，促进城市对土特产、对农村生活体验的需求与乡村农产品、乡村资源的互动，同时也注重“社会发展”，从“公平贸易”营造良好的“城乡共同体意识”，挖掘困境残疾家庭的潜能，促进其能力提升，引导从“输血式帮扶”到“造血式发展”的积极转变。

2. 阶段目标

（1）通过社区营造，发动社会力量和资源，挖掘志愿骨干，培育社会组织“塍益带货官”精准助农团队。

（2）提高困境残疾人的养殖技能，保障禽蛋的存活和质量，打造天然有机生态品牌。

（3）通过城乡资源对接，搭建线上线下销售平台，实现信息交互和公平贸易，促进农产品销售和困境残疾人家庭增收。

（4）通过挖掘服务对象潜能，提高自我效能感，重构新生活，建立社会非正式支持系统，促进社会融入，实现自身价值。

（三）服务实施

1. 找准定位，培育组织

（1）对接新塍镇党建办、社会事务办、农业农村办，整理相关政策资料，整合社会组织和志愿者资源，获取新塍镇2020年领取鸡苗、鹅苗的残疾人名单。

（2）通过《嘉兴日报》、“禾点点”“看新塍”政府微信公众平台进行宣传报道，同时深入社区，联系新塍镇各社区志愿者骨干、社会组织，开展农村社区动员，挖掘骨干力量，以居民日常生活对土特产的需求为基石，培育自组织“塍益带货官”精准助农团队，联系新塍镇志愿服务总站，将志愿者参与带货服务纳入新塍镇志愿者服务时长，享受志愿者激励。

（3）组织骨干志愿者成立精准助农能力提升成长小组，凝聚共识，指导他们学习运用倾听、接纳、真诚、同理心、尊重等方法为困境残疾人开展服务，引导讨论农产品在采购互动过程中可能发生的价格、宰杀、配送、保鲜、志愿者体验感提升、渠道拓展、品牌打造等问题，并通过“5W+1H”原则拓宽思路，厘清方向，整理解决办法；同时采集志愿者骨干销售、服务资源清单，建立“塍益带货官”益农小二直播带货微信群，确立带货口号“塍心志愿带货官　助农扶贫攻坚战”，选举产生5位团队骨干人员。

（4）鼓励志愿者骨干参加“秀水泱泱 · 七彩志愿”志愿服务公益创投大赛，运用“问题树”法则多方面分析探讨困境残疾人家禽滞销问题、原因、导致结果和解决方法之间的因果关联，并指导进行项目书撰写和PPT制作，策划创投小品“土鸡进城”，最终荣获创投项目一等奖，获得3万元项目资金支持，激发了志愿者的参与热情，为服务的开展奠定了基础。

2. 资源对接，公平贸易

（1）借东风之势，育希望之苗。残联的免费鸡苗、鹅苗和创投资金为该项目奠定了良好的物质和经济基础，社会工作系师生联系村委会工作人员与志愿者一同对困境残疾村民进行慰问探访，通过焦点解决等技巧正向引导服务对象转化视角、建立信心。

（2）为技术赋能，筑成长之梯。联结新塍镇农技站和“郝老师课堂”农技人员，连线农技专家志愿者，为低保低收入家庭开展一对一、片区一对多培训，从育雏、脱温、分群、减少应激、疾病预防等方面指导家禽养殖技巧。

（3）聚社会之力，架收获之桥。链接“塍益带货官”益农小二团队搭建销售平台、拓宽销路，开展设点推介、农产品网络推广、助农结对、企业采捐、公益体验等服务，形成了“日常下单周六取单”模式，使困境村民的农产品卖得出去、卖得起价，提升反贫困能力建设，营造了良好的初创氛围。

第一，设点推介：在新塍·全国社区实践治理基地、新塍镇志愿服务总站、新塍镇万隆广场“益路巴士”、新塍镇绿道“益心氧吧”、新塍镇菜场“红立方”设立现场推介点，结合新塍镇便民服务和公益场所液晶屏，进行“土鸡进城”计划产品常态化宣传，助力农产品销售。同时通过“塍益带货官”志愿者区域轮岗，每周六将订购的家禽送至推介点，由预订人员自主领取。第二，网络推广：通过官方媒体、网络自媒体和“带货官”志愿者微信发布，推广困境残疾人家禽农产品出售信息，通过线上微信群下单、“带货官”志愿者梳理汇总，线下推介点取单的方式形成稳定的销售链。第三，助农结对：鼓励发动城市志愿者与困境残疾村民多对一结对，去农户家中，根据市场价按需采购禽蛋、果蔬等农产品，进行自主采购，并现场直接与低保残疾人结算，体现了“公平贸易”的原则，免除中间成本。第四，企业采捐：结合新塍镇美食文化特色，链接社会组织新塍镇美食协会和新塍镇小地方酒家、味德丰等企业，为其拓宽销路，助力家禽的可持续销售。在“土鸡进城”计划的实施过程中，季大伯突发肺炎，加上先天残疾、心脏等器官功能衰弱，造成心脏供血供氧不足。社会工作者通过链接德商银行新塍支行为其捐助家用吸氧机，解决了季大伯在家里不能吸氧的困扰，提升其生活质量。

3. 城乡互助、社区增能

组织“塍益带货官”表彰活动，评选金牌带货官 12 人，优秀带货官 26 人，带货志愿星 59 人，颁发荣誉勋章和志愿积分奖励。同时，选举金牌带货官志愿者代表颜某、德商银行张某参加“助力平安建设、共创治理新篇”新塍镇第四届社会组织公益微创投表彰会接受表彰，增强了志愿者的荣誉感，激发了参与公益的信心。而季大伯成为“土鸡进城计划”代言人，积极为新塍镇其他困境残疾人进行代言推广，帮助身边其他残疾人销售家禽，形成了社区互助的氛围，增加社区的资本。此外，组织亲子志愿者参与“体验·感知·理解”乡村种植养殖公益体验系列活动，让城市志愿者在农村社区情境中体验乡村生活，提升亲子关系和公益参与度，营造城乡互动氛围，提升了社区的知名度。

三、评估总结

“土鸡进城”计划从“发展性社会工作”理念出发，以生计解决、经济赋能为出发点，注重内生动力的培养和能力建设，从而形成以农村困境残疾家庭为主题的经济发展行动体系。

（1）通过服务项目的开展，在残疾人家禽滞销问题得到有效缓解的同时，带动了蔬菜的销售，不仅解决了农村困境居民的生计问题，而且舒缓了心理压力，使他们感受到社会的温暖和关爱，拓宽了社会非正式网络的支持。

（2）引导农村社区居民自发参与志愿服务，成立志愿服务组织与困境残疾村民进行需求互动，综合运用个案辅导和小组带领等方式，消除发展障碍，提升其发展能力。通过“社工+义工”的方式，提升和优化志愿者队伍结构，促进志愿队伍的专业化发展，有效调动志愿服务积极性和持续性。

（3）注重社区发展和社会投资策略，培育“塍益带货官”志愿服务团队，解决农村困境残疾人农产品滞销问题，带货队伍逐步扩大，支持网络越发紧密，参与率不断提升，形成了可持续的双向需求互动，提升了社区的经济资本、人力资本和文化资本，实现了城乡互动共同体的营造。

案例六　社会工作助力农村社区治理

——以益民社会工作在北京赵庄子村的实践为例

一、案例背景

赵庄子村地处北京市南部，大兴区魏善庄镇东部，现有村民 198 户，共 698 人，外来人口占比约为 38.7%。村庄耕地通过统一流转实现集中规模经营，村民基本告别农业生产方式。年轻人外出打工，常住人口以妇女老幼为主，呈现空心化趋势。

2014—2016 年，赵庄子村用 3 年的时间先后建成“一站式”服务大厅（社区服务站）、社区公家超市、老年活动中心、社区卫生服务站、主食厨房、社区义工菜园、社区幼儿园等公共服务设施，形成“15 分钟生活圈”。但这种自上而下的治理方式造成服务与需求咬合错位，尤其是无法解决村民对村庄共同体归属感淡化的问题。因此，在村党支部书记韩春光的组织下，于 2016 年 7 月引入独立的社会工作服务体系，成立益民农村社会工作事务所。益民社会工作事务所进驻赵庄子村，韩春光兼任事务所法定代表人、理事长和村委会主任、村党支部书记等职，益民社工成为全国首个由村支书担任法人的社工事务所。因此，益民社会工作者在成立伊始便确定了“支部+社工”的发展模式，即以党建引领社会工作，同时为社会工作服务让渡充分的发展空间。

益民社会工作者自 2017 年暑期进驻赵庄子村以来，按入户调研—需求评估—建立关系—开展服务—总结评估—需求再探的流程提供服务，形成循环向上的螺旋式动态发展过程；同时在数次服务中培育社区骨干，并以骨干的力量带动村民自主活动。益民社会工作者从 2018 年起总结服务经验，并通过“以所带站”项目成立社会工作服务站，将益民模式推广至周边的羊坊、河南辛庄、伊庄和北田各庄，试图将农村建设成有活力、有温度、有人情、有吸引力的现代社会共同体。

二、案例介绍

2017 年暑期，益民农村社会工作事务所在赵庄子村开展实质性的项目活动，专业社会工作者通过对每家每户的调研了解村民的想法和意见，并和村民同吃同住同劳动，形成详尽全面的调研成果。在此基础上，开创性举办“答村民问”活动，疏通村“两委”和村民之间沟通渠道；提供社区服务，举办大型社区活动，培育村民志愿者，提升村庄凝聚力，挖掘村庄内生力量，一步步打开乡村治理的新局面。

（一）走村入户，沟通村“两委”和村民关系

为了解赵庄子村村民基本情况及实际需求，形成以需求为导向的服务

方案，益民社会工作者于2017年7月8—22日对赵庄子村全体村民进行入户调查，获取有效问卷242份。秉持为村民服务及促进村民与村“两委”互动的理念，益民社会工作者主持举办了第一场“答村民问”活动，向全体村民汇报村庄现状，邀请村委会负责人现场回答村民集中反映的问题。这一活动直接促进了村民和村“两委”的对话，探索出基层协商的独特形式。除此之外，益民社会工作者针对“一老一小”开展小组活动。教老年人使用微信的“微信学习小组”为老年人开拓了社交新渠道，传播防摔知识的“冬日防摔倒小组”提高了老年人的安全意识；“社区学堂”“菜园小管家”及一些主题活动则从儿童“缺乏家长陪伴、督促”等问题入手，引入本地志愿者参与，既解决了课业辅导的问题，又改善了亲子关系。这些基础服务使社会工作者更好地融入当地，得到村民的支持，村民逐渐由边缘的参与者转变为活动主角。

（二）打造品牌活动，带动村民参与

针对社区营造和社区发展的核心问题之一，即村民身份认同和共同体精神建设，赵庄子村通过举办群众文化艺术节、捕鱼文化节和慈善公益节等活动满足村民的文娱需求，从关注村庄的特殊群体到构建村民的社会支持网络，逐步凝聚村民“我为人人，人人为我”的向心力。

1. 赵庄子村群众文化艺术节

赵庄子村群众文化艺术节于每年5月进行，是由社会工作者策划、动员和组织村民参与，包含歌舞、相声、情景剧、时蔬秀等形式丰富的大型集体活动。赵庄子村群众文化艺术节的开展缘于社会工作者在调研中发现村民有较大的文娱需求，于是创办“全民K歌大赛”，由此激发村民的热情；后在“全民K歌大赛”的基础上不断创新，演变为赵庄子村的三大品牌节日之一“群众文化艺术节”。截至2019年，共举办3届赵庄子村群众文化艺术节，总参与612人次。此项活动包含前期筹备、中期开展及总结分析的过程，实现了社会工作者、村民、村“两委”的共同参与，在丰富文化生活的同时调动村民参与的积极性，在语言和艺术的交流中推动具有活力的和谐共生的新农村建设。

2. 赵庄子村捕鱼文化节

益民社会工作者在早期调研中了解到，村民对赵庄子村在 2016 年秋季举行的捕鱼活动印象深刻，但认为其形式单一、影响力小、无连续性。受村民启发，益民社会工作者和村“两委”基于活动与专业社会工作方法相结合作用于村民关系建设的想法，携手举办赵庄子村捕鱼文化节。捕鱼文化节选择国庆节、中秋节的时间节点，除分组捕鱼比赛和集体拉大网外，还加入厨艺大比拼、拔河、文艺表演、喝鱼汤、给老年人做鱼及陪老年人吃饭的环节。捕鱼文化节的活动极具趣味性，适合村里的男女老少共同参与，为村民搭建了沟通交流的平台，同时，宣扬了“勤劳”“团结”“孝道”等传统文化。老少皆宜的活动吸引了来自外村的教师、城镇居民或者其他外来人口，发展出“新村民”这一概念，给予为赵庄子村建设出力者一定的身份认同。本次活动将“新村民”“自组织”等多方力量首次引入社区营造，带来了村庄治理的新气象。

3. 赵庄子村慈善公益节

“赵庄子村慈善公益节”于每年春节前大约 12 月中旬举行，通过爱心救助，减少村民因大病重病带来的贫困问题和社会排斥。它缘起 2013 年的赵庄子爱心救助基金，爱心救助基金最初由韩春光书记个人捐赠的 10 万元和村“两委”及社会爱心人士共捐助的 10 万元组成。益民社会工作者主张以村庄力量解决村庄问题，与村“两委”共同策划于 2017 年 12 月 16 日举办赵庄子村第一届慈善公益节，捐款范围由本村村民扩展至关注赵庄子村发展的“新村民”和其他各界人士。同时，成立由社会工作者、村“两委”和村民代表共同组成的“赵庄子村慈善爱心基金管理委员会”，在活动举行时向全体村民和各界人士汇报善款的使用情况，透明化基金运作以便社会监督。截至目前，如赵庄子村慈善公益节已成功举办 3 届，具体情况在表 8-2 中进行详细说明。

2020 年 9 月 1 日赵庄子村村委会与中国金谷国际信托有限责任公司进行签约，成为全国首单群众性互助慈善信托服务业务。这一品牌节日营造了“我为人人，人人为我”的互助氛围，以志愿和奉献精神为村民编织出新的支持网络。建构生于本土、扎根本土的金融资本，将持续为赵庄子村的现代化输出能量。

表 8-2 赵庄子村慈善公益节详细信息

	参与人数（人）	募集资金（元）	救助人次
第一届	200	46136.4	15
第二届	206	56333.7	11
第三届	218	61344	6

（三）培育村民主体，促进社区共治

随着经济发展和人口流动，农村社会关系日趋个体化。赵庄子村与大多数农村的共性在于，村民关系日趋陌生化、互助行为减少。益民社会工作者和村“两委”旨在通过一系列服务和社区活动，提升村民凝聚力，激发村民自助互助的意识，重构乡村社会的熟人关系。2018 年 3 月，在赵庄子村村“两委”的支持协助下，益民社会工作者在赵庄子村孵化了第一支村民自组织“赵庄子村爱心志愿者队”，共有 22 名队员，90%的队员处于 35~40 岁的年龄阶段。目前，志愿队在老年驿站的为老服务和各类社区活动中发挥重要作用，在志愿者的带领下，更多村民主动参与相互关怀、服务长者、组织活动的社区建设。同时，益民社会工作者为志愿队提供系统培训，训练其发展性思维和专业服务能力，志愿服务队经过跟随社会工作者入户、主动服务村民、策划社区活动、治理社区环境等不同阶段逐渐成熟起来，扮演起促进社区治理、社区营造、社区发展的重要角色。社会工作者也由服务的发起者、组织者逐渐转变为参与者、旁观者。此外，在本村村民参与村庄的服务和治理过程中，赵庄子村也得到各行业专家、外迁和迁入人员等新村民的支持。新老村民参与村庄治理，建设“人人有责、人人尽责、人人共享”的农村社区共同体。

三、案例总结点评

（一）赵庄子模式总结

发展理念和发展方法的创新是赵庄子村乡村振兴取得成绩的重要突破口。党的十九大报告指出，坚持农业农村优先发展，按照产业兴旺、生态宜居、乡风文明、治理有效、生活富裕的总要求，建立健全城乡融合发展体制机制和政策体系，加快推进农业农村现代化。传统城乡二元结构下造成的城乡分野成为现阶段我国社会发展的鸿沟，乡村振兴的重点就是解决城乡在经济、文化、生态等社会状态方面的不平衡。赵庄子村村“两委”充分认识到传统的政府管理方式无法跨越与村民之间的“最后一公里”，便将社会工作从城市场域引入农村，试图通过社会工作服务解决“最后一公里”的问题。社会工作者通过入户访谈的方式与村民建立初步关系，通过与居民同吃同住同劳动的形式扎根农村社区；再从解决村民最迫切的需求入手，优先解决“一老一小”相关问题，得到村民的支持与信任；在社区治理基础服务之上，以举办社区集体活动为契机进入社区营造的初步阶段，并逐步培养居民自组织和社区领袖，以达到盘活村庄、自主发展的最终目标。

（二）赵庄子模式的推广性

如今，赵庄子模式已经成功在周边的河南辛庄、北田各庄、羊坊及伊庄得到复制。赵庄子模式成功的关键就在于发挥党建引领作用、通过发挥社会工作专业优势培育社区组织和本土领袖。其推广性通过自上而下的引入方式和自下而上的服务方式得以实现，由村“两委”主导将社会工作引入服务背景，同时，必须给予社会工作足够的发展性，充分尊重社会工作作为第三方机构的独立性，不在行政化模式下对社会工作者的服务进行过分干预；社会工作者秉持客观中立的立场，依照科学的服务流程开展工作，将公共设施、生态、文化、社会关系等元素纳入服务活动，挖掘和开发村庄的资源，通过村民自组织和社区领袖激发村庄发展的潜力和活力。

案例七 社会工作“三区计划”

——湖南省怀化市通道侗族自治县洞雷项目①

一、基本情况

为充分发挥社会工作专业人才在支持边远贫困地区、边疆民族地区和革命老区（简称“三区”）中的积极作用，民政部于2012年启动实施边区社会工作专业人才支持计划（以下简称“三区计划”）。在民政部、湖南省民政厅、怀化市民政局和通道侗族自治县民政局的大力支持下，“三区计划”湖南省怀化市通道侗族自治县洞雷项目于2016年2月正式启动。

通道侗族自治县是湖南省最早成立的少数民族自治县，侗族占总人口的78.3%，是全国生态示范区、中国民间文化艺术之乡，拥有丰富的人文资源，具有鲜明的民族特色，是难得的少数民族文化保存较为完整的县。通道地处湖南、广西、贵州三省区交界之地，地理位置重要，是革命老区和中央苏区。

二、案例介绍

项目点所在洞雷村是一个三面被广西柳州三江侗族县包围、与贵州黎平县接壤的三省边地。村内生态良好，森林覆盖率几近百分之百。洞雷村全村15个村组，其中10个村组约1200人集中居住在洞雷侗寨。该侗寨是目前通道最大的、保存最完好的侗寨之一，其寨门是始建于清代同治年间的鼓楼，从寨口到村头侗族风格的楼台亭阁比比皆是。整个古村落水系完整，每条沟渠流水不腐。寨中鼓楼、村活动中心、球场等公共空间人气旺盛，老年人聚集在一起聊天、看戏。洞雷村山多田少，人均不到七分水田，青壮年劳动力多外出务工，留守的中老年村民则以种植茶叶、生姜、辣椒和茶油等经济作物以及从事木工、泥瓦匠等工作为生。侗族传统饮食和歌舞（芦笙舞）依然是村民日常生活的重要组成部分。

---

① 本项目的实施离不开民政部、湖南省民政厅、怀化市民政局和通道侗族自治县民政局的大力支持，以及洞雷村全体村民、洞雷村社工站历任驻村工作员和实习生的积极参与，特此鸣谢。

（一）村庄和村民面临的问题

与其他少数民族村寨一样，洞雷村的传统文化因受到主流文化的冲击而日渐式微。大量青壮年村民外出务工，则进一步加剧了民族文化传承危机。老年人、儿童和中年妇女留守寨中，承担着维持家庭基本生计、社区安全和文化传承的重任，他们面临着诸多困境，迫切希望驻村社工团队协助改善老年人照顾和儿童教养，拓展在地社区生计，传承传统技艺和文化。具体来说，洞雷村的主要问题和需求包括以下几方面。

1. 留守人群服务。这是我国城乡二元结构和城市化进程中，农村面临的普遍性社会问题。村中青壮年劳动力外出务工，老年人、小孩和中年妇女留守寨中。老年人居家养老、留守儿童教养以及妇女能力建设等议题是村庄的现实需要。

2. 家庭经济负担较重。一方面，村民的主要经济收入来源于外出务工，在家打零工以及种植茶叶、生姜和辣椒等农作物，收入来源单一，对市场依赖性大，经济收入不稳定；另一方面，子女教育、农耕成本以及突发疾病和事故等费用开支大，家庭经济负担沉重。

3. 民族文化传承危机。由于青壮年村民外出务工，侗族的传统戏曲、乐器和手艺等民族文化无人继承，年青一代的文化认同危机显现。此外，如何有效传播侗文化，增进主流文化对侗文化的理解，增强侗文化自信，也是驻村社工团队和村民需要回应的重要议题。

4. 生产方式转变与生态问题。侗族文化中有着与自然和谐共处的价值观、生产方式和生活传统，如许多侗族节日是因着农耕节气而设立，又如村民在种植水稻时用牛耕地、用自制植物水剂驱虫等。随着青壮年劳动力外出务工和农药、化肥的普及推广，许多村民不再种植蔬果、养殖家禽，外来蔬果和冰冻肉类成为餐桌常客，一些村民则使用农药、化肥种植大量外来经济作物，土壤板结、地下水污染和本土野生动植物品种和数量减少等生态问题出现。

5. 居家环境和公共卫生有待改善。洞雷侗寨高度聚居，民居之间楼距小，加之传统木房本身采光、通风较弱，不少村民的居屋环境有待改善。

在社区内，则四处可见“三无”零食包装袋，消防水塘、水渠泥沙堆积，洞雷河两岸住户生活污水直排等问题严重。

（二）主要服务内容和成效

据此，驻村社工团队从“资产为本”和“优势视角”出发，立足洞雷侗寨的生态和文化资产以及村民的互助传统，以村民骨干培养、社区社会组织培育和社区可持续生计发展为切入点，从以下 6 个方面回应村庄和村民的需要，成效初显。

1. 留守人群日常服务。回应留守人群的日常服务需求，是社会工作者快速融入村庄、与村民建立良好专业关系的重要方式。在项目初期，驻村工作团队以寨中留守儿童和留守老年人关爱为切入点，开展了一系列常规服务。如定期探访老年人、开展老年人健康讲堂，为有需要的老年人提供理发、量血压、证件复印和资料填写等服务，大大提升了老年人生活的便利性，促进了他们与外界的互动。

2. 链接社会资源。社工站依托省、市、县三级民政部门支持，链接高校及民间公益组织资源，开展困难村民关爱救助服务，完善村庄基础设施，加强村民骨干能力建设。如社工站链接壹基金、湖南省教育基金会和湖南汀汀公益基金会资源，为村小学生发放冬季温暖包、助学补贴和校服等。除物资外，专业资源的链接也是驻村团队的工作重点，社工站先后邀请华东理工大学建筑学院肖旻老师团队、深圳大学建筑与城市规划学院郭子怡老师团队进村合作，与村民一同设计老年人和妇女活动中心、洞雷村史博物馆等。

3. 培育妇女小组。留守妇女是家庭照顾和农业生产的主要承担者，驻村工作团队注重动员和引导村内妇女走出家门，参与社区活动，培育妇女骨干和互助组织，大大提升了她们的社区参与意识和能力，提升了她们在家庭和社区的地位。如社工站协同村委会、老年协会和妇女骨干，将老村部一楼堆放杂物的空间打造成妇女老年人活动中心，在此过程中教授妇女小组议事和公共参与的技巧。

4. 发展社区可持续生计。生计是农村社会工作无法回避的议题。在扎实的社区调研和稳固的专业关系的驻村社工团队带领下，村民骨干梳理村庄的种植传统，确定以老品种红糯米和茶油为切入点探索互助生态种植，创立了“侗乡红糯米”和“老品种茶油”两个社区生计产品，结合游学营、工作坊会议的食宿接待，拓展了村民的生计来源，增加了村民的家庭收入。更为重要的是，在生态种植小组成员的带动下，越来越多的村民尝试在减少、杜绝使用农药化肥。村民种植的无害农产品，常常不需要流入市场，直接就被城市的亲友抢购一空。

5. 传承民族文化。老一辈洞雷村民对本侗族文化和村寨历史有着天然的认同感，迫切希望民族文化代代传承下去，驻村工作团队与村中老艺人和文艺骨干协力，开展了一系列文化传承服务。如 2016 年 3 月，驻村工作团队在怀化市民政局的资助下为村小儿童和村文艺队捐赠了芦笙和民族服饰，随后，村民文艺骨干主动教授村小学生吹芦笙，并成立了洞雷村青少年儿童芦笙队，民族文化得以在老少之间流动和传承。

6. 培养本土社会工作人才。得益于项目承接机构的高校背景和众多高校师生的支持和参与，洞雷社工站联合中山大学、香港理工大学、湖南农业大学、湖南工商大学及怀化学院等高校，建立高校社会工作实习生基地，接收社会工作学生实习；项目点还联合通道侗族自治县、怀化市乃至湖南省的社会工作从业者，建立本地社会工作者行动支持网络，通过线上/线下培训和督导、工作坊、共学营等方式，提升本土社会工作从业者专业能力。

三、总结

与传统的“问题视角”不同，洞雷项目从“资产为本”和“优势视角”出发，以村庄的整体、可持续发展为初衷和目标，注重发掘和运用村庄的资产和村民的能力，充分激活村民的主体性和能动性。在与村民一同开展文化传承、生态保护和生计发展工作的过程中，强调挖掘和培养村民骨干和社区社会组织，恢复和重建侗族的可持续生计和生活。

洞雷项目的另一个重要启示在于，村民内生动力的激发和优势资产的运用，并不能凭空产生，而是建立在以村民和村庄为本的社区调研和专业关系建立的基础之上。尽管洞雷村民迫切希望拓展生计、增加收入，改善家庭经济状况，但社会工作者驻村后并未先入为主地开发生计项目，而是花了近3个月时间进行社区调研，全面了解村庄的地理、生态、文化、生产、生活和组织等各方面情况，挖掘社区生态、文化资产，发现村庄能人、骨干，形成3万余字的社区调研报告，在此基础上才开始设计服务方案，且在服务全过程中不断评估和修正。

案例八　农村志愿者管理案例

——湖南省洪江市志愿者协会运营

一、基本情况

洪江市志愿者协会于2015年11月6日成立，办公地址设在黔城雪峰大道精品步行街，现有注册志愿者800余人，管理人员19人，内设会长、常务副会长、秘书处、人事部、宣传部等多个职能部门。协会倡导“奉献、友爱、互助、进步”的志愿者精神，对培养志愿者社会责任、促进洪江市城乡社区发展、构建和谐社会起到了积极的推动作用。

志愿者协会主要由以下两部分构成。

1. 慈善爱心超市

包括洪江市慈善总超市和各乡镇社会工作服务站分超市。其中洪江市慈善总超市创建于2015年6月，本着“政府主导、社会参与、扶贫济困、传递爱心”的理念，广泛接受社会力量参与慈善捐助，帮扶救助特殊群体，传递社会爱心，切实解决了困难群众的实际困难。为充分整合社会帮扶资源，激发贫困群众内生动力，2017年8月，慈善总超市在保持救助型爱心超市不变的前提下，增加了营利性的功能，除了接受社会各界的捐款捐物外，还以线上线下销售茶叶、黄桃、日常用品、蔬菜水果等盈利，从靠社会各界的“输血”变为自身“造血”。爱心超市营业额的2%用于洪江市辖区困境儿童助学基金，其他收益用于购买乡镇社会工作服务站开展服务和活动时所需物资。依托洪江市慈善总超市，在乡镇社会工作服务站建立了多家分超市，分超市的物资大部分来源于总超市，也接受社会各界的捐赠，分超市同样对村民营业，由村里的志愿者进行管理，村委会和社会工作服务站社会工作者进行监管，超市盈利部分用于支援村中的贫困户和社区发展。

2. 成立农村志愿者队伍

2019 年以来，以“禾计划”社会工作服务站为平台，在各乡镇广泛开展志愿者招募，志愿者包括村“两委”成员、党员、村民代表或者普通群众。引导有热心有爱心的广场舞大妈变身志愿者，形成志愿者队伍。在新招募志愿者的同时，也把志愿者的爱好、特长登记在册，在设立项目时将有相同特长和能力的志愿者安排在同一项目中，打造服务强队。截至 2020 年 9 月，洪江市 20 个乡镇成立了志愿者服务站，共发展志愿者 700 余人，更多的居民参与志愿者服务活动，在辖区形成了人人关心、人人支持、人人参与的社区志愿服务氛围。乡镇社会工作服务站社会工作者为志愿者提供专业知识培训，从而提升志愿者的服务能力。

二、案例介绍

依托慈善爱心超市和志愿者队伍，洪江市志愿者协会围绕农村社区发展和乡村振兴、脱贫攻坚任务开展了以下服务。

1. 助力脱贫攻坚

为帮助有特色种养业和有手工制作业的贫困户脱贫，近年来，爱心超市开辟了贫困户土特产品信息发布栏，为贫困户销售土特产搭建平台。同时，利用“洪江市志愿者协会”微信公众号等媒体，开辟“助力扶贫”专栏，定期发布贫困户需要销售的土特产品等。此外，爱心超市还与辖区内农家乐和企业、单位食堂等联系，直接销售贫困户土特产品。志愿者和社会工作者也利用个人微信群和人脉关系，动员亲朋好友在不低于市场价格的前提下购买贫困户的土特产品。据统计，洪江市现已有 276 户贫困户因此受益。“爱心超市”模式得到了社会各界的认可和支持。

2019 年以来，为了更好地发挥慈善爱心超市在脱贫攻坚中的作用，慈善爱心超市积极作为，以乡镇社会工作服务站为载体和平台，由社会工作者带领志愿者队伍围绕困难群众开展了以下工作。

（1）通过乡镇社会工作者的走访、发放宣传册等形式，将慈善爱心超市的经营理念和模式宣传给每一户贫困群众，让他们了解帮扶政策，感受到社会各界对他们的帮助。

（2）各乡镇社会工作服务站在开展活动之前，深入走访，摸排困难群体的生活状况，了解他们的生活需求，做好活动方案，明确向慈善爱心超市申报物资的需求，慈善爱心超市根据社会工作服务站申报的物资进行审核，做好登记再派送到乡镇站点。

（3）针对全市建档立卡贫困户、优抚对象、孤儿、残疾人士凭证件证明身份，按照慈善爱心超市规定的领取办法，可在爱心超市内的“免费领取区”选取救助对象合适的衣物和生活用品，充分发挥慈善爱心超市对贫困群体的帮扶作用，助力脱贫攻坚。

（4）全面建立临时困难帮扶计划，对遭遇突发事件、意外伤害、重大疾病或其他特殊原因导致生活陷入困境，基本生活仍有严重困难的家庭或个人，给予应急、过渡性救助救急。这样的公益行为，充分发挥慈善爱心超市救助体系的作用，实现困难群众求助有门、受助及时，形成良好的社会效应。

截至 2020 年 10 月，慈善爱心超市联合全市社会工作服务站共举办 368 余起公益活动，内容涵盖爱老敬老、助学慰问、关爱山区留守儿童、振兴乡村等活动，做了全方位的公益输出，为最低生活保障、临时救助、留守儿童、老年人等民政服务对象提供社会救助、照料护理、安全和心理健康教育、情绪疏导、精神抚慰、资源链接等方面的服务，累计服务 11 万多人次。慈善爱心超市共为各乡镇社会工作服务站提供物资 130. 6 万元。

2. 培育志愿服务精神

洪江市志愿者协会、乡镇社会工作服务站积极探索如何依托爱心超市平台鼓励群众自力更生，激发群众参与脱贫攻坚和社会治理的自觉性，提升了群众的获得感及精气神，并通过农村志愿者队伍建设和服务让爱心汇集，给农村独居老年人、困境儿童和留守儿童、低保家庭等提供力所能及的帮助和关爱，对重建农村互助支持网络至关重要。

3. 建立积分互助制度

为推动爱心超市良性运行，2019 年，社会工作者联合茶溪村村民在共同协商的基础上建立起积分管理制度，用积分兑换商品，通过积分鼓励村民参与社区公共事务，如公益活动、老年人照顾、学业辅导、红白喜事操办、环境和社区安全维护等活动，用积分调动村民参与的积极性。运行一年来，积分制得到了村民的认可，参与社会事务的主动性得到提升。

三、总结点评

洪江市志愿者协会以慈善爱心超市和农村志愿者队伍为载体助力脱贫攻坚和农村社区发展的志愿者服务模式具有以下 3 个明显优势。

（1）爱心超市能链接内外资源，具备较强的“造血”功能。爱心超市不仅接收政府和社会各界的捐款捐物，还通过日常商业经营获得了稳定的收益。稳定的收益一方面让超市具有了可持续发展性；另一方面通过将超市经营的收益用于支持乡镇社会工作者和志愿者的服务，以及建立困境儿童助学基金，促进了地方福利事业的发展。

（2）志愿者服务强调对互助意识和能力的培育。通过建立积分管理制度来推动村民积极参与社区公共事务，鼓励村民们为社区特殊群体提供力所能及的照顾和关怀，为社区发展出谋划策，积分换购的方式有效地帮助农村社区重建了互助网络和共同体精神。

（3）较充分调动和挖掘了地方资源。志愿者协会及其爱心超市在当地具有较高的认可度，当地政府部门、企业员工和社区居民除了捐款捐物外，还非常积极地参与志愿者活动贡献自己的力量。更重要的是，爱心超市将当地的土特产与扶贫相结合，帮助贫困户销售土特产来改善贫困家庭的生活现状；在组织农村志愿者队伍时，把广场舞大妈作为主要力量发掘；将城市和乡村的志愿者服务资源整合在一起，链接城市的人力、物力等资源服务于农村发展，这些做法都凸显了对地方资源的重视。

当然，该志愿服务模式也存在较为突出的问题：一是缺乏志愿者的能力建设和知识培训，导致志愿者的服务效果不明显；二是社会工作者与志愿者之间的联动不充分，农村志愿者队伍建立起来后，社会工作者在入户走访、小组活动开展和社区活动的组织中并没有很好地和志愿者合作，各自为政的特征明显，这主要与社会工作者的经验不足和专业能力不足相关，需要通过社会工作者和志愿者双向培训来提升二者的内生能力。

案例九　乡镇社会工作服务站多元化资源链接和筹资实践

——以广东省惠州市博罗县柏塘镇社会工作服务站为例

一、基本情况

广东省惠州市博罗县柏塘镇社会工作服务站（下称柏塘社工站）是由广东省民政厅主办，2017 年起第一批建设的“双百”乡镇（街）社工服务站，社工站配备 5 名社会工作者，由镇（街）直接聘用、省统一督导。社会工作者立足镇（街）、深入村（居），为有需要的群众、家庭、社区打通民政服务“最后一米”。2018 年，依托站点培育成立了博罗县柏塘镇社会工作与志愿服务协会（法人登记的社会团体），并将其作为接受活动经费、链接慈善资金和承接广东省民政厅“培育社会工作与志愿服务”补助资金的载体，为“双百计划”开展专业服务提供保障。

柏塘社工站的资源链接方式主要包括：承接政府部门发布的社会工作购买服务项目；通过公益创投、创新项目竞赛等形式的项目评比获得项目；对接公益慈善机构、基金会的相关服务项目资金等；单位捐赠或者个人捐赠（定向捐赠，目前尚无申报募捐资质）。

3 年来，柏塘社工站依托博罗县柏塘镇社会工作与志愿服务协会累计承接服务项目 16 个、资金约 60 万元，链接社会资金约 10 万元，链接含疫情期间 4 万只口罩等大量防疫物资，价值约 3 万元。3 年来承接的部分服务项目（含政府购买、公益创投、基金会合作等）包括：

2018 年承接博罗县柏塘镇人民政府柏塘镇社区康园中心运营项目；

2018 年承接乐施会“3861 家园——妇女互助小组培育”项目；

2019 年承接惠州市民政局、惠州市社会工作者协会微公益“V+1 暖心计划”妇女志愿项目；

2019 年承接惠州市民政局、惠州市社会工作者协会微公益“一路有爱·阳光相伴”志愿助残阳光行动；

2019 年承接博罗县柏塘镇人民政府柏塘镇社区康园中心运营项目；

2019 年承接博罗县文明办民政政策推广志愿服务项目；

2019 年承接博罗县文明办“小善大爱，她同行”妇女志愿服务项目；

2019 年承接博罗县民政局聚焦特殊群体——残疾人社会能力提升志愿服务项目；

2019 年承接中共博罗县委政法委员会、博罗县反邪教协会孵化乡镇反邪志愿服务队项目；

2020 年承接博罗县柏塘镇人民政府柏塘镇社区康园中心运营项目；

2020 年承接博罗县柏塘镇人民政府全自理特困人员照料护理项目；

2020 年获得香江社会救助基金会——香江心理成长计划合作点建设；

2020 年承接中共博罗县委政法委员会、博罗县反邪教协会反邪心理健康夏令营项目。

二、案例介绍

柏塘社工站所有链接的资源均围绕广东社会工作者“双百计划”乡镇街道社会工作服务站的相关建设文件中的职责定位以及业务范围，链接的资源均是作为服务开展过程中的服务力量以及作为开展服务的资源补充，为更加全面地推动乡镇（街道）社会工作服务站的建设以及发展而进行。

案例之一：链接政府资源

项目：惠州市博罗县柏塘镇社区康园中心运营项目

时间：2018 年、2019 年、2020 年

资金：2018 年 10 万元、2019 年 13 万元、2020 年 13 万元

服务标准和内容：通过用工（农）疗、娱疗等职业康复和社会康复手段，为会员提供日间照料、康复功能训练、职业技能培训、居家和社会能力提升培训、辅助性就业劳动和康乐文体活动等服务

服务范围：具有博罗县柏塘镇（街道办）户籍，以居住在辖区内的成年残疾人，以精神病康复者、智力残疾和部分重度肢残人员为主。要求其生活能够自理，精神健康情况稳定，无传染病，没有严重的骚扰行为

项目来源渠道：博罗县柏塘镇人民政府、镇民政办公室、镇残疾人联合会

承接方式：依托博罗县柏塘镇社会工作与志愿服务协会作为平台

具体的链接资源方法：

（1）做好充足的前期准备。通过正式渠道了解相关的内容，结合行动调研以及社会工作服务站自身实际情况，做好前期的分析调研以及通过了解其他较为成功的案例拟定项目实施的规划。

（2）主动联系对接政府领导。结合项目落地实施的契机，柏塘社工站主动联系博罗县柏塘镇人民政府。这是非常重要的一步，通过与镇政府以及相关领导进行洽谈，展示社会工作服务站对承接并且做好项目的决心。

（3）充分发挥专业优势。利用社会工作服务站的“本土化”“专业化”的社会工作优势，主动配合镇（街）推动项目的开展，包括进一步完善实施方案、具体开展服务的方式方法。

（4）与镇（街）保持持续的沟通跟进工作。资源链接成功后就是服务开展，服务成效的体现才是项目可持续的根本，社会工作服务站能够连续 3 年承接运营本项目，一个主要原因就在于前期取得的服务成效、成果得到了资源提供方也就是镇（街）政府的认可，在多次评估中均取得较好的成绩，如在 2019 年的评估中获得 A 的高评分。

案例之二：链接公益创投资源

项目：惠州市博罗县文明办“小善大爱，她同行”妇女志愿服务项目

时间：2020 年

资金：3 万元

项目来源：博罗县新时代文明实践公益创投大赛

承接方式：依托博罗县柏塘镇社会工作与志愿服务协会作为平台

具体的链接资源方法：

（1）从需求出发进行项目设计。本项目充分考虑了乡村老年人各方面的需求，这是项目存在的价值和意义。项目设计必须满足受助者的实际需求，做到帮扶与需求对位，才能取得良好的社会效果。当帮扶与需求错位，不仅不会解决受助者面临的问题，反而可能适得其反，给受助者带来不必要的麻烦。

（2）结合行动研究进行方案设计。本项目结合乡镇社会工作服务站培育的妇女志愿者队伍，为集中供养、分散供养的部分老年人提供上门探访服务，需求来源就是为期两年的行动研究以及跟服务对象的沟通交流获得。

（3）全程做好项目申报。乡镇社会工作服务站积极学习，并且在实践中锻炼项目书的撰写技巧，准备好 PPT 制作、精心做好创投大赛路演与展示汇报等，并且全程保持热情，积极参加。

（4）做好与创投项目的出资方以及承接方的沟通。按时完成相关的材料递交以及对接做好各项交流汇报工作。

公益创投项目是当前乡镇社会工作服务站较为重要的一个补充筹资渠道，是资源链接的重要手段，也是提升社会工作者服务能力的一种方法。

三、总结点评

在乡镇（街道）社会工作服务站的发展建设过程中，社会工作服务站的资源链接和筹资能力将对社会工作服务站发展起到非常大的作用。柏塘社工站在这一领域有着较为丰富的工作经验，取得了较好成效，在广东省第一批、第二批“双百计划”400 多个乡镇社会工作服务站点中可谓是独树一帜。

柏塘社工站的资源链接项目合作特点非常鲜明，就是持续化，基本上资源提供方都能够与柏塘社工站保持持续的项目合作，包括政府部门的购买服务，社团、基金会的社会项目服务等。柏塘社工站之所以能与资源提供方取得这样持续的合作，主要有几个方面的原因：一是柏塘社工站通过扎根农村，明确与地方政府、社区等多方建立了充分的信任关系，自身定位，态度积极；二是他们能够保障活动（项目）的服务质量以及服务成效，确保资源（资金）投入的成效比；三是他们的活动（项目）设计和规划具备持续性、发展性，从服务对象的实际需求出发，同时契合项目方的发展需求；四是项目资源（资金）管理的规范性，严格按照资源提供方的资金使用要求，以及内部章程财务管理制度执行，确保各项支出规范、清晰。

当前，我国各级政府部门和社会组织在乡镇投放了大量的资源（资金），但是相对零散、不统一，没有得到很好的利用，主要原因还是乡镇缺少“本土化”“专业化”的人才以及服务单位。乡镇社会工作服务站的介入是一个契机，有利于推动资源整合，利用乡镇社会工作服务站（社会工作与志愿服务协会）这样本土化的专业组织推动“最后一公里”的服务。要通过多种方式来达成资源链接，乡镇社会工作服务站首先要有高度的专业服务意识；其次要有敢于创新的服务理念；最后要有规范的财务管理，这样乡镇社会工作服务站才能够利用公益创投充实自身。通过这种多元化的资源链接，保持了持续、稳定的资源渠道，使乡镇社会工作服务站呈现出较为理想的发展状态。

案例十　贫困少数民族地区校园欺凌的社会工作干预实践[①]

一、案例背景

校园欺凌是一个全球性的问题。2019 年联合国教科文组织发布《数字

① 云南大学周思雨、杨婉秋编写。

背后：结束校园暴力和欺凌》报告显示：全球有 32%的学生近一个月内，至少一次被学校的同龄人欺凌，每 3 个学生中就有 1 个曾遭受过同学的欺凌。[①] 2016—2018 年，教育部先后印发《关于防治中小学生欺凌和暴力的指导意见》及预防校园欺凌的具体实施策略，高度重视校园欺凌行为预防。2021 年 6 月 1 日起施行新修订的《中华人民共和国未成年人保护法》，明确规定了对学生欺凌的保护机制。

Y 小学位于多民族杂居乡镇中心（辖区内有汉、彝、傣、回四种民族，其中以彝族为主，占 69.8%），也是全县最大的一所义务教育阶段农村寄宿制学校，其中寄宿制学生有 772 人，占全校学生总数的 98%。介入前的调查发现，Y 小学五年级存在校园欺凌现象，欺凌者占总人数的 15.3%，而被欺凌者占 36.3%，超过三分之一的学生曾遭受不同程度的校园暴力；其中五年级 A 班中欺凌现象最突出，该班筛查出欺凌者 8 名，被欺凌者 19 名，卷入欺凌事件的学生占班级总数的 64.2%。因此，课题组选择 Y 小学五年级 A 班全体同学作为干预对象。

二、案例介绍

（一）干预的理论视角

本次干预采用生态系统理论，该理论对影响校园欺凌发生的解释有 3 个层面：第一，微观系统。卷入欺凌的个体与日常所能直接接触到的人或事物之间来往密切，形成生态网络，如与同学、朋友之间的朋辈关系，与父母长辈之间的亲子关系，与老师之间的师生关系等。第二，中观系统。个体参与互动并形成的生态系统之间是相互连接、相互影响的，亲子关系的疏离或互动不良可能造成朋辈关系紧张，如被父母家暴的青少年，在学校中处理人际冲突时，也可能受其父母影响而采取攻击行为。第三，宏观系统。宏观系统包含政治、经济、文化等各个方面作用于人的中观系统，进而影响个体的微观思维方式或行为抉择，间接影响个体对欺凌行为的看

① https：//unesdoc. unesco. org/ark：/48223/pf0000366483.

法和行为选择。

根据生态系统理论，本次干预设计的特点为：第一，整合干预。校园欺凌是发生在学校这一场域中的，欺凌者、被欺凌者、旁观者也在学校这一场景中互动，是复杂生态系统综合作用的结果，如周围同学的不作为或默许、老师及学校领导的不重视或隐瞒不报、家长的回避和纵容，等等。将校园欺凌的参与者纳入环境系统进行整体的考量。第二，人与环境双重焦点干预。本干预强调营造友好和谐的班级氛围，相信学生能够在与班级环境的良好互动中发挥个体自身的主动性、能动性和反思性，以班级个人的改变来影响周围环境，再将周围环境的改善作用于个人行为的矫正，实现个人与周围环境的良性互动。

（二）干预的具体测量与实施

从生态系统理论的视角，采用了三级干预。

一级是校园亲社会行为的健康宣教，抵制校园欺凌；借助学校夏令营活动开展，进行健康教育和人际关系、学会分享等主题活动的开展，营造平等互助的学校氛围；动员教师关注校园欺凌，预防青少年偏差行为，课题组与学校教学副校长、德育教师、班主任开展了座谈，从学生心理发展和教育管理的层面，共同商讨对学生的反社会行为预防、心理健康教育等议题的深入讨论。

二级是班级干预，采用以小组工作进行介入。将欺凌者放于欺凌行为发生的环境——班级之中，把实验班的全体同学纳入小组工作的范围，促进欺凌者的社会性发展。课题组通过对当地学校的实际考察和与学生的接触之后，决定在班级层面开展欺凌干预的小组工作。干预对象是班级中的欺凌者、被欺凌者和旁观者，他们彼此熟识，且在班级这一互动场景中共同成长。笔者希望能够通过小组活动的开展，为他们提供更多的机会去习得规范，可以触及并且帮助他们提高觉察自我和觉察他们情绪和情感的能力，从而改善和减少校园欺凌状况。

三级是个案工作。为了弥补小组工作不够聚焦欺凌者的缺陷，借助个案面谈的方式为欺凌者提供个别化的服务。个案工作作为小组工作开展之后的辅助性介入手段，既能够帮助社会工作者更加全面、完整地获得小组工作的反馈，又能够以个别化的方式为存在不同问题的人提供服务，与小组工作相辅相成，以达到更好的服务效果。服务对象面对班级中的 8 名欺凌者，运用阅读治疗的核心干预技术，针对他们与别人交往的不良信念与行为进行矫正。关于个案工作介入欺凌者的结构化的个案工作见表 8-3。

表 8-3　　个案工作介入过程

阶段	计划用时	面谈目标
第一次面谈	40 分钟	澄清来意，消除服务对象的紧张感，建立专业关系；询问服务对象家庭、学校方面的信息
第二次面谈	40 分钟	了解服务对象欺凌维度与被欺凌维度、同伴关系等方面的相关情况；协助服务对象剖析自身欺凌别人的内部原因与外部原因，修正不合理信念
第三次面谈	40 分钟	强化服务对象在小组过程中获得的经验和启示，帮助服务对象将其落实到具体行为上；为服务对象制订今后的行动计划
第四次面谈	40 分钟	巩固服务效果；肯定服务对象的近期表现，鼓励其积极作出改变

（三）干预的核心技术

1. 阅读治疗提升共情能力

小组和个案工作的核心技术上，采用阅读疗法开展共情训练，选择能够反映同理心、适合小学生身心发展特点的绘本，作为阅读工具，通过社会工作者带领阅读或与小组组员共同阅读等方式，对有关问题进行讨论与分享，并合理运用游戏治疗、教育剧场等技术。

课题组选择了适合小学生年龄特点的绘本，目标指向提升共情能力，抑制欺凌行为。课题组借助阅读治疗的核心手段干预小学生校园欺凌，而共情能力作为影响小学生校园欺凌的一大中介变量，与阅读治疗是内容与方法的关系，即阅读治疗为介入方法，共情能力为介入内容。阅读治疗与共情训练在很大程度上其目的与方法具有一致性，阅读材料引起读者“共鸣”的过程便可看作一个人对作者的“共情”。因此，运用阅读治疗开展共情训练，无疑能够在小学生校园欺凌的介入中取得良好效果。

2. 共情训练有效地抑制欺凌行为

课题组采用的共情训练方案，是在参考了许多国内外文献中已经被证实卓有成效的共情训练的基础上，结合我国小学生欺凌行为的问题和特点，精心研究设计的一套方案。国外研究参考了 Pecukonis 等人编制的训练方案和 Caekhuff 的“共情层次理论”，国内研究则主要参考了李辽编制的共情训练方案，其内容包括情绪追忆、情感换位、共情训练方面的游戏等内容。

表 8-4 为课题组在班级中的 11 次小组工作的内容，采用小组工作的形式，开展阅读治疗，提升学生的共情能力。

表 8-4　　　　欺凌行为干预小组内容

共情训练阶段	小组活动名称	活动目标	阅读治疗的材料
概念构建阶段	第一节 共情我知道	形成有共识的小组契约，引出组员对欺凌的认识，初步构建他们关于共情概念的理解	《托比有颗善良的心》《最低年级里个子最小的女孩》
认知阶段	第二节 小小情绪大世界	了解生活中常见的各种情绪，建立自己丰富稳定的情感世界，增强组员对幸福快乐的感知能力，领悟不同的情绪反应	《小情绪大情感》《不是那样，是这样的!》
	第三节 共情你我他	通过扮演别人的角色，试着站在他人角度思考问题，分别体验被别人关心、嘲笑和责骂的感受	《西红柿女孩》《我会关心别人》

续表

共情训练阶段	小组活动名称	活动目标	阅读治疗的材料
情感阶段	第四节 我文明，我倾听	理解倾听的重要性，学做一位合格的倾听者，掌握倾听的技巧，并且能够准确表达自己的情绪和情感，并学习从别人的话语中领悟对方的情绪	《大熊有一个小麻烦》《捣蛋鬼不捣蛋了》
	第五节 用非语言“说”爱	帮助组员了解非语言的表达方式，明白非语言的表达方式在运用共情、理解他人情绪情感中的重要性	《猜猜我有多爱你》
	第六节 情绪管理有妙法	深化情绪知识，通过组员的相互交流与分享，学会处理自己负面情绪的有效方法	《生气汤》 《菲菲生气了》
行为阶段	第七节 心有千千结	学习人际沟通与交流的技巧，正确处理同伴冲突与矛盾；通过互动体验，在行动中表达自己和理解他人	《敌人派》 《打架的艺术》
	第八节 保护自己有绝招	让每个孩子拥有保护自己的信心和勇气，学会勇敢拒绝校园暴力，不一个人默默忍受，当受到欺负时能够运用正确的方法去解决	《请不要随便欺负我》《我不一个人忍耐！》
	第九节 己所不欲，勿施于人	让组员理解想要不被欺负，首先自己就不能欺负别人，明白“己所不欲，勿施于人”的道理，并以此规范自己的言行	《是蜗牛先开始的》《己所不欲，勿施于獭》
	第十节 勿以恶小而为之	明白欺凌的危害，反思与检讨以往自身言行对别人造成的影响，并与曾经有过冲突的同学和解	《每一个善举》
总结与分享	第十一节 明天，你好	对之前的整个小组活动进行回顾与总结，组员相互分享心得体会，巩固小组成果；处理离别情绪	以上所有

（四）干预效果的评估

1. 班级层面干预的效果评估

实验班在经过小组工作介入之后，所有量表的测量结果均显示欺凌者发生了积极的改变，其共情总平均分由初始的58.6分提升至79.5分，测量结果证实了共情能力的提升对校园欺凌行为的抑制作用。实验班在经过干预后，欺凌者和被欺凌者数量发生了较大改变，分别由8人和19人降低至3人和7人；A班的被欺凌频率降低，被欺凌水平总体呈现出下降的趋势，尤其是选择“约每周一次”和“每周数次”的人数大大减少，分别由15人和4人降低至5人和2人，说明社会工作干预具有良好的效果。

2. 个案工作干预效果评估

个案工作介入8名欺凌者均得到不同程度的矫正，主要表现在以下几个方面：第一，共情能力获得较大幅度提升，能够设身处地为别人着想；第二，面临人际冲突时，欺凌行为减少，助人行为增加，并从中获益；第三，同伴关系有所改善，尤其是欺凌者在班级中得到其他同学的认可，能够建立并维持良好的人际关系网络。

3. 总结点评

（1）共情训练对抑制校园欺凌的作用分析。社会工作者经过近两个月的共情训练，大大降低了实验班的欺凌频率，社会工作者将A班的欺凌者作为干预的重点，将其放在班级的互动情景中开展小组工作，再运用具有个别化的个案工作为辅助手段，一方面作用于班级欺凌情景，从班级层面抑制校园欺凌发生；另一方面作用于欺凌个体，除了改变其对欺凌的认知之外，还使得其朋辈关系、助人行为、人际冲突解决策略等方面有所进益。因此可以得出，本研究能够抑制或减少校园欺凌的发生。

（2）防治校园欺凌需要社会工作者、家庭与学校的共同参与。正视和解决校园欺凌问题必须重视社会工作者、家庭、学校的联动合作。在落实“一校一社工”制度的基础上，社会工作者在介入小学生欺凌行为时，除了重视学校方面的教育和建设工作之外，还要有意识地评估服务对象的家庭功能及其发挥程度，针对服务对象家庭的日常生活和沟通交流方式进行干预，保障其维持有效的家庭功能。社会工作者可开展的工作内容有：一是设立家长会、家长学校等，鼓励家长承担起保护孩子免受校园欺凌伤害的责任，并落实儿童欺凌行为的监护人责任追究机制；二是与老师、专业心理咨询师合作，成立反校园欺凌工作小组，建立学生心理档案，充分运用互联网时代的新传媒方式，随时向家长汇报学生的异常行为与心理变化，做好校园欺凌的事前排查、事中控制与事后干预；三是社会工作者承担起家庭与学校之间的桥梁作用，在借助学校力量干预的同时，也可从家庭系统及其功能入手。

（3）从社会治理的高度重视校园欺凌行为的防治。贫困少数民族地区的中小学校园欺凌行为突出，经济文化落后制约了对校园欺凌行为的防治，缺乏相应的意识和措施对抗不良校风。2017 年，李祥、艾浩、韦卫从社会学的角度进行分析，认为社会结构的急剧变迁、青少年规则缺失、学校制度不健全及管理的失职、家庭结构调整及失能、学生个性化发展等因素共同作用于校园欺凌①。2009 年，刘天娥、龚伦军认为，学校因素表现在轻德育重智育的体制、法治教育的缺失和师生关系不和睦等；家庭因素表现在家长素质不高和教育观念传统、家庭贫富加剧、不良家庭教育和家庭环境等；社会方面的原因表现在校园环境、校园亚文化以及社会不良风气等对学生行为选择存在影响②。

校园欺凌事件频发暴露出现行治理体系存在的问题。校园欺凌行为多样、成因多元，单一主体和措施无法根治校园欺凌，导致预防、发现、处理和救济等各环节都面临诸多困难。新修订的《中华人民共和国未成年人保护法》与《中华人民共和国预防未成年人犯罪法》关注到这一问题并作了制度性规定。治理校园欺凌，根本路径在于构建多方参与、协同联动的

① 李祥，艾浩，韦卫. 论我国反校园欺凌的实践困惑与立法构想［J］. 基础教育，2017，14（1）：28-36.

② 刘天娥，龚伦军. 当前校园欺凌行为的特征、成因与对策［J］. 山东省青年管理干部学院学报，2009（4）：80-83.

"预防—处理—救济"综合治理体系①。值得注意的是，2017 年 11 月，教育部等 11 个部门联合印发了《加强中小学生欺凌综合治理方案》②，该方案首次界定了校园欺凌的概念、处置措施以及预防举措等。2018 年，国务院有关部门积极开展中小学生欺凌防治年行动，全国各地积极响应，纷纷出台并落实该项举措，并对不同性质的校园欺凌给予不同类型和程度的惩罚，严重者将被开除学籍。从社会治理的角度调动社会各方面力量参与其中，及时发现和处理是遏制校园欺凌的有力措施，应当完善校园欺凌的强制报告和教育矫治体系。

（4）反校园欺凌干预要注重少数民族地区的文化敏感性。多元的民族文化决定了在民族集聚地开展社会工作与文化敏感存在着某种天然的联系。社会工作的专业价值观中的尊重、接纳、非评判等原则要求社会工作者要能够充分理解服务对象所处特定群体的文化，在实践中避免将自己的文化价值和行为观念强加于服务对象，形成一种文化压迫，对服务对象造成伤害。

本课题中运用的绘本大部分来自国外，国内儿童共情能力培养绘本还比较少。在运用这些绘本故事上，课题组对每个绘本进行了反复论证，在小范围内先做绘本阅读，避免引起文化差异带来的不合时宜，甚至引起文化压迫。同时，阅读完绘本后，活动带领者引导儿童思考在现实生活中是否会遇到与绘本中类似的情景，面对这样的情景，是如何应对的？把书本的故事延伸到儿童自身，增强儿童的行为学习。同时，充分鼓励和肯定儿童在自身的文化处境中，如何运用自身、家庭、学校和社区的资源反对欺凌。课题组也运用本地少数民族的故事和神话来讲授关爱、互助和集体主义精神，培养共情能力，增强儿童的文化认同感。

总之，社会工作者应关注对民族文化知识的理解、融入、干预过程，

---

① 王贞会，林苗，胡发清．校园欺凌的现象观察及其治理路径重塑［J］．中国青年研究，2021（3）：103-110.

② 教育部．加强中小学生欺凌综合治理方案［Z］，2017，12（27）．

充分挖掘所服务民族的本土资源，重视服务对象的主体性参与，并能够将社会工作理论、方法、技巧与所服务民族的本土文化知识充分融合。在此过程中，社会工作者由于对自身文化知识体系局限性的认识，要不断获得有关自我的知识，觉察自我意识、价值、情感、态度等，通过持续性的自我反思，提高社会工作者的文化能力。社会工作的文化敏感性也是对服务对象的共情能力的表现，它是从与服务对象的文化碰撞中反思而来，在参与服务对象的社会文化生活中体验而来。

参考文献

［1］陈锡文．实施乡村振兴战略，推进农业农村现代化［J］．中国农业大学学报（社会科学版），2018，35（1）：5-12.

［2］豆书龙，叶敬忠．乡村振兴与脱贫攻坚的有机衔接及其机制构建［J］．改革，2019（1）：19-29.

［3］冯亚荣．小组工作介入农村留守儿童人际交往的研究——以黄冈市浠水县龚铺小学人际交往小组为例［D］．武汉：华中科技大学，2013.

［4］顾东辉．社会工作概论［M］．上海：复旦大学出版社，2008.

［5］广东省民政厅．关于实施“广东兜底民生服务社会工作双百工程”的通知（粤民发〔2020〕142 号）［A］. 2021-01-12.

［6］高鉴国．社会工作价值与伦理［M］．济南：山东人民出版社，2012.

［7］高万红．个案工作理论与实务［M］．北京：中国劳动社会保障出版社，2008.

［8］郭伟和．关于转型期中国社会工作价值观教育问题的讨论［C］//. 1999 年社会工作教育专刊——中国社会工作教育协会第二届年会暨“面向 21 世纪的中国社会工作教育”学术研讨会论文集．［出版社不详］，1999：119-122.

［9］郭伟和．专业实践中实证知识和实践逻辑的辩证关系——以循证矫正处境化实践为例［J］．社会学研究，2019，34（5）：116-137+244.

［10］古学斌，张和清，杨锡聪．专业限制与文化识盲：农村社会工作实践中的文化问题［J］．社会学研究 . 2007（6）：165-183+248-249.

［11］郭燕．助力乡村振兴：发展性社会工作路向的介入空间与创新［J］．社会建设，2018，5（5）：64-75.

［12］关信平．社区工作［M］．北京：中国社会出版社，2010.

［13］韩芳．农村社会工作概论［M］．北京：知识产权出版社，2017.

［14］贺雪峰，仝志辉．论村庄社会关联——兼论村庄秩序的社会基础［J］．中国社会科学，2002（3）：124-134+207.

［15］黄静瑜．新时代社会工作参与乡村文化振兴的行动研究［J］．智库时代，2018（29）：235-236.

［16］黄耀明．对话与融合：社会工作专业伦理与中国传统文化［J］．社会福利（理论版），2012（4）：8-11+39.

［17］何雪松，社会工作理论［M］．上海：上海人民出版社，2017.

［18］江帆．地方性知识中的生态伦理与生存智慧［J］．山东社会科学，2012（11）：82-87.

［19］蒋祎娜．社会工作价值观的本土化探究［J］．社会工作下半月（理论），2010（1）：17-19.

［20］江娅．社会工作中的伦理困境和价值冲突［J］．中国青年政治学院学报，2007（1）：124-129.

［21］李建春．论当代中国农民价值观念的变迁［J］．华北电力大学学报（社会科学版），2001（3）：69-71.

［22］黎家宜．对社工入户探访工作的实务探析［J］．文化学刊，2015（1）：230-232.

［23］刘梦．小组工作［M］．2 版．北京：高等教育出版社，2014.

［24］梁漱溟．中国文化要义［M］．上海：上海人民出版社，2011.

［25］刘继同．会通与更新：基督宗教伦理道德观与社会工作专业价值观的关系［J］．宗教学研究，2005（1）：85-90.

［26］罗肖泉，尹保华．社会工作实践中的伦理议题［J］．学术论坛，2003（3）：33-36.

[27] 聂玉梅，顾东辉．增权理论在农村社会工作中的应用［J］．理论探索，2011（3）：81-84.

[28] 全国社会工作者职业水平考试教材编写组．社会工作综合能力中级［M］．北京：中国社会出版社，2015.

[29] 秦宁．小组工作在农村独居老人互助网络建构中的应用——以武汉市 Q 村为例［D］．武汉：华中科技大学，2013.

[30] 乔世东．社会工作的自决原则与俗世化社会发展脉络［J］．华东理工大学学报（社会科学版），2010，25（4）：8-14.

[31] 沈菊．农村社会工作伦理的实践反思［J］．乡村科技，2020，11（25）：40-41.

[32] 沈黎，刘斌志．双重关系——社会工作中专业关系的伦理困境［J］．西南农业大学学报（社会科学版），2006（4）：98-100.

[33] 苏明，杨良初，张阳．完善我国农村社会救助制度的思考［J］．地方财政研究，2007（6）：4-7.

[34] 史铁尔．农村社会工作［M］．北京：中国劳动社会保障出版社，2007.

[35] 佟林娣．资产为本的社区发展模式下整合社区资源“四步走”［C］．第 24 届亚太地区社会工作区域联合会议摘要集，2017.

[36] 仝利民．个案管理：基于社区照顾的专业社会工作方法［J］．华东理工大学学报（社会科学版），2005（2）：29-33+44.

[37] 王建光，冷超．认清农村基本特征，促进社会道德建设——对当代农村社会主义核心价值建设的思考［J］．中国农业教育，2009（5）：32-34.

[38] 文军，黄锐．论资产为本的社区发展模式及其对中国的启示［J］．湖南师范大学社会科学学报，2008.

[39] 王磊，李英．社会工作介入农村社会救助的路径选择——基于可持续生计视角［J］．党政干部学刊，2018（12）：46-51.

[40] 王思斌．社会工作导论［M］．北京：高等教育出版社，2004.

［41］王亚华，苏毅清．乡村振兴：中国农村发展新战略［J］．中央社会主义学院学报，2017（6）：49-55.

［42］汪新建．人类行为与社会环境［M］．天津：天津人民出版社，2016.

［43］谢冰雪．民族社会工作中的文化及其处遇［J］．甘肃社会科学，2014（6）：20-23.

［44］项继权．中国农村社区及共同体的转型与重建［J］．华中师范大学学报（人文社会科学版），2009，48（3）：2-9.

［45］许莉娅．个案工作［M］．北京：高等教育出版社，2004.

［46］徐永祥．社区发展论［M］．上海：华东理工大学出版社，2006.

［47］萧子扬，刘清斌，桑萌．社会工作参与乡村振兴：何以可能和何以可为？［J］．农林经济管理学报，2019，18（2）：224-232.

［48］杨晖，江波．社会工作与农村社会工作的使命［J］．社会工作下半月（理论），2009（3）：7-9.

［49］杨生勇，王才章．传统文化与本土社会工作建构：现代化视域下的社会工作本土化探析［J］．中南民族大学学报（人文社会科学版），2011（6）：74-77.

［50］袁光亮．传统道德在本土社会工作价值观中的融入［J］．理论界，2015（9）：71-76.

［51］袁泉，游志麒．我国农村社会工作的需求特征与推进路径［J］．华东理工大学学报（社会科学版），2016，31（5）：1-7+25.

［52］袁小平，吕益贤．关系网络与中国乡村社会关系变迁［J］．安徽农业科学，2008（3）：1275-1278.

［53］张大维．优势治理：政府主导、农民主体与乡村振兴路径［J］．山东社会科学，2018（11）：66-72.

［54］赵芳．社会工作专业伦理中双重关系的限制、困境及其选择：一项基于城乡社会工作者的实证研究［J］．中国社会工作研究，2013（00）：

51-72.

[55] 新华社北京9月26日电．中共中央国务院印发乡村振兴战略规划（2018—2022年）[N]．人民日报，2018-09-27（001）．

[56] 袁方．继续大力推进中国社会工作教育的发展 [C] //1999年社会工作教育专刊——中国社会工作教育协会第二届年会暨“面向21世纪的中国社会工作教育”学术研讨会论文集 [出版者不详]，1999：4.

[57] 赵霞．传统乡村文化的秩序危机与价值重建 [J]．中国农村观察，2011（3）：80-86.

[58] 张和清．农村社会工作 [M]．北京：高等教育出版社，2008.

[59] 张红，马茗荟．地方性知识与农村社会工作的互构研究：基于一起建庙纠纷的案例分析 [J]．社会工作与管理，2019，19（1）：19-25+54.

[60] 张和清．从个案救助到社区能力建设：从两个案例看社会工作参与脱贫攻坚 [J]．中国社会工作，2017（25）：19-20.

[61] 张和清，杨锡聪，古学斌．优势视角下的农村社会工作：以能力建设和资产建立为核心的农村社会工作实践模式 [J]．社会学研究，2008（6）：174-193+246.

[62] 周金花．社工入户探访攻略 [J]．中国社会工作，2017（6）：51-51.

[63] 张起帆．熟人关系与专业关系：中国农村社会工作实践中的伦理问题 [J]．中国社会工作，2019（25）：24-25.

[64] 张洋勇．嵌入、服务与发展：农村社会工作嵌入性发展的实践过程——以福建省DC村项目为例的个案研究 [J]．中国社会工作研究，2019（1）：132-176+213-214.

[65] 张旭：“编织快乐生活”：农村空巢老人孤寂排解的小组工作实践报告 [D]．长春：长春工业大学，2016.

[66] 钟晓星，魏德毓．社会工作对农村家庭问题的干预：以某农村家庭婆媳矛盾为例 [J]．长春理工大学学报，2012（1）：31-32.

[67] 钟涨宝. 农村社会工作 [M]. 上海：复旦大学出版社，2010.

[68] 钱宁，王肖静. 主体性赋权策略下的少数民族地区妇女扶贫研究:以云南省三个苗族村寨为例 [J]. 社会工作，2020 (2)：10-22+108.

[69] NASW Delegate Assembly. Code of Ethics of the National Association of Social Workers [S], 2008.

[70] ZHAO F, FANG F, YANG B Q. Social work value system in Chinese mainland: Construction of a scale and value commitment assessment. International Social Work, 2017 (1).

后　记

《农村社会工作实务手册》从框架设计到成稿，历时9个月，是编写团队集体智慧的结晶。这本手册由中国社会工作学会秘书长邹学银担任主编，华中农业大学教授万江红担任副主编，中国社会工作学会秘书处负责具体策划和编辑。编写团队由农村社会工作领域专家学者组成，具体分工如下：

导　语　杨　慧（南开大学教授）

第一章　杨　慧

第二章　陶　叡（嘉应学院教授）

第三章　周金玲（中山大学在读博士研究生）

第四章　高万红（云南大学教授）

　　　　师艺萌（云南大学在读博士研究生）

　　　　严云鹤（云南大学在读博士研究生）

第五章　王肖静（湖南女子学院讲师）

第六章　万江红（华中农业大学教授）

第七章　刘志鹏（华南师范大学副教授）

第八章　刘志鹏

本手册的内容、风格、体例以及案例的挑选、编写，经过多次研究、讨论、修改与润饰，最终定稿成书。手册的出版，得到了民政部慈善事业促进和社会工作司的悉心指导，得到了联合国儿童基金会驻华办事处的资助，也得到了湖南省民政厅、广东省民政厅、广东省社会工作师联合会、江西省遂川县民政局和莲花县民政局等单位的大力支持。同时，北京市大兴区益民农村社会工作事务所、黑龙江省希望社会工作服务中心、浙江财经大学社会工作系、浙江省嘉兴市秀洲区孝慈社会工作服务中心、湖北省武汉市阳光社会工作服务中心、湖南省洪江市壹心社会工作服务中心、广东省绿耕社会工作发展中心、广东省梅州市兴宁市坭陂镇社会工作服务站、广东省惠州市博罗县柏塘镇社会工作服务站、陕西省社会工作协会、云南大学等单位和机构为这本手册提供了鲜活的案例。在此，我们表示衷心的感谢！书中的不足之处，还请各位专家、同人与广大读者批评指正。

编　者

2021 年 5 月